B-LOU

HISTOIRE de Louis XII,
Roi de France,
Par A. L. Delaroche.

*Il pardonna souvent, il régna sur les cœurs,
Et des yeux de son peuple il essuya les pleurs.*
— Henr. Volt.

Paris.
AUDOT, Libraire,
Rue des Mathurins S.t Jacques, N.º 18.
1817.

FIGURES POUR L'ALMANACH DU BON JARDINIER, représentant les ustensiles le plus généralement employés dans la culture des jardins; différentes manières de marcotter et de greffer, de disposer et de former les arbres fruitiers; enfin tout ce qui est nécessaire pour la parfaite intelligence des termes de botanique ou de jardinage employés dans cet ouvrage, relatifs aux formes et directions des racines, tiges, feuilles, fleurs, etc., etc.; le tout accompagné en regard de notes explicatives: ouvrage utile à toutes les personnes qui, possédant le BON JARDINIER, veulent cultiver par elles-mêmes ou gouverner leur jardin, marcotter, greffer, palisser, etc., et se familiariser, sans une trop grande application, avec la science de la botanique. Un petit volume du même format que le BON JARDINIER. Prix, figures noires, cartonné, 5 fr.; et avec les figures très-joliment coloriées, cartonné par Bradel, 7 fr. 50 c.; les mêmes prix, francs de port par la poste, mais brochés.

MÉMOIRES PARTICULIERS, formant, avec l'ouvrage de M. Hue et le Journal de Cléry, l'histoire complète de la captivité de la Famille royale à la Tour du Temple, avec cette épigraphe:

Je pardonne de tout mon cœur à ceux qui se sont faits mes ennemis.
Testament du Roi.

Je pardonne à tous mes ennemis le mal qu'ils m'ont fait.
Lettre de la Reine.

O mon Dieu! pardonnez à ceux qui ont fait mourir mes parens!
Tracé sur le mur du Temple par l'auguste fille de Louis XVI.

In-8°, figures. Prix, 2 fr. 50 c.; et 3 fr. par la poste.

Ouvrages récemment publiés chez AUDOT, *Libraire, rue des Mathurins-Saint-Jacques*, n. 18.

HERBIER GÉNÉRAL DE L'AMATEUR, contenant la description, l'histoire, les propriétés et la culture des végétaux utiles et agréables; dédié au Roi, par *Mordant de Launay;* continué par M. *Loiseleur Deslongchamps*, docteur en médecine et membre de plusieurs sociétés savantes, nationales et étrangères; avec figures peintes d'après nature par M. *P. Bessa*, peintre d'histoire naturelle, et peintre de fleurs de S. A. R. Madame la Duchesse de Berri.

Cet ouvrage se publie par livraisons de six planches chacune, avec leur texte en regard. Il en paraît une par mois; la dix-huitième a été mise en vente le 1er juin 1817.

Prix de chaque livraison.

Grand in-8º, pap. fin, dit nom de Jésus. . 9 fr.
Grand in-8º, pap. vélin satiné. . . . . 12 fr.
In-4º, pap. vélin grand-raisin satiné. . . . 21 fr.

On ne paie aucune livraison d'avance.

LE BON JARDINIER, Almanach, par feu *Mordant de Launay;* continué, pour l'année 1817, par MM. *Féburier, Vilmorin* et *Noisette;* nouvelle édit., contenant, dans toutes ses parties, plus de changemens et d'augmentations qu'il n'en avait encore été fait à aucune des précédentes. Un fort vol. in-12, avec 4 figures. Prix, 6 fr. 50 c. broché, et 8 fr. 60 c., franc de port.

Signature de Louis XIII.
Apposée sur une lettre que ce Prince fit écrire à
M. de la Fayette Gouverneur du Boulenois.

HISTOIRE
DE LOUIS XII.

ON TROUVE CHEZ LE MÊME LIBRAIRE :

HISTOIRE DE SAINT LOUIS, Roi de France ;
par de Bury. 1 vol. in-12, fig.
Prix, broché . . . . 3 fr.
— pap. vélin satiné . . . . 6 fr.
HISTOIRE DE HENRI IV; par Péréfixe. 1 vol.
in-12, broché . . . . 2 fr. 50 c.

HIST

AVERTISSEMENT

L'HISTOIRE tient lieu de l'expérience qui nous manque, en nous mettant devant les yeux, comme dans un tableau, tout ce qui s'est passé de mémorable dans tous les siècles, et en nous donnant les moyens de former nos mœurs sur les grands exemples que l'on y voit. Il est donc de la plus grande utilité d'étudier l'Histoire en général, et particulièrement celle du pays où on a pris naissance. Nos annales nous rappellent en effet une foule de faits qui nous intéressent, des personnages dont nous partageons en quelque sorte la gloire ou le déshonneur, des mœurs et des principes toujours applicables au siècle dans lequel nous vivons. L'homme d'Etat, le magistrat, le militaire, le citoyen, y trouvent de nombreux exemples de courage, de désintéressement et de dévouement au prince et à la patrie ; les jeunes gens y puisent des instructions propres à leur inspirer l'amour de leurs devoirs. C'est, pénétré de ces avantages, que je me suis appliqué à écrire la vie d'un prince qui donna sur le trône l'exemple des plus grandes vertus, et dont le règne est si fécond en événemens importans, qu'on doit le considérer comme une des parties les plus intéressantes de l'histoire de France.

J'ai réuni dans cette Histoire tous les faits, toutes les circonstances particulières qui m'ont paru donner une idée juste du beau caractère de ce prince ; car souvent la moindre action, une simple parole, font mieux connaître les mœurs des hommes que les exploits les plus brillans, dont la fortune peut réclamer sa part. Convaincu en même temps que le récit des grands événemens attache d'autant plus qu'on en connaît les causes et les effets, je n'ai rien négligé de ce qui pouvait jeter du jour sur la politique des papes et des cours étrangères, dont les intérêts, alors opposés à ceux de la France, ont été la cause des guerres

AVERTISSEMENT.

presque continuelles que Louis XII a eu à soutenir. J'ai exposé fidèlement le caractère des principaux personnages dont j'ai eu à parler, et j'ai cherché à rendre un compte exact des motifs de leur conduite et de leurs entreprises. Si je ne suis pas entré dans de longs détails sur des opérations de guerre, je n'ai du moins omis aucun fait d'armes, aucune circonstance qui doive se trouver dans une Histoire que j'ai fait la plus pleine et la plus courte que j'ai pu.

J'ai puisé mes matériaux dans les sources les meilleures et les plus pures : j'ai comparé à cet effet les récits des historiens contemporains avec ceux des écrivains modernes ; et lorsque la contrariété de leurs opinions m'a offert des doutes, j'ai toujours suivi celle qui a été adoptée par les esprits les plus judicieux. Je n'ai d'ailleurs rapporté aucun fait, aucun événement qui ne se trouve dans les meilleurs auteurs ; car j'ai pensé qu'une histoire perd de son intérêt lorsqu'on cherche à l'embellir par des conjectures ou par des détails de pure invention.

AVERTISSEMENT.

Le respect et l'amour que les Français ont toujours conservés pour la mémoire de Louis XII, qui mérita, par sa bonté, sa clémence et sa justice, le plus beau titre que les Rois puissent porter, le nom de *Père du Peuple*, me font espérer qu'une Histoire particulière de son règne sera lue avec fruit, et contribuera à faire chérir les Princes qui le prennent pour modèle, et qui adoptent dans leur gouvernement les principes de ce bon Roi.

HISTOIRE

HISTOIRE
DE LOUIS XII,
ROI DE FRANCE.

Avant que de raconter les faits et les événemens qui ont illustré le règne de Louis XII, il est nécessaire de remonter à l'origine de ce prince, et de le faire d'abord connaître comme duc d'Orléans.

Louis XII descendait, en ligne directe, de Charles V, dit le Sage, par Louis d'Orléans, fils de ce roi, et frère de Charles VI. Louis, duc d'Orléans, épousa Valentine, fille de Visconti Galéas, duc de Milan, sa cousine-germaine, et laissa plusieurs enfans. L'aîné, qui s'appelait Charles, fut duc d'Orléans, après la mort de son père. Ce jeune prince n'avait encore que dix-huit ans, lorsqu'il fut fait prisonnier à la bataille d'Azincourt. Conduit en Angleterre, il demeura vingt-cinq ans dans une espèce de captivité, dont il ne fut délivré que par les soins de Philippe, duc de Bourgogne, qui lui fit épouser Marie de Clèves, sa nièce. De ce mariage vint un fils qui reçut le jour à Blois, en mars de l'an 1462. Le roi Louis XI le tint sur les fonts de baptême, avec la princesse

Marguerite d'Anjou, et le nomma Louis, comme lui. C'est ce prince dont je vais écrire l'histoire, qui régna dans la suite sous le nom de Louis XII.

Louis était encore enfant lorsqu'il eut le malheur de perdre son père. Marie de Clèves, sa mère, ne négligea rien pour l'élever d'une façon digne d'un prince. Lorsqu'il fut en âge de profiter d'une bonne éducation, elle le confia à des maîtres habiles, et capables de lui former à la fois et l'esprit et le cœur. Louis fit des progrès dans les études, mais en prince qui doit parcourir tout le cercle des connaissances propres à le former, sans être obligé de primer dans aucune science. Dans un âge plus avancé, des gentilshommes sages et vertueux furent chargés de le dresser aux différens exercices convenables à sa naissance. Le jeune prince s'y distingua, comme il faisait en tout; personne n'avait plus d'habileté que lui à dompter un cheval, et ne le conduisait mieux. Il était infatigable à la chasse, à la course et à la joûte; et, dans tous ces exercices, il montrait une adresse admirable et une hardiesse surprenante. Au jeu, il avait l'humeur toujours égale, et regardait la perte et le gain avec la même indifférence. A ces avantages, Louis réunissait une physionomie peu commune. Il avait les yeux étincelans comme le feu; le nez un peu long et retroussé, et les traits du visage d'une grande délicatesse. Sa taille était médiocre, mais bien prise; et il jouissait d'une santé parfaite, qu'il devait à sa tempérance, au travail et aux exercices du corps. La nature lui avait donné de plus le talent de la parole; il s'exprimait avec facilité, et il régnait dans tous ses discours une naïveté pleine de persuasion et de

grâce. Enfin, « il était tel, dit un historien (1),
« que nous ne pouvons imaginer qu'il soit sorti
« des mains du Créateur un homme plus accom-
« pli que ce jeune prince. »

Cependant, tant de belles qualités ne purent
le garantir entièrement des piéges que lui tendaient des hommes corrompus. Emporté par la
fougue de l'âge, séduit par l'exemple et les discours des courtisans et des flatteurs, il ne fut
pas exempt du défaut dominant de la jeunesse
des princes, et ne tarda pas à donner dans de
grands écarts. On accuse Louis XI d'avoir contribué, par une détestable politique, à la cor-
ruption de ce jeune prince. Le roi, jaloux, dit-on,
de ses belles qualités, et craignant en sa personne un rival pour Charles son fils, ne s'était
pas fait scrupule d'amorcer les passions naissantes
de Louis, et de le jeter dans la débauche la plus
honteuse. Le duc d'Orléans éprouvait heureusement un secret remords de la perte de sa première
vertu, et ne pouvant résister long-temps à ces
sentimens intérieurs, qui lui reprochaient sans
cesse ses excès, il brisa enfin généreusement la
chaîne de son esclavage, et reprit son ancien
genre de vie. Ce fut le fruit de la bonne éducation que lui avait donnée Marie de Clèves.

Il avait environ quinze ou seize ans, lorsque
Louis XI conçut le projet de le marier à Jeanne
de France, sa fille. Cette princesse possédait à
un assez haut degré les qualités du cœur et de
l'esprit, mais elle n'avait aucun des charmes qui

---

(1) Georg. Florus.

peuvent fixer agréablement les yeux ; elle était petite, et entièrement contrefaite. Ce mariage répugnait beaucoup au duc d'Orléans ; mais le roi l'avait décidé, et il aurait été dangereux de s'opposer à ses volontés. Le contredire, ou lui faire des remontrances, n'était pas un parti sûr, *vu l'homme que c'était*, dit Saint-Gelais (1) : il fallut donc obéir et se conformer à la proposition du roi, qui était un ordre, contre lequel le jeune prince protesta intérieurement.

Après la mort de Louis XI, le duc d'Orléans aurait bien voulu faire casser son mariage avec Jeanne de France ; mais cette princesse se trouvait soutenue du roi Charles VIII, son frère, et de la dame de Beaujeu, sa sœur, régente du royaume, sans néanmoins en avoir le titre. Il fallait donc qu'il se déterminât à attendre une circonstance favorable, pour rompre un lien dont il se trouvait d'autant plus gêné qu'il ne pouvait point avoir d'enfans.

La mort de Louis XI, qui laissait la couronne à Charles son fils, prince faible de corps et d'esprit, mais si bon, dit Comines, qu'*il n'était point possible de voir meilleure créature*, fut une source de divisions entre le duc d'Orléans et Anne de France, épouse de Pierre de Bourbon, sire de Beaujeu, et sœur du roi. Il ne s'agissait pas entre eux de prétendre à la régence, puisque le roi avait atteint l'âge de quatorze ans commencés, mais à la conduite du jeune monarque, et

---

(1) Saint-Gelais de Montlieu, auteur contemporain, a écrit la Vie de Louis XII.

par une suite nécessaire au gouvernement de l'Etat. Anne de France devait, d'après les dernières volontés de Louis XI, gouverner le royaume pendant la jeunesse de son frère. Le duc d'Orléans opposait à la dame de Beaujeu sa qualité d'héritier présomptif de la couronne, et regardait la nomination de cette princesse comme contraire aux lois de l'Etat, et comme une injustice personnelle faite à sa dignité. La cour se partagea entre ces deux puissans compétiteurs, et chaque seigneur prit parti selon ses intérêts ou son ambition. La princesse, qui commençait à craindre les suites fâcheuses de sa mésintelligence avec le duc, proposa alors de s'en rapporter à la décision des Etats-Généraux, dont l'assemblée fut convoquée à Tours.

Anne de France, princesse d'un rare mérite, et qui ne cédait en rien aux hommes pour le conseil et la résolution, sut mettre à profit le temps qui s'écoula jusqu'à la tenue des Etats-Généraux, pour affermir son autorité, et augmenter, par des largesses répandues à propos, le nombre de ses créatures. Le duc d'Orléans, qui était instruit des moyens qu'elle employait pour lui nuire, se retira alors auprès de François II, duc de Bretagne, et se lia étroitement avec ce prince, son proche parent. Dès qu'il eut vu Anne de Bretagne, fille aînée du duc, et son héritière présomptive, il lui fit assidûment sa cour, autant pour satisfaire son goût, que pour servir son ambition.

Cependant, la dame de Beaujeu, à qui le séjour du duc d'Orléans à la cour de Bretagne donnait avec raison de l'ombrage, lui fit ordonner par le roi de revenir pour assister aux Etats convoqués à Tours. Le duc obéit ; mais ce ne fut pas sans se faire quelque violence qu'il s'arracha d'auprès d'Anne de Bretagne, qu'il aimait, et dont il paraissait aimé. Les États décidèrent qu'il n'y aurait point de régent en France, attendu la majorité du roi ; que la dame de Beaujeu, sa sœur, conformément aux dernières volontés du feu roi Louis XI, serait chargée du soin de la personne du monarque ; que tout se ferait au nom du roi, et sous son autorité ; mais qu'il ne pourrait se conclure aucune affaire importante sans le consentement de la plus grande partie de son conseil, auquel présiderait le duc d'Orléans.

Ce prince, mécontent de la décision des États, quitta brusquement la cour, et se rendit à Paris, où il se donna beaucoup de mouvement pour former un puissant parti contre la gouvernante. Mais, bientôt averti que la dame de Beaujeu avait fait expédier l'ordre de le faire arrêter, il se retira à Verneuil, dans le Perche, et de là à Blois, où les seigneurs qui favorisaient son parti lui amenèrent des troupes au nombre de huit mille hommes de pied, et de trois mille chevaux. Avec cette petite armée, il alla se poster dans Beaugenci, pour y attendre d'autres secours que le comte d'Angoulême, le connétable de Bourbon, Jean d'Albret, et autres grands seigneurs, lui avaient promis.

Cependant, Louis de la Trémouille, jeune seigneur, qui s'était déjà signalé dans la carrière des armes, reçut de la cour l'ordre d'aller attaquer le duc dans sa position. Ce prince aurait bien voulu la défendre ; mais le comte de Dunois, voyant que la partie n'était pas égale, lui conseilla d'en venir à un accommodement, pour gagner du temps et pouvoir mieux concerter leurs projets avec le duc de Bretagne et les autres princes de leur parti. Le duc suivit un conseil aussi sage, et fit porter à la Trémouille des propositions de paix.

Dès que la dame de Beaujeu eut connaissance des dispositions du duc, elle se prêta de bonne grâce à un accommodement qui assurait sa tranquillité, et dont elle dicta les conditions. Le comte de Dunois fut exilé à Ast, au delà des Alpes, et le duc, après avoir licencié ses troupes, fut forcé de se retirer à Orléans, capitale de son apanage.

Cette paix, que les circonstances seules avaient fait conclure, ne fut pas de longue durée. La guerre que le roi, ou plutôt que la dame de Beaujeu, sous le nom du roi, faisait au duc de Bretagne, moins il est vrai dans le dessein de lui nuire, que pour le forcer d'abandonner le duc d'Orléans, jeta ce dernier dans une nouvelle révolte. Il était retiré à Orléans, où il paraissait avoir renoncé à tout projet de guerre; mais en secret il travaillait à la rallumer, et c'était à la cour de Bretagne que toutes les intrigues se tramaient. Comme la dame de Beaujeu éclairait de près toutes ses démarches, il jugea prudent de se retirer en Bretagne pour se mettre à l'abri du ressentiment de la princesse, qui, sous le prétexte de venger l'autorité royale, n'aurait pas manqué de lui faire un mauvais parti. Elle s'y serait portée avec d'autant plus de zèle, qu'elle aurait vengé en même temps le mépris que le prince faisait de sa personne, et de l'inclination qu'elle sentait pour lui, et à laquelle Louis fut toujours insensible.

Le duc de Bretagne, dont les états étaient à la veille d'être envahis par les troupes du roi, accueillit avec empressement le duc d'Orléans; et, comme il connaissait sa capacité dans la profession des armes, il l'engagea à se charger du commandement de son armée. Celui-ci, soit par reconnaissance pour son hôte, d'ailleurs son ami et son parent, soit qu'il eût la confiance qu'une victoire qu'il remporterait sur l'armée du roi pourrait abattre la puissance de l'impérieuse gouvernante, et le placer lui-même à la tête du gouvernement, qu'il ambitionnait comme un rang qui était dû à sa qualité de premier prince du sang royal, se prêta malheureusement aux vœux du duc de Bretagne. C'est ainsi que l'ambition fit oublier à Louis ses devoirs, et qu'elle le porta à prendre les armes contre son roi et sa patrie. Ce prince, destiné à donner par la suite tant d'exemples de modération et de justice, ne put résister à une passion qui ne fit que s'accroître dans sa position, et qu'il aurait dû étouffer dans le principe.

Le duc d'Orléans eut d'abord sur l'armée du roi quelques brillans succès, mais la fortune l'abandonna bientôt. Dans une bataille qu'il fut obligé de donner auprès de S.-Aubin-le-Cormier, il eut du dessous par la lâcheté de sa cavalerie qui l'abandonna au fort de la mêlée. Le duc, malgré cette désertion, ne perdit pas courage; il continua de se battre à pied à la tête de son infanterie, sans vouloir écouter ceux qui lui conseillaient de faire une retraite, qu'il aurait regardée comme une fuite honteuse. Enfin, après avoir fait quantité de prodiges de valeur, se trouvant enveloppé de toutes parts, il fut fait prisonnier de guerre, le 28 juillet 1488, par Louis de la Trémouille, qui commandait l'armée du roi. L'illustre prisonnier fut, par les ordres de la dame de Beaujeu, enfermé d'abord à Lusignan, pendant le cours d'une année entière, et de là transféré dans la tour de Bourges, où il demeura encore deux ans. Il fut traité avec une extrême rigueur pendant sa longue captivité, et il n'en vit la fin que lorsque Charles VIII eut pris le gouvernement du royaume. On doit dire en l'honneur de Jeanne de France, sa femme, qu'elle n'avait cessé, pendant tout le temps de sa captivité, d'importuner le roi pour obtenir son élargissement. On croit même que ce fut aux instances et aux larmes de cette princesse, plutôt qu'à toute autre considération, que le prince dut sa liberté. On ajoute que Charles, en accordant cette grâce à Jeanne de France, lui dit : « Dieu « veuille, ma sœur, que ce ne soit pas pour « votre malheur que nous vous rendions votre « mari. » Cependant, quelques historiens prétendent que Charles ne fut déterminé à rendre la liberté au duc que par le besoin qu'il eut de lui pour le mariage qu'il méditait de contracter avec Anne de Bretagne. Le comte de Dunois, qui avait été envoyé à la cour de Nantes pour disposer la princesse à cette alliance, avait fait dire au roi par d'Amboise, que le duc d'Orléans était la seule personne qui pût réussir dans cette importante négociation. En effet, le duc d'Orléans était aimé de la jeune duchesse de Bretagne ; mais comme il n'y avait aucune apparence dans la position où il se trouvait, qu'il pût parvenir à l'épouser, il se sacrifia de bonne grâce, et sut si bien disposer la princesse en faveur du roi, qu'il la fit consentir qu'on traitât de son mariage. Le contrat et la célébration du mariage furent faits le 16 décembre de l'an 1491, dans la chapelle du château de Langeois, en Touraine (1).

Le duc d'Orléans, qui avait contribué si généreusement à ce mariage, et qui était devenu aussi fidèle sujet qu'il avait été ambitieux chef de parti, fut en grande considération à la cour. Il accompagna le roi en Italie, et contribua beaucoup au succès de son expédition de Naples. Ce prince se signala d'abord par la victoire navale qu'il remporta sur la flotte napolitaine, à Rapallo, auprès de Gênes : il brûla ou coula à fond une partie des vaisseaux ennemis, et mit les autres en fuite. Cette victoire, remportée à l'ouverture de la campagne, jeta une telle épouvante parmi les ennemis, que Charles n'eut qu'à se présenter pour faire la conquête du royaume de Naples. Louis, qui aimait la gloire, aurait bien voulu suivre le roi à cette expédition ; mais ayant été retenu à Ast par une fièvre, il eut la douleur de le voir partir sans pouvoir l'accompagner. Dès qu'il fut rétabli et en état d'agir, il rassembla huit ou dix mille hommes des troupes destinées pour Naples, se mit à leur tête, entra dans le duché de Milan, et surprit la ville de Novare. Ludovic Sforce, duc de Milan, alarmé des progrès du duc d'Orléans, réunit alors ses troupes,

---

(1) *Voyez* d'Argentré, *Histoire de Bretagne*.

et l'assiégea dans cette place, où il avait eu l'imprudence de s'enfermer sans vivres ni munitions de guerre. Ce prince soutenait depuis six semaines le siége avec une valeur dont on a peu d'exemples, lorsque le roi, après la fameuse victoire de Fournoue, marcha à son secours, et accorda aux ennemis une trève, à la faveur de laquelle le duc d'Orléans fut délivré avec ses troupes. Ce prince aurait bien désiré de continuer la guerre, pour faire la conquète du duché de Milan à son profit. Avec une si bonne armée, il était presque assuré du succès; mais le roi, quelque instance qui lui en fût faite, ne voulut jamais y consentir.

Au retour de la guerre d'Italie, le duc d'Orléans se maintint encore long-temps dans la faveur du roi. Comme ce prince n'avait d'autre désir que de plaire à son souverain et de le servir, il ne pouvait manquer d'entrer tous les jours de plus en plus dans les bonnes grâces d'un roi juste et équitable. Cependant les ennemis du duc, ne voyant qu'avec un secret dépit la faveur dont il jouissait, l'accusaient d'agir contre l'autorité et les intérêts du roi dans son gouvernement de Normandie. C'en fut assez, sinon pour le perdre, du moins pour le disgracier. Louis, informé des mauvais offices qu'on lui rendait, parut à la cour, et s'y justifia pleinement. Mais comme il reste ordinairement dans l'esprit des impressions défavorables à la justification la plus complète, le roi, tout en reconnaissant son innocence, ne lui rendit pas son amitié. Le duc, sensible à la perte des bonnes grâces de son souverain, se retira alors à Blois, ville de son apanage.

Louis ne resta pas long-temps dans cet état d'exil. Le roi, qui était alors à Amboise, sortant un jour de sa chambre pour assister à une partie de paume, se heurta si rudement la tête contre une porte, qu'il mourut de ce coup presque subitement, le 7 avril 1498. La nouvelle de ce triste événement arriva la nuit même à Blois, où était le duc d'Orléans, héritier présomptif de la couronne, comme plus proche parent du feu roi, de la ligne masculine. La mort prématurée de Charles, qui aurait comblé de joie une âme basse et vindicative, fit verser au duc d'Orléans des larmes sincères, et lui donna occasion de dire des choses honorables à la mémoire d'un roi qui fut vivement regretté de ses peuples.

Louis se rendit aussitôt à Amboise, pour y porter des consolations à la reine, et pour veiller lui-même aux obsèques du feu roi, qu'il fit à ses dépens, et de l'argent de ses épargnes. Le même jour, il retourna à Blois, où il reçut les soumissions des députés de tous les ordres de l'Etat et de toutes les cours souveraines. Les princes du sang, les prélats, les grands seigneurs du royaume et une foule de gentilshommes, vinrent également rendre leurs hommages au nouveau roi, et lui offrir leurs services. Cet empressement de la nation venait de la persuasion où l'on était que la France ne pouvait manquer d'être heureuse sous le règne d'un prince humain, généreux, juste, et qui avait de plus l'expérience que donnent les années et les revers.

Pendant qu'on célébrait la pompe funèbre du roi Charles, dont on avait transporté le corps à Saint-Denis, Louis faisait à Blois toutes les dispositions nécessaires pour la cérémonie de son sacre. Il partit de cette ville pour se rendre à Reims, où il reçut l'onction sacrée le 27 mai 1498, au commencement de la trente-septième année de son âge. Le 1er juillet suivant, il fut couronné à Saint-Denis ; et le lendemain, il fit son entrée solennelle à Paris. A son arrivée, il se rendit à l'église de Notre-Dame, pour y offrir à Dieu ses actions de grâces, et alla ensuite à son palais, où il soupa en public ; il avait admis à sa table les princes du sang, les ambassadeurs des cours étrangères, et les seigneurs qui étaient alors à sa cour. Il est à remarquer que Louis fit à ses frais les dépenses de ces augustes cérémonies, qu'on ne leva rien sur le peuple, ni pour ces fêtes, ni pour le joyeux avénement à la couronne, selon l'ancien usage. Cette libéralité était un heureux présage du bonheur dont on allait jouir sous le gouvernement du nouveau roi, et fit beaucoup d'honneur à d'Amboise, son premier ministre. Il ne faut pas cependant dissimuler que l'élévation de Louis sur le trône causa quelques murmures à la cour, de la part de ses anciens ennemis. Mais ce prince méprisa les vaines plaintes de ces mécontens, se saisit d'une couronne qui lui appartenait par le droit de sa naissance, et qu'il sut porter avec dignité. Avant de le suivre sur ce nouveau théâtre, il paraît utile de donner une idée du premier ministre dont il avait fait choix.

George d'Amboise descendait de l'illustre maison qui possédait la seigneurie d'Amboise depuis l'an 1256. Son père, qui avait été chambellan des rois Charles VII et Louis XI, c'est-à-dire gentilhomme de la Chambre, laissa d'Anne de Beuil, sa femme, dix-sept enfans. George, qui était le dernier des garçons, naquit en 1460. La nature ne lui avait pas donné un génie vaste et transcendant; mais il avait un esprit juste, capable de bien concevoir un dessein, et de le mener à sa fin. Les grâces extérieures ne lui échurent pas en partage; mais il en était amplement dédommagé par les qualités du cœur. Il était généreux et bienfaisant par inclination; il ne cherchait qu'à se faire aimer, ne dédaignait pas les louanges, et tâchait de les mériter, en servant le roi et l'état plus par zèle que par gloire ou par intérêt. Plein de loyauté et de franchise, il avait en horreur tout ce qui tenait de l'artifice. Sage, discret, parlant à propos, jamais trop, et toujours avec noblesse, il ne manquait ni de courage, ni de fermeté dans les occasions où il fallait en montrer. Maître de ses passions, et surtout de son ambition, il sut si bien se conduire, qu'il ne fit jamais de démarches fausses, ni même inutiles, dans la carrière des honneurs auxquels il aspirait, si on excepte celle qu'il fit pour parvenir à la tiare, et dans laquelle il fut victime de sa trop grande confiance. Aussi lui a-t-on reproché d'avoir été trop sur ses gardes après avoir été trompé, et trop peu avant que de l'être.

Louis, qui avait pris pour modèle Jules-César dont il ne cessait de louer la douceur, commença par donner de grands exemples de clémence, et répétait souvent à François, comte d'Angoulême,

son successeur, ces belles paroles de Cicéron à
ce premier des empereurs : « Que la puissance
« royale n'a rien de plus grand que d'être en si-
« tuation de pouvoir conserver la vie aux hom-
« mes, et la nature rien de plus parfait que la
« volonté d'accomplir un si glorieux dessein. »
Quelques-uns de ses courtisans qui avaient eu
part à ses disgrâces, ayant essayé de lui inspirer
des sentimens de vengeance contre ceux qui l'a-
vaient desservi auprès du feu roi, et en particulier
contre le seigneur de la Trémouille qui l'avait
battu et fait prisonnier à la journée de Saint-Au-
bin, ce bon prince répondit par ces paroles célèbres : « Que le roi de France ne vengeait point les
« injures faites au duc d'Orléans. » Il ajouta que,
si ces seigneurs avaient servi le feu roi contre lui,
il espérait que, maintenant qu'il régnait, ils le
serviraient de même contre tous ses ennemis.

La comtesse de Beaujeu et le comte son mari,
qui étaient ses mortels ennemis, et la cause principale des disgrâces qu'il avait essuyées sous le règne de Charles VIII, avaient tout lieu de redouter
les effets du juste ressentiment du roi. Louis ne
leur fit aucun reproche; il ne travailla à se venger d'eux, qu'en leur faisant du bien, même
contre ses propres intérêts, comme il arriva dans
l'occasion suivante:

Les duchés de Bourbonnais et d'Auvergne, et
le comté de Clermont dont la maison de Beaujeu
était alors en possession, étaient, au défaut d'héritiers mâles, reversibles à la couronne. Le
comte et la comtesse de Beaujeu, qui n'avaient
qu'une fille, voulaient la marier avec Charles de
Bourbon-Montpensier; mais comme ils ne pou-

vaient, sans la volonté du roi, faire le transport de leurs beaux domaines à Suzanne de Beaujeu, leur fille unique; Louis, par une générosité peu commune, consentit que Suzanne les portât en dot à son futur époux.

Ce prince tenait une liste exacte de tous ceux qui l'avaient offensé, dans la seule vue de leur pardonner de meilleure grâce : Notre Sauveur, disait-il, *étant aussi bien mort pour eux que pour moi.* Sentiment digne d'un prince chrétien! Il était charmé de voir les princes de son sang et les grands du royaume dans un état de grandeur et d'opulence. Il veillait à l'éducation des jeunes princes et des jeunes seigneurs, comme s'ils avaient été ses propres enfans, et plaçait auprès d'eux des gens capables de leur inspirer des sentimens dignes de leur naissance. L'administration de leurs biens n'était pas négligée; il y veillait de si près, que ces jeunes seigneurs se trouvaient riches et sans dettes, lorsqu'ils étaient parvenus à l'âge de les gérer par eux-mêmes. Les comtes d'Angoulême, de Vendôme, de Foix, les ducs d'Alençon, de Nevers et autres, dont il prit un soin tout particulier, sont une preuve éclatante de l'affection paternelle de Louis XII pour les princes de son sang, et pour les grands de son royaume.

Durant le séjour que ce prince fit à Paris, il s'occupa du grand et noble projet qu'il avait conçu de rendre son peuple heureux, en faisant régner dans l'Etat l'abondance, la paix et la justice. Il commença ce grand ouvrage par une diminution des impôts : ce qu'il continua d'année en année, jusqu'à ce qu'ils fussent réduits à moitié de ce qu'ils étaient lorsqu'il parvint à la couronne. Il travailla à faire fleurir le commerce, fit construire quantité de vaisseaux sur les côtes, et établit des manufactures en plusieurs endroits. Comme il n'ignorait pas que de toutes les vertus, la justice est celle dont l'usage est le plus continuel, et dont les fruits se répandent sur plus de monde, il se transportait souvent en sa cour de parlement pour exhorter cette compagnie à rendre à ses sujets une bonne et prompte justice. Il créa différentes compagnies de juges qu'il choisissait parmi les gens savans et de bonnes mœurs, et nommait aux places vacantes ceux qu'il croyait les plus capables d'en remplir les fonctions avec honneur. Le grand conseil (1), que son prédécesseur avait laissé dans une forme très-imparfaite, reçut une assiette stable et permanente. Comme ce prince connaissait l'importance des devoirs des juges, il rendit un édit qui ordonnait qu'à l'avenir les baillis et les sénéchaux seraient gradués, parce que la justice souffrait d'être exercée par des gens de guerre qui n'avaient aucune idée de la jurisprudence. La cour souveraine de Normandie fut érigée en parlement en 1499. Quelque temps après, en 1501, le roi donna également des lettres patentes pour ériger en parlement la cour souveraine d'Aix en Provence. Plusieurs belles ordonnances qui tendaient toutes à la même fin, c'est-à-dire à abréger les procédures, furent encore le fruit de

---

(1) Ce qu'on avait appelé le grand conseil, jusqu'au temps de Louis XII, était le conseil d'Etat.

l'amour de ce bon prince pour la justice. Comme il ne craignait rien tant que la surprise dans cette partie, la plus essentielle des fonctions de la royauté, il voulut *qu'on suivît toujours la loi, malgré les ordres contraires à la loi, que l'importunité pourrait arracher du monarque.* Le motif qui engageait ce prince à maintenir la justice dans sa vigueur, est digne du surnom de *Juste* qu'on lui donna dans la suite. « C'est, disait-il, « qu'étant roi, je suis protecteur des lois ; et, « par là, obligé de les faire observer, aux dépens « même de mes meilleurs amis. »

Louis remédia aussi à une autre sorte d'abus qui n'était pas moins préjudiciable au public, par l'atteinte qu'il donnait au commerce, à la bonne foi et à la justice. Sous le règne précédent, toutes les espèces d'or et d'argent, de bon aloi ou non, avaient cours dans le royaume ; en sorte qu'il ne se faisait aucun paiement où il n'y eût perte pour le créancier de plus d'un huitième. Louis ne put voir cet abus, sans y apporter le remède convenable. Par de sages ordonnances il bannit les espèces étrangères, fixa le prix et le poids de celles du royaume, et rétablit le bon ordre dans cette partie essentielle du commerce.

Parmi les ordonnances que ce prince venait de rendre, en montant sur le trône, il y en avait une qui avait pour motif de réprimer les abus qui s'étaient glissés dans l'université de Paris. Ce corps, qui mal à propos se croyait lésé par les réglemens nouveaux, se donna beaucoup de mouvement pour les faire révoquer, ou leur faire donner une explication favorable. Il envoya des députés au parlement pour supplier cette compagnie de maintenir dans ses priviléges un corps qui, par ses travaux et par ses lumières, était d'une si grande utilité à toute la France. Le parlement, convaincu que l'intention du roi n'avait pas été de toucher aux priviléges de l'université, mais de supprimer, comme il convenait à sa dignité et à son autorité, les abus qu'elle avait laissé s'élever dans son sein, répondit qu'elle n'avait d'autre parti à prendre que celui de l'obéissance. Malgré ce sage conseil, l'université s'assembla en grand nombre pour aviser aux moyens d'éluder la nouvelle ordonnance, et ferma la bouche, selon l'ancienne coutume, aux professeurs et aux prédicateurs. Les uns et les autres obéirent trop fidèlement à ces ordres. Des prédicateurs, dans les sermons qu'ils firent à cette occasion, eurent l'insolence de parler fort librement contre le Gouvernement, et d'invectiver même contre la personne du prince.

Le roi, qui était alors à Blois, ayant été informé de cette espèce de sédition, entra dans une grande colère contre l'université, et se mit, sans différer, en marche pour se rendre à Paris. L'université crut alors devoir envoyer des députés au-devant du roi pour lui faire des remontrances; mais, dès que ces députés eurent pénétré les dispositions du monarque, ils ne songèrent plus qu'à apaiser sa juste colère. Louis, dans l'audience qu'il leur accorda, leur dit : « Allez, « saluez de ma part les suppôts de l'université « qui sont dignes de porter ce nom; pour ce qui « est de ceux qui en sont indignes, je n'ai pour

« eux que du mépris. Ils m'ont insulté dans leurs
« prédications (ajouta-t-il en se frappant la poi-
« trine de sa main), mais je saurai bien les en-
« voyer prêcher ailleurs. »

Les députés, de retour à Paris, firent part à
l'université assemblée de la réponse du roi. Ce
corps arrêta aussitôt que chacun reprendrait le
cours de ses fonctions ; que les écoles seraient ouvertes, et que l'on donnerait aux prédicateurs la
liberté d'annoncer la parole de Dieu. Le roi ne
tarda pas à arriver lui-même ; il était accompagné d'un grand nombre de courtisans et de
beaucoup de troupes. Le lendemain de son arrivée, il tint son lit de justice en son parlement,
et fit confirmer, par un nouvel enregistrement,
les ordonnances qui avaient occasioné les troubles de l'université. La sage fermeté de Louis fit
rentrer dans le devoir un corps qui aurait dû
donner le premier l'exemple de la soumission et
de l'obéissance.

Ce prince, qui ne négligeait rien de ce qui pouvait contribuer au bonheur de ses sujets, entreprit
aussi de rétablir la discipline militaire, qui tend
toujours à se relâcher. Par de sévères ordonnances,
qu'il fit ponctuellement exécuter, il réprima les
violences et les pillages des gens de guerre, et
mit le citoyen en sûreté contre leurs entreprises.
« Ce fut aussi sous Louis XII, dit Brantôme,
« que les compagnies des ordonnances (1) com-

___

(1) Les compagnies d'ordonnance avaient chacune cent
lances ou hommes d'armes, et chaque homme d'armes avait
avec lui cinq autres hommes, savoir : trois archers ou coutil-
liers (ainsi nommés, parce qu'ils portaient au côté une espèce

« mencèrent à se faire très-belles, très-bonnes et
« très-bien aguerries, par les continuelles guerres
« qu'elles firent sous ses ordres aux Italiens et
« aux Espagnols, aux dépens desquels elles se
« se formèrent, et dont ils ont tué un grand
« nombre. Cette troupe était si courageuse, que
« rien ne se présentait devant elle qu'elle ne
« battît, et sa réputation était si bien établie
« dans l'Europe, que tout le monde la redou-
« tait. »

A ces traits de sagesse, l'on reconnut, par une
heureuse expérience dans tout le royaume, remarque un auteur moderne (1), la différence
qu'il y a d'ordinaire entre un prince qui monte
sur le trône en un âge mûr, déjà expérimenté et
fait aux affaires, et un jeune roi qui n'apprend
souvent avec le temps l'art de régner, que par
les fautes qu'il a faites ou qu'on lui a fait faire en
commençant à gouverner.

Au milieu de ces grandes occupations, Louis
n'oublia pas les autres devoirs de la royauté. Dès
qu'il fut monté sur le trône, il envoya des ambassadeurs à Rome, à Venise et à Florence, pour
informer ces puissances de son avènement à la
couronne. Il renouvela avec elles les anciens
traités d'alliance, afin de faciliter l'exécution du

---

de couteau), un page et un valet : c'est ce qu'on appelait
avoir une lance garnie ou fournie. Ainsi, chaque compagnie
était composée de six cents hommes, tous à cheval, sans y
comprendre quantité de volontaires qui servaient à leurs dépens, dans l'espérance d'avoir, avec le temps, une place
dans la compagnie.

(1) Daniel.

projet qu'il méditait déjà de porter la guerre en Italie. Après avoir donné ses soins à tous ces différens objets, il partit de Paris pour retourner à Blois, sa ville favorite. Là, il s'occupa sérieusement d'une grande affaire dont le succès lui tenait beaucoup au cœur : il voulait faire casser son mariage avec Jeanne de France, princesse également difforme et vertueuse, qu'il n'avait épousée qu'avec répugnance, et par une espèce de violence que Louis XI lui avait faite. Il s'adressa au pape Alexandre VI, et le pria de nommer des commissaires pour connaître de cette importante affaire. Ce pontife, peu scrupuleux, se prêta volontiers à tout ce que le roi désirait de lui, mais comme il était plein d'ambition, il se promit de vendre chèrement la grâce qu'on lui demandait. Alexandre avait formé depuis long-temps le projet de faire de César Borgia, son fils naturel, un grand prince; et comme il voulait lui donner un état considérable, formé de plusieurs villes de la Romagne, il profita du besoin que le roi avait de lui, pour s'assurer un secours de troupes nécessaire à ses vues. L'envie que Louis avait de faire casser son mariage, le détermina à accorder au pape tout ce qu'il pouvait désirer. Outre la promesse qu'il lui fit d'un secours de troupes, il donna à César Borgia le duché de Valentinois et une somme de trente mille ducats, qui furent comme le prix de la complaisance du pape pour le roi. Aussitôt Alexandre envoya son fils en France, avec une bulle qui nommait trois commissaires pour juger définitivement sur la validité ou la nullité du mariage du roi : ces trois commissaires étaient Philippe de Luxembourg, cardinal et évêque du Mans; Louis d'Amboise, évêque d'Albi; et Pierre, évêque de Ceuta, en Afrique, de la domination du roi de Portugal. Le nouveau duc de Valentinois porta aussi le chapeau de cardinal pour George d'Amboise, premier ministre du roi. Borgia, qui avait peut-être le dessein d'arracher encore au roi quelque nouvelle faveur, voulut d'abord user d'artifice. Il prétendait qu'il n'était point porteur de la bulle du pape, et qu'il serait même difficile de l'obtenir. Le roi, ayant été informé du contraire par l'évêque portugais, traita comme il le méritait ce duc de nouvelle création, et le convainquit d'imposture. Borgia, forcé de produire la bulle, la remit à Louis, mais il se vengea de l'infidélité du dénonciateur, en lui faisant donner peu de temps après le poison dont il mourut. Malgré ce mauvais procédé de Borgia, le roi ne laissa pas de le traiter magnifiquement: il lui fit une pension de 20,000 liv., lui donna une compagnie de cent lances, et enfin il lui fit épouser Charlotte d'Albret. Il conclut avec lui une ligue par laquelle le duc de Valentinois s'engageait de servir le roi et de l'aider de sa personne, de son argent et de ses troupes, pour le recouvrement du duché de Milan. Louis de son côté promettait de l'aider, après la conquête du Milanais, à chasser les seigneurs qui étaient en possession des villes de la Romagne.

Les commissaires apostoliques ne perdirent point de temps, et répondirent à l'empressement que témoignait le roi de voir cette grande affaire en état d'être jugée. L'instruction fut commencée à Tours, le 18 août 1498, par la fulmination des bulles du pape. Le roi alléguait quatre moyens de nullité contre son mariage avec Jeanne de France : 1° la parenté au quatrième degré entre les conjoints ; 2° l'affinité spirituelle qui naissait de ce que Louis XII était filleul de Louis XI, père de Jeanne ; 3.° la violence dont on prétendait que Louis XI avait usé pour forcer à ce mariage Louis XII, dans un temps et dans un âge où il ne lui était pas libre de résister ; 4° le défaut de consommation.

La reine, assistée de son conseil, répondit à ces moyens, que la parenté au quatrième degré et l'affinité spirituelle n'étaient pas des empêchemens dirimans, et que, d'ailleurs, le cardinal de Saint-Pierre-aux-Liens, légat *à latere* en France, avait donné les dispenses nécessaires ; que le mariage n'avait point été forcé, et qu'elle respectait assez la mémoire du roi son père, pour penser qu'il n'avait pris que des voies légitimes ; enfin, qu'elle avait vécu avec le roi comme une femme a coutume de vivre avec son mari.

Après bien des objections de part et d'autre, Jeanne, pour terminer une affaire aussi désagréable, offrit de s'en rapporter au serment du roi, déclarant au surplus « qu'elle ne soutenait « le procès qu'avec regret, pour la décharge de « sa conscience, ce qu'elle ne ferait pour tous les « biens et honneurs du monde, suppliant le roi, « son seigneur, dont elle désire faire le plaisir, « sa conscience gardée, de n'être mécontent « d'elle. » Louis, voyant que la reine persistait dans cette dernière résolution, jura qu'il n'avait point vécu maritalement avec elle, et ce serment fit terminer la procédure.

Quand les commissaires eurent prononcé la

sentence de dissolution, Jeanne, qui était dès lors d'une piété éminente, y acquiesça sans proférer une seule parole ; sur quoi Brantôme fait cette remarque : « Cette princesse se montra très-sage, « et n'en fit la réponse de Richarde, fille d'E-« cosse, femme du roi de France (Charles-le-« Gros), lorsque son mari la répudia, affirmant « par serment et jurement ne l'avoir connue ni « touchée. *Or, cela va bien*, dit elle, *puisque* « *par le serment de mon mari je suis demeu-* « *rée encore vierge et pucelle.* Par ces paroles, « cette reine se moquait bien du serment de « son mari. » Jeanne soutint cette humiliation avec beaucoup de force et de constance. Elle choisit la ville de Bourges pour le lieu de sa retraite, et se consacra à Dieu par les vœux de la religion. Devenue dans la suite fondatrice de l'ordre des religieuses de l'Annonciade, elle passa le reste de ses jours dans un monastère, et y mourut en odeur de sainteté. Louis, qui connaissait le mérite de sa femme, l'honora toujours, et eut pour elle les égards que méritaient et sa qualité de fille de France, et l'éminence de sa piété. Il lui avait donné le duché de Berri avec plusieurs autres domaines, pour en jouir sa vie durant.

Louis, devenu libre par la cassation de son mariage, songea à former un nouveau lien, et jeta les yeux sur Anne de Bretagne, veuve de Charles VIII, son prédécesseur. Des auteurs (1) ont cru voir dans ce choix l'exécution d'un article du traité conclu avec les Etats de Bretagne, lequel

---

(1) Entr'autres Varillas, cité par le président Hénaut.

portait que, si Charles VIII mourait sans enfans avant la duchesse, elle épouserait son successeur. Sans examiner ce que pouvait avoir d'impraticable une convention faite dans un temps où l'on ne pouvait prévoir que, par sa mort prématurée, Charles laisserait une veuve en âge de pouvoir se remarier, on doit croire que Louis fut porté à cette alliance, autant par goût que par politique. Par ce mariage, il conservait à la monarchie le beau duché de Bretagne, et son ancienne inclination pour la princesse fortifiait encore cette raison d'Etat.

La reine, après la mort de Charles VIII, s'était retirée dans ses Etats, et tenait sa cour dans la ville de Nantes. Le roi lui envoya des députés pour lui parler d'un second mariage. La proposition surprit d'abord la reine, par la réflexion qu'elle fit sur sa bizarre destinée, de ne pouvoir être mariée qu'à la suite d'un divorce. Cette princesse, en effet, avait été mariée par procureur à Maximilien, roi des Romains, et ce ne fut qu'après la cassation de cet engagement, qu'elle devint l'épouse de Charles VIII. Elle eut donc quelque scrupule sur la nouvelle alliance qu'on lui proposait, et fut quelque temps sans pouvoir se déterminer; mais des raisons d'Etat, toujours supérieures à des vues particulières, et peut-être même ses premières inclinations pour Louis, l'emportèrent sur toute autre considération : elle donna son consentement. Celui des Bretons, ses sujets, fut plus difficile à obtenir. Les Etats de Bretagne, craignant que leurs priviléges et franchises ne fussent pas maintenus après le mariage de leur souveraine, s'opposaient fortement à cette nouvelle alliance. Pour lever leur opposition, Louis confirma les Bretons dans tous leurs droits. Cet acte ne fut point encore capable de calmer les inquiétudes de ce peuple, jaloux de sa liberté et de la gloire de faire un Etat particulier. Il fallut stipuler dans le contrat de mariage, en termes formels : « Que le second en-« fant qui sortirait de ce mariage tiendrait cette « principauté, lui et les siens; que, dans le cas où « il n'y aurait point d'enfans, elle retournerait « aux plus proches héritiers de la maison de Bre-« tagne. » Malgré toutes ces précautions, et quelques mesures qu'eût prises la reine Anne pour assurer à la Bretagne son ancien état, peu de temps après sa mort, le duché de Bretagne fut réuni à la couronne de France. Le roi, ne jugeant pas à propos de disputer plus long-temps avec les Bretons, accorda tout ce qu'on voulut, et le contrat fut signé aux conditions que désiraient ces peuples.

Ce prince se rendit ensuite à Nantes, et y épousa Anne de Bretagne, le 8 janvier 1499. A l'occasion de ce mariage, on frappa plusieurs médailles et des écus d'or, où le roi prend le titre de duc de Bretagne, et sur lesquels est empreint l'écu de France, accompagné de deux hermines couronnées.

Le roi passa le reste de l'hiver en Bretagne, auprès de la reine. Les plaisirs de la nouvelle cour ne lui firent point perdre de vue le grand projet qu'il avait formé en montant sur le trône, de faire la conquête du duché de Milan, qui lui appartenait par Valentine Visconti, son aïeule, seule héritière des derniers ducs de Milan. Les

Sforces, qui étaient alors en possession de ce duché, n'avaient pour eux d'autre titre que celui d'une injuste usurpation. François Sforce, fils de Jacques Sforce, ayant épousé la bâtarde du dernier duc de Milan, s'en était fait duc, et Ludovic Sforce, dit *le More*, qui en descendait, y régnait alors, après avoir fait empoisonner son neveu. Le roi fit les préparatifs de cette guerre en prince sage, et qui voulait s'en tirer avec honneur. Il commença par s'assurer des princes ses voisins, des rois d'Espagne, d'Angleterre, et de l'archiduc Philippe, fils de Maximilien, et souverain des Pays-Bas. Il trouva peu de difficultés dans les négociations qu'il entama; la réputation qu'il s'était acquise par son habileté à la guerre et par la sagesse de son gouvernement, faisant rechercher avec empressement son alliance.

Par le traité qu'il fit avec l'archiduc, Louis consentit à lui rendre les places qu'il tenait dans l'Artois, à la charge par l'archiduc de lui faire hommage pour les comtés d'Artois, de Flandre et de Charolais. Philippe se soumit de bonne grâce à des conditions qui lui étaient si avantageuses. Le roi dispensa ce prince de venir à la cour de France faire son hommage entre ses mains, et se contenta d'envoyer à Arras son chancelier, pour le recevoir. L'honneur de la personne du roi fut soutenu avec beaucoup de dignité par Gui de Rochefort, qui la représentait.

Louis XII eut plus de peine à faire entrer dans ses vues Maximilien, roi des Romains. Ce prince avait pris quelques engagemens avec Ludovic Sforce, duc de Milan; mais comme celui-ci n'était ni assez riche ni assez généreux pour fournir aux dépenses et à la prodigalité de Maximilien, le roi des Romains se lassa de le soutenir, et conclut avec Louis XII une trève pour quelques mois. Henri VII, roi d'Angleterre, fut un des moins difficiles ; il renouvela de bonne foi les traités de paix avec la France. On gagna aisément Philibert, duc de Savoie, moyennant une somme d'argent et la renonciation que le roi fit, pour lui et pour ses successeurs, à toutes les prétentions de la France sur les Etats de Savoie. Par ce dernier arrangement, le roi fut assuré du passage en Italie par les terres de ce prince. Les Suisses ne furent pas négligés : on renouvela avec eux un traité de ligue offensive et défensive, qui fut signé le 21 mars 1499, et qui devait durer dix ans.

Pendant le cours de ces négociations, le roi en avait entamé avec la république de Venise une qui était d'une importance bien supérieure, et de laquelle dépendait le succès de ses vues sur le duché de Milan. Venise, autrefois peuplée de pêcheurs, était devenue, par l'industrie et le commerce, un état très-puissant, et s'était agrandie aux dépens de ses voisins. Il était donc dans l'intérêt de Louis de se liguer avec cette république, avant que de rien entreprendre. Comme il n'ignorait point l'ambition qu'elle avait d'étendre sa domination en terre ferme, le roi la prit par son faible, et lui fit proposer une ligue offensive et défensive pour la conquête du duché de Milan. Louis s'engageait de céder à la seigneurie de Venise la partie de la conquête qui était le plus à sa bienséance, c'est-à-dire toutes les places situées sur la rivière de l'Adde, et la partie du Milanais qui s'étendait depuis cette rivière jusqu'à l'Etat de terre ferme. La proposition fit sur la république l'effet que le roi s'en était promis : les offres de Louis furent acceptées, et le traité d'alliance fut conclu le 15 d'avril 1499.

Tels étaient les princes qui figuraient alors en Europe : en France, Louis XII ; Maximilien en Allemagne ; Bajazet II à Constantinople ; Ferdinand et Isabelle en Espagne ; en Portugal, Émanuel, surnommé le *Grand* ; Henri VII en Angleterre ; en Italie, la seigneurie de Venise, et enfin Ludovic Sforce à Milan.

Cependant le duc de Milan, à la vue de l'orage qui menaçait ses états, s'était adressé à presque toutes les puissances de l'Europe pour en tirer du secours. Il ne fut écouté favorablement que de Frédéric, roi de Naples, qui était le seul prince intéressé à le défendre contre les Français. Frédéric prévoyait que la conquête du Milanais serait, pour le roi de France, un acheminement à celle du royaume de Naples ; mais ce prince n'avait ni troupes ni argent. Dans cet abandon général, Ludovic, qui connaissait le fond de bonté du roi, tenta, comme sa dernière ressource, de le fléchir, en lui faisant proposer de partager le différend qui était entre eux. Il lui offrit le duché de Gênes, et des indemnités pour le reste de ses Etats. Si le roi n'avait été que duc d'Orléans, il aurait peut-être accepté l'offre de Ludovic ; mais, comme il était assez puissant pour se faire rendre le tout, il répondit avec fermeté qu'il voulait tout ou rien. Le duc de Milan, rebuté de Louis, et abandonné de toutes les puissances, eut alors recours au Grand-Seigneur. De concert avec Frédéric, roi de Naples, il envoya deux députés à Bajazet II. Ce prince reçut favorablement les envoyés d'Italie; et, charmé de trouver une occasion de pouvoir mettre le pied dans ce pays, il promit d'envoyer dans l'Italie et dans la Dalmatie, une puissante armée pour faire une diversion utile aux princes qui étaient à la veille d'être opprimés.

Après que le roi, en habile politique, se fut assuré des puissances qui auraient pu traverser ses projets, il partit de Bretagne pour aller à Blois, et de là à Romorentin, où il laissa la reine qui était grosse; il se rendit ensuite à Lyon, où il s'arrêta. Il est nécessaire de faire remarquer ici, pour la gloire du prince, que Louis ne faisait qu'exercer les droits qu'il avait sur le Milanais; et que, pour une expédition de cette importance, il ne leva pas un denier sur son peuple. Il trouva, dans une sage économie, également éloignée de l'avarice et de la prodigalité, les fonds nécessaires pour entreprendre une guerre aussi dispendieuse. La vente de quelques charges qu'on appelait offices royaux, et qui n'étaient point de judicature, lui fournit aussi un grand fonds de deniers. Cette innovation présentait de graves inconvéniens; mais comme son intention était qu'elle ne fût point de durée, l'avantage qu'il en retira alors servit de réponse aux raisons qu'on pouvait lui opposer.

Aidé de ce secours, et sûr de l'amour de ses peuples et de la justice de ses droits, Louis se trouva en état d'entreprendre la conquête qu'il avait méditée depuis si long-temps. Pendant le cours des négociations, ce prince avait eu le temps d'assembler six mille chevaux et vingt-cinq mille hommes de pied. Il mit à la tête de cette armée, Louis de Luxembourg, comte de Ligny; Robert Stuard, seigneur d'Aubigny; et Jean-Jacques Trivulce, seigneur milanais. Ce dernier s'était retiré en France pour se soustraire aux persécutions de Ludovic.

Les Français traversèrent les Alpes au mois d'août 1499, et commencèrent les opérations de la guerre par le siége de la ville d'Arezzo, qui fut emportée en peu de jours. La résistance que fit Novi ne servit qu'à enflammer davantage leur courage : ils la canonnèrent avec tant de fureur, que le cinquième jour du siége ses remparts furent réduits en poudre; ils y entrèrent l'épée à la main, et taillèrent en pièces la garnison et la bourgeoisie : le feu consuma ce qui avait échappé au tranchant de leur fer. Cet exemple de sévérité eut l'effet qu'on s'en était promis. La plupart des villes implorèrent la clémence du vainqueur, et lui ouvrirent leurs portes. Novare et Alexandrie voulurent se défendre; mais elles eurent lieu de s'en repentir : elles furent prises d'assaut, pillées et saccagées. Gènes, Pavie, et les autres places du duché de Milan qui n'avaient point encore subi le joug, s'empressèrent alors de se rendre.

Les Vénitiens, de leur côté, s'étaient déjà rendus maîtres, et presque sans coup férir, de toute la partie du duché qui est au delà de l'Adde. Dans cette révolution générale, il ne resta plus à Ludovic que la ville de Milan dans laquelle il s'était renfermé; ni peuples, ni capitaines, ni

villes, ne lui gardèrent plus la foi. Pour comble
de malheur, dans un abandon aussi universel,
ce malheureux duc n'avait ni amis, ni alliés
à qui il pût se fier. Ce fut alors qu'il dut sentir qu'un prince n'a point de forteresses plus sûres
et plus imprenables que la douceur, l'humanité et la bonne foi, qui lui attirent l'affection de
ses sujets. Comme Ludovic avait l'âme aussi lâche
que perfide, il n'eut pas le courage de défendre
sa capitale, et ne vit d'autre ressource que d'envoyer en Allemagne ses trésors et ses enfans, et
de se retirer lui-même auprès de l'empereur.

A peine Ludovic eut-il abandonné Milan, que
les habitans, délivrés de la crainte que leur imposait sa présence, appelèrent les Français, et se
rendirent à eux, sans autre condition que d'être
mis à couvert des insultes du soldat. Leurs députés dirent qu'ils espéraient plus d'avantages de la
libéralité du roi, qu'ils n'en pourraient demander
par une capitulation. Le château, qui était très-
bien fortifié, aurait pu tenir encore long-temps,
si la garnison qui le défendait eût eu à sa tête un
homme de cœur; mais heureusement pour les
Français, ils n'eurent à faire qu'à un homme
moins touché de l'amour de son devoir, que de
celui des richesses. Après quelque faible résistance, il livra la place pour une somme d'argent.
C'est ainsi que, dans l'espace de vingt jours, le
Milanais et l'état de Gênes furent conquis par
l'armée du roi.

Dès que ce prince, qui était resté à Lyon, eut
appris ces heureuses nouvelles, il se mit en marche pour passer les Alpes, et arriva en très-peu
de jours à Milan, où il fit son entrée solennelle.

Tous les habitans, hommes, femmes et enfans, le précédaient, revêtus de leurs habits de fête, et ornés de leurs plus beaux bijoux; de sorte que cette entrée avait l'air d'un triomphe. Durant le séjour de trois mois qu'il fit dans le pays de sa nouvelle conquête, il s'occupa uniquement des moyens de la conserver, et du bien de ses nouveaux sujets. Ce prince s'attachait plutôt à se concilier les cœurs par la bienveillance, qu'à les soumettre par les armes. Il déchargea le peuple de tous les impôts extraordinaires dont Ludovic l'avait accablé, et diminua d'un quart les autres. Pour s'affectionner la noblesse, il lui accorda quelques priviléges, et lui fit de grandes largesses. Comme Trivulce avait, par son habileté, et par les intelligences qu'il avait dans le pays, le plus contribué à la rapidité de cette grande conquête, Louis le distingua dans la distribution de ses récompenses, en lui donnant la seigneurie de Vigévano, et d'autres terres considérables. Il rendit à l'Eglise ses immunités et ses priviléges, combla de biens et d'honneurs les personnes célèbres dans les sciences et dans la jurisprudence. Enfin, il poussa la générosité jusqu'à ne pas permettre qu'on recherchât ceux qui avaient eu quelque part au gouvernement précédent, et aux bonnes grâces de Ludovic.

A peine le roi fut-il arrivé à Milan, qu'il lui vint, de tous les différens états d'Italie, des princes ou des députés de leur part pour le féliciter de sa victoire. Comme il y en avait parmi eux un grand nombre qui avaient été attachés aux Sforces, Louis mit de la distinction dans l'accueil qu'il leur fit. Cependant il dissimula sagement son mécontentement à l'égard de la république de Florence, qui avait fourni de l'argent à Ludovic. Comme il espérait retirer quelques services des Florentins, soit pour la conservation du duché de Milan, soit pour la conquête du royaume de Naples, qu'il méditait déjà, il conclut avec eux un traité dont les principaux articles étaient que le roi prendrait la république de Florence sous sa protection, et que ses troupes auraient un libre passage par la Toscane pour aller à Naples.

Le pape et le duc de Valentinois, son fils, ne furent pas des derniers à féliciter le roi de sa nouvelle conquête. Ils lui rappelèrent alors le traité qu'il avait fait avec eux, et le pressèrent de leur fournir des troupes pour remettre sous l'obéissance du Saint-Siége les villes de la Romagne, qui s'en étaient séparées. Louis donna au duc de Valentinois un corps de sept mille hommes, sous la conduite de d'Alègre, un des meilleurs de ses généraux.

Les cantons suisses ne manquèrent pas d'envoyer aussi des députés à Milan, pour complimenter le roi. Comme ces peuples croyaient avoir des droits sur les villes de Lugano et de Bellinzone, ils avaient chargé leurs députés de supplier Louis de leur rendre justice au sujet de ces villes. Louis n'approuva point les remontrances du corps helvétique, et renvoya les députés du canton d'Uri, que cela regardait, avec des paroles assez dures. Il trouva même très-mauvais que ces peuples, en s'en retournant du Milanais chez eux, se fussent emparés militairement de Bellinzone, et qu'ils y eussent mis une garnison. Les Suisses, qui ne connaissaient pas alors l'importance d'un poste qui leur ouvrait le passage du Milanais, l'auraient rendu, si on leur eût fait toucher quelques sommes d'argent; mais le roi ne voulut point racheter à ce prix une ville qu'il regardait comme faisant partie de son patrimoine. Cependant, le besoin qu'il eut dans la suite du secours de cette nation belliqueuse, pour la conquête du royaume de Naples, le détermina à se relâcher sur cet article. Il céda au canton d'Uri les ville et comté de Bellinzone avec les villages de Son et de Médolia. On ne peut dissimuler que ce n'ait été de la part de Louis une faute qui eut des suites funestes pour les Français, de n'avoir pas cherché dans le principe à retirer des mains du corps helvétique une place qui était la clef du Milanais, et le seul passage par où ce peuple pouvait entrer dans cette province.

Après que le roi eut pourvu à tout ce qui pouvait contribuer à lui assurer l'affection de ses nouveaux sujets, il pensa sérieusement à repasser les Alpes, et confia au seigneur de Trivulce le gouvernement du duché de Milan, et celui de l'État de Gênes à messire Ravestein, de la maison des ducs de Clèves. A son arrivée en France, il s'empressa de se rendre auprès de la reine, qui venait de donner le jour à une princesse à qui on donna le nom de Claude, et que le roi aima toujours avec tendresse.

Le départ de Louis avait laissé les Vénitiens dans une position assez critique. Ils avaient non-seulement à conserver le pays dont ils venaient de faire la conquête dans le Milanais, mais encore à soutenir la rude guerre que Bajazet leur faisait dans l'Istrie, la Dalmatie et le Frioul. Les

Turcs ayant trouvé ces provinces dégarnies de troupes, désolèrent tout le plat pays, emmenèrent, sans aucune distinction d'âge ni de sexe, une infinité de gens en captivité, et enlevèrent aux Vénitiens une partie de leurs domaines, sans leur laisser l'espérance de les recouvrer jamais. La république apprit alors à ses dépens qu'il est souvent plus sage de bien garder ses propres États, que de vouloir les agrandir à contre-temps, et au préjudice de ceux de ses voisins.

Ludovic Sforce, qui ne pouvait se consoler de la perte de ses États, épiait le moment favorable pour tenter d'y rentrer. Trivulce, gouverneur de Milan, et les Français eux-mêmes lui en fournirent l'occasion : ceux-ci s'aliénèrent l'esprit des habitans par la légèreté de leur conduite à l'égard des femmes italiennes, et celui-là par sa fierté et ses cruautés. Trivulce possédait les vertus militaires à un degré assez élevé; mais il n'avait point les vertus civiles et propres au gouvernement. Dès qu'il se vit établi par Louis XII gouverneur de Milan, et dans l'exercice de sa nouvelle dignité, il se conduisit de manière à faire détester la domination française. Chef de la faction des Guelphes, pour le maintien de laquelle il avait tout sacrifié, biens, patrie, repos, il était l'ennemi déclaré de la faction gibeline, qui était plus nombreuse et plus puissante dans Milan et dans tout le duché. Ces deux factions se faisaient depuis quatre cents ans une guerre cruelle, qui ne pouvait se terminer que par la ruine de l'une des deux; et peut-être de toutes les deux. La faction des Gibelins avait alors réduit sa rivale dans un état à ne pouvoir se relever de long-temps. Trivulce entreprit tout d'un coup de la rétablir, et de lui conférer toutes les magistratures et toutes les places du duché. Oubliant qu'en qualité de gouverneur il devait sa protection à tous, et qu'il ne devait faire usage de son autorité que pour faire aimer et respecter celle du roi son maître, il ne songea qu'à satisfaire son ressentiment particulier et celui de sa faction.

Les Gibelins, poussés à bout par la conduite sévère du gouverneur, forment le dessein de secouer le joug des Français, et de rappeler leur ancien duc. Comme leur parti était nombreux, et que Trivulce n'avait que peu de troupes auprès de lui, il leur fut facile d'agir dans le secret. Quand ils eurent amené leur projet au point de maturité nécessaire, ils en donnèrent avis à Ludovic. Ce prince, sûr du retour de l'affection de ses anciens sujets, se mit en état d'en profiter. Avec l'argent qu'il avait emporté de Milan, il lève cinq cents cavaliers allemands, rassemble, sous l'appât d'une double solde, huit mille Suisses des meilleurs soldats des cantons, et avec ces forces il pénètre dans le Milanais.

Le gouverneur de Milan, qui n'avait pas assez de troupes pour arrêter l'ennemi dans sa marche, avait mandé à d'Alègre de ramener promptement les Français et les Suisses qu'il commandait dans la Romagne pour le service du pape. Mais, quelque diligence que fit d'Alègre, il ne put arriver assez à temps : la révolution en faveur de Ludovic fut si prompte, qu'il ne parut dans le Milanais que pour en être témoin. Aux approches de Ludovic, Trivulce partagea en deux corps le peu de troupes qu'il avait. Il en donna un au seigneur de Ligny, pour aller se jeter dans Côme, et garda l'autre pour contenir la ville de Milan. Ce projet, qui aurait été bon, s'il fût resté assez de troupes pour la défense de la capitale, devint funeste. L'envie que Trivulce avait eue de conserver tout, lui fit perdre également tout. S'il avait réuni tout ce qu'il y avait de forces dans le duché de Milan, et qu'il les eût appliquées à la défense de la capitale, il aurait peut-être réussi à s'y maintenir, ou aurait pu du moins y attendre l'arrivée de d'Alègre et des autres secours de France, qui l'auraient mis en état de repousser Ludovic, et de le renvoyer en Allemagne.

De Ligny s'était déjà jeté dans Côme, dans la ferme résolution de défendre la ville jusqu'à l'extrémité; il avait même remporté quelques brillans avantages sur l'armée ennemie, lorsque Trivulce lui donna de nouveaux ordres qui le forcèrent à faire céder le désir qu'il avait de conserver Côme à l'obéissance qu'il devait à son général. A peine fut-il sorti que les habitans ouvrirent leurs portes à Ludovic, et chassèrent la garnison française. De Ligny, de retour à Milan, trouva la bourgeoisie soulevée et sous les armes : il entra dans le château, où il se réunit à Trivulce qui s'y était retiré pour se mettre en sûreté contre la rébellion des habitans. Dans une conjoncture si critique, il fut décidé que les généraux, après avoir laissé une garnison suffisante pour défendre le château de Milan, iraient pourvoir à la sûreté des autres places. Trivulce et Ligny laissèrent à Novare quatre cents hommes d'armes pour renforcer la garnison, et prirent la route de Mortare; mais la rébellion, comme un mal contagieux, s'étant répandue dans tout le pays, ils trouvaient à combattre à chaque pas qu'ils faisaient. Ce ne fut qu'après avoir surmonté les plus grands obstacles qu'ils arrivèrent enfin à Mortare, où Louis d'Ars vint les joindre.

Cependant Ludovic faisait chaque jour de nouveaux progrès : toutes les villes du duché s'empressaient de lui ouvrir leurs portes, et Milan ne fut pas des dernières à suivre le torrent du mauvais exemple. Dès que Trivulce en fut sorti, elle dépêcha courrier sur courrier à Ludovic, pour l'engager à venir au plus tôt prendre possession de sa capitale. Le prince accourut à Milan, et y fut reçu au milieu des cris de joie de tous les habitans. Les Italiens, persuadés que le rétablissement de ce prince serait pour eux comme un boulevart contre les puissances étrangères, prirent parti dans son armée, et l'augmentèrent de moitié. Avec ce nouveau renfort de troupes, Ludovic crut qu'il pourrait se rendre maître du château; mais la vigoureuse résistance de la garnison française lui ayant fait comprendre que le siége serait long, il laissa le cardinal Ascagne, son frère, pour le réduire par famine. Quant à lui, avec le gros de ses troupes, il alla faire le siége de Novare, et prit, chemin faisant, la ville de Vigévano. Novare se défendit pendant quelque temps; mais ayant été forcée de capituler, la garnison française en sortit avec tous les honneurs de la guerre, et fut conduite jusque sur la frontière du Piémont. Le duc aurait bien voulu s'emparer du château de la ville, avant que les Français fussent en état de le secourir : la vigoureuse défense du chevalier Bayard rendit ses projets et ses efforts inutiles.

Le roi reçut ces fâcheuses nouvelles à Loches en Touraine. Ce malheur imprévu qui eût accablé un génie inférieur à celui de ce prince, ne fit que le rendre plus ferme dans le dessein qu'il avait de soumettre le Milanais. Il fit partir en diligence une nouvelle armée pour l'Italie, dont il confia le commandement à Louis de la Trémouille, avec ordre de se conduire par les conseils du cardinal d'Amboise. La Trémouille hâta tellement sa marche, qu'il était devant Novare, avant qu'on eût reçu la nouvelle de son départ de France. Les seigneurs de Ligny et de Trivulce se réunirent à lui, et ils marchèrent tous ensemble contre Ludovic, dans la résolution de l'amener à une bataille ; mais Ludovic, qui sentait son incapacité dans l'art de la guerre, n'eut garde d'accepter le défi que lui donnèrent les Français. Ceux-ci, voyant qu'ils ne pouvaient attirer le prince à une action générale, et comprenant que le siége de Novare leur ferait perdre beaucoup de temps, eurent recours à la ruse. Par le moyen des Suisses qui servaient dans leur armée, ils engagèrent ceux de la même nation, qui étaient au service de Ludovic, de leur livrer ce malheureux prince. Dès qu'on fut d'accord sur le prix de la trahison, les Suisses de Ludovic, sous le prétexte que leur solde était arriérée, commencèrent à se mutiner et à refuser tout service. Ludovic court à leur quartier, les prie, les conjure d'attendre le retour d'un courrier qu'il allait envoyer à Milan, où il avait laissé son argent : il leur donne à l'instant ce qu'il en avait, avec sa vaisselle. Les Suisses reçoivent le tout, mais sans abandonner la résolution où ils étaient de livrer le prince à son ennemi. Ludovic dépêche aussitôt un courrier au cardinal Ascagne, pour l'engager à lui amener les troupes qui faisaient le blocus du château de Milan, afin de les opposer aux Suisses. Le cardinal obéit; mais lorsqu'il fut arrivé sur le Tésin, il trouva une grande partie de la cavalerie française sur l'autre bord pour lui disputer le passage. Le duc son frère, informé de tout ce qui se passait, ne douta plus qu'il ne fût trahi. Le refus que firent les Suisses de sortir de Novare pour risquer le sort des armes dans une bataille qui était la dernière ressource de ce malheureux prince, le confirma dans cette pensée. Après avoir employé inutilement les prières et les larmes pour les fléchir, il se borna à leur demander de ne pas l'abandonner à ses ennemis, et de le conduire en lieu de sûreté. Les Suisses répondirent qu'il pouvait se mêler parmi eux, et se sauver par ce moyen; mais ils le trahirent en le montrant du doigt aux Français, lorsqu'ils défilaient en présence de l'armée. L'infortuné duc fut reconnu, et arrêté en équipage de Suisse (1), et conduit à la Trémouille qui, sous une forte escorte, l'envoya à Lyon, où le roi était alors. Ludovic soutint d'abord avec assez de fermeté sa disgrâce; il espérait que, dans l'entretien qu'il comptait avoir avec le roi, il pourrait dis-

---

(1) Quelques auteurs prétendent que ce fut en habit de cordelier.

poser ce prince à lui faire un parti convenable à sa naissance; mais il fut inconsolable quand il apprit que le roi lui refusait cette grâce. On le conduisit au château de Loches en Touraine, où il mourut après dix ans d'une prison très-dure, selon quelques auteurs italiens (1), très-peu dignes de foi en cela, comme en bien d'autres faits. Nos auteurs français (2), contemporains et témoins, pour ainsi dire, oculaires, assurent qu'à la détention près, l'illustre prisonnier fut traité avec tous les égards dus à sa qualité. Ce dernier témoignage s'accorde mieux avec le caractère connu du roi.

Telle fut la fin de ce *fils de la fortune*, comme il s'appelait lui-même ; et en faveur de qui, comme il s'en vantait, elle avait cessé d'être infidèle. Sa triste situation dut le convaincre qu'il n'y a point de mortel qui n'éprouve tôt ou tard son inconstance ; et qu'on doit d'autant plus la redouter, qu'elle nous a été long-temps favorable. Ce prince ne méritait pas d'ailleurs un meilleur sort. Il avait usurpé le duché de Milan sur son neveu, qu'il avait fait empoisonner. Il avait fait éprouver à la France les trahisons les plus noires, mis l'Italie en combustion, trompé impudemment ses voisins, ses amis et ses alliés, et exercé depuis peu les cruautés les plus horribles. Dans la fureur où il était d'avoir été chassé de Milan, il avait donné ordre qu'on se défît, dans les hôtelleries, de tous les Français qui al-

---

(1) Guicciardin, Paul Jove.
(2) Saint-Gelais, d'Auton.

laient de France à Rome, et il donnait un ducat d'or de chaque tête qu'on lui apportait. Cette barbarie ayant été découverte, on fit brûler plusieurs de ces hôtes dans leurs maisons mêmes, pour servir d'exemple.

Dès que le cardinal Ascagne eut été informé de ce triste événement, il sortit de Milan sans différer, avec les principaux de la faction gibeline. Mais, comme il ne se connaissait pas mieux en amis que son frère, il alla se réfugier auprès de Lando, seigneur de Rivolte, qui abusa de sa confiance, en le livrant aux Vénitiens. Lorsque le roi sut qu'il avait été conduit à Venise, il le fit réclamer, comme ayant été fait prisonnier sur ses terres. Le sénat le refusa d'abord, sous différens prétextes; mais Louis fit déclarer aux Vénitiens que, s'ils s'opiniâtraient à ne pas vouloir lui remettre son prisonnier avec tous ses trésors, et de plus l'épée de Charles VIII qui avait été prise à la bataille de Fornoue, il leur ferait la guerre pour cette seule cause. Cette fermeté de Louis XII à réclamer cette épée, ne doit point surprendre: ce prince était trop jaloux de la gloire de la nation pour laisser dans le trésor de Venise un monument authentique de ses disgrâces. Les Vénitiens, intéressés à ne pas s'attirer les armes du roi, lui livrèrent le cardinal avec ses trésors, sans oublier l'épée de Charles VIII. Le cardinal fut enfermé pendant deux ans dans la tour de Bourges, et ne dut sa liberté qu'aux bons offices du cardinal d'Amboise.

Quelque disposé que fût le roi à pardonner aux Milanais leur révolte, il ne put se dispenser de faire un exemple de sévérité sur une douzaine de nobles des plus coupables. Après qu'on eut instruit leur procès, on les condamna à perdre la tête sur un échafaud qui fut dressé dans la grande place de Milan. Les habitans payèrent trois cent mille écus, et les autres villes du duché furent taxées en raison de leurs facultés, mais à des sommes si modérées, que c'étaient plutôt des subsides, que des châtimens. Le cardinal d'Amboise reçut ensuite la soumission de ce peuple rebelle, et lui annonça, de la part du roi, son pardon. La cour du palais, où les Milanais s'étaient rassemblés en grand nombre, et dans la posture la plus humiliante, retentit alors de cris de joie et d'allégresse. Les hommes, les femmes et les enfans, quittant leur attitude de supplians, se relevèrent, en criant à l'envi : *Vive la France ! vive le roi ! vive le grand cardinal qui assurent nos vies et nos biens !* Les Milanais prêtèrent au roi un nouveau serment de fidélité entre les mains de son premier ministre qui leur donna pour gouverneur Charles d'Amboise, son neveu, grand-maître de la maison du roi. Après que le cardinal eut réglé tout ce qui concernait la justice, les finances et la police du duché de Milan, il reprit la route de France, avec les seigneurs de la Trémouille et de Ligny, qui l'accompagnèrent jusqu'à Blois. Le roi les accueillit de manière à leur faire comprendre qu'il était satisfait de la valeur et de la sagesse qu'ils avaient fait paraître dans une expédition de cette importance. Il distingua le cardinal, en lui donnant des marques d'une confiance sans réserve. On ne peut s'empêcher d'admirer ici la bonté de Louis envers des sujets rebelles. Tout autre prince, moins porté à la clémence, aurait livré les Milanais au tranchant du fer des soldats, et les aurait réduits dans un état de misère qui leur aurait fait perdre le goût et le pouvoir de penser à se révolter une autre fois ; mais Louis ambitionnait moins l'éclat des victoires sanguinaires, que la réputation d'un prince humain et magnanime.

Après la conquête de Milan, Louis aurait désiré que ses troupes victorieuses allassent du même pas faire la conquête du royaume de Naples. Ce prince avait des droits bien fondés sur ce royaume, car Charles IV, roi de Sicile et de Jérusalem, de la maison d'Anjou, avait institué, par testament, son héritier universel Louis XI, son cousin, et après lui le dauphin son fils. Mais pour n'être pas traversé dans son entreprise, il résolut d'en partager les provinces avec Ferdinand, roi d'Aragon, qui avait aussi des prétentions sur ce royaume. Ce dernier descendait, par un mariage légitime, de Jean, roi d'Aragon, frère d'Alphonse, roi de Naples ; au lieu que Frédéric, alors roi de Naples, ne descendait que par un bâtard de la maison d'Aragon. Ferdinand, qui désirait depuis long-temps de réunir cette couronne à celle de Sicile, dont il était en possession, saisit avec empressement l'offre du roi de France, dans l'espérance que, s'il pouvait une fois établir sa puissance dans quelque partie de ce royaume, le temps ferait naître quelque occasion dont il profiterait pour en chasser les Français. Le traité des deux princes portait que la Pouille et la Calabre, comme étant au voisinage de la Sicile, et plus à la convenance du roi d'Espagne, lui resteraient en toute propriété ; et que Naples, la Terre de Labour et l'Abruzze, seraient la portion du roi de France. Les deux rois firent ensuite agréer au pape leur traité de partage. Alexandre VI, séduit par l'espérance que lui donnaient les deux confédérés d'augmenter sa puissance et celle de son cher fils, le duc de Valentinois, l'approuva entièrement. Les princes ne s'occupèrent plus alors que de l'exécution de leur entreprise, sans faire trop d'attention qu'en demandant au pape son consentement pour la conquête qu'ils méditaient, c'était lui donner en quelque sorte acte de sa souveraineté sur le royaume de Naples.

Pendant que Louis faisait les préparatifs nécessaires pour la guerre de Naples, il voulut visiter la Bourgogne. Durant le séjour qu'il fit dans cette province, son chancelier fut averti de la trahison de deux marchands de Beaune, qui avaient traité avec Maximilien, roi des Romains, pour lui livrer cette place. L'un de ces marchands, et celui qui servait de messager et de médiateur pour une pareille perfidie, furent arrêtés ; tous les deux confessèrent leur crime, et périrent du dernier supplice.

Vers ce même temps, le roi se trouvant à Lyon, reçut des plaintes au sujet des persécutions que l'on faisait, sous prétexte de religion, à un grand nombre de ses sujets du Dauphiné, qui en habitaient les montagnes, et que l'on appelait Vaudois. L'accusation d'hérésie contre ces pauvres peuples avait donné à plusieurs seigneurs du pays, plus avides de leurs biens que de leur conversion, occasion de les vexer, d'en faire mourir plusieurs dans les tourmens, et de s'emparer de leurs possessions. Le roi, qui se faisait un devoir d'accorder sa protection aux plus petits de ses sujets comme aux plus grands, voulut remédier promptement à de pareils désordres. Il envoya sur les lieux des commissaires pour s'assurer des faits. Soit que ces dignes ministres d'un roi clément ne cherchassent point trop curieusement à trouver des errans, soit que le voisinage de l'armée forçât les Vaudois à dissimuler leurs sentimens, le rapport fut si favorable, que Louis s'écria en jurant : *Ils sont meilleurs chrétiens que nous !* Il ordonna qu'on rendît aux Vaudois les biens qu'on leur avait enlevés, défendit qu'on les inquiétât à l'avenir, et fit jeter dans le Rhône toutes les procédures déjà commencées. Reprenons la suite des affaires de Naples.

Le roi d'Aragon ne tarda guère à se mettre en mouvement pour exécuter le dernier traité. Il fit partir de ses ports plusieurs vaisseaux, sur lesquels il y avait quatre mille hommes d'infanterie et trois cents hommes d'armes, sous la conduite de Gonsalve, surnommé le Grand Capitaine. Ce général alla mouiller dans un des ports de la Sicile, et envoya aussitôt demander à Frédéric, roi de Naples, quelques places dans la Calabre, sous le prétexte de mettre ses troupes en sûreté, et d'être à portée de secourir ce prince, dans le cas d'une rupture avec la France. Frédéric, qui se croyait assuré du secours de Ferdinand, son proche parent et son allié, ouvrit ses ports à Gonsalve, sans concevoir le plus léger soupçon de perfidie ; mais il ne tarda pas à se repentir de son aveugle confiance.

Dès que la belle saison permit aux troupes de

se mettre en campagne, le roi de France fit partir deux armées, l'une de terre, et l'autre de mer : celle-ci partit de Gênes sous les ordres de Philippe de Clèves Raveistein ; celle de terre avait pour commandans les seigneurs d'Aubigni, le comte de Cajazze et le duc de Valentinois. Frédéric, informé de la marche des troupes françaises, s'avance avec un corps d'armée de six mille hommes d'infanterie, de sept cents hommes d'armes, et de six cents de cavalerie légère, au passage de San-Germano, pour disputer aux Français l'entrée de son royaume. Ce fut alors que les deux princes ligués manifestèrent leurs intentions. La publicité de leur traité fournit une ample matière aux réflexions des politiques. On blâmait Louis, alors l'arbitre des affaires d'Italie, d'y introduire un prince puissant, son ennemi, et qui serait toujours prêt à prendre les armes contre la France, quand il le pourrait avec avantage. Ferdinand, roi d'Aragon, était encore plus maltraité, et avec raison. On ne savait comment caractériser la conduite de ce prince, qui s'était servi de la confiance de Frédéric pour lui enlever ses Etats. La nouvelle de cette ligue fut pour Frédéric comme un coup de foudre qui l'accabla. Indigné de la perfidie du roi d'Aragon, et au désespoir d'avoir été sa dupe, il abandonna le passage de San-Germano, et se retira à Capoue.

Les deux rois, sans se mettre en peine de tout ce qu'on pouvait dire, n'en poursuivirent pas moins leur entreprise. Les Français pénétrèrent, sans rencontrer d'obstacles, jusque dans le cœur du royaume, et à leur approche, la plupart des villes plantèrent sur leurs murailles l'étendard de

France. Capoue fut presque la seule qui fit quelque résistance. La place était forte et défendue par une bonne garnison que commandait Fabrice Colonne ; il fallut en faire le siége dans toutes les règles, et tout annonçait qu'il serait long et meurtrier. Les habitans forcèrent Colonne de demander à capituler. Pendant qu'on réglait les articles de la capitulation, les soldats du camp, ayant remarqué que les remparts étaient dégarnis de troupes, sortirent des tranchées, et donnèrent l'assaut à la ville par divers côtés. Ils se rendirent maîtres en peu de temps de la muraille, et s'étant jetés dans la place, ils y mirent tout à feu et à sang, la pillèrent, et y commirent les plus effroyables excès. Colonne, avec plusieurs autres officiers de marque, fut fait prisonnier de guerre. Le sac de la ville de Capoue épouvanta tellement les villes de Gaëte et de Naples, qu'elles ouvrirent leurs portes au vainqueur. Cependant, Frédéric s'était retiré dans le Château-Neuf de Naples, où il aurait pu se maintenir long-temps ; mais ce prince, naturellement pacifique, n'était point propre à soutenir les agitations d'une longue guerre. Indigné de la perfidie du roi d'Aragon, il se détermina, pour se venger de ce prince, à traiter avec la France. Les articles du traité portaient que Louis XII donnerait à Frédéric un établissement convenable au milieu de la France ; que ce prince pourrait disposer à son gré de ses biens allodiaux, et qu'il emporterait avec lui ses effets et ses bijoux. Le roi de Naples s'engageait de son côté à remettre entre les mains du maréchal d'Aubigni les villes et châteaux qui tenaient encore pour lui dans la partie du royaume qui devait revenir à la France. Enfin, il fut convenu que Fréderic pourrait se retirer avec sa flotte dans l'île d'Ischia, et y demeurer six mois.

Le traité fut exécuté de part et d'autre avec sincérité. Fréderic s'étant retiré dans l'île d'Ischia avec sa famille, fit passer à Tarente les troupes et les munitions qu'il avait tirées des châteaux de sa capitale et de l'île d'Ischia, pour renforcer cette place où était Alphonse, son fils aîné, jeune prince de grande espérance. Après ces précautions, ce malheureux prince commença à s'ennuyer dans son île, et, contre l'avis de Colonne qui lui conseillait d'attendre quelque occasion favorable de rétablir ses affaires, il fit demander au roi de France un sauf-conduit pour se rendre auprès de lui. Louis lui accorda tout ce qu'il demandait, et l'accueillit avec les égards que méritait sa position. Il lui fit une pension de trente mille écus qui lui fut exactement payée, même après que les Français eurent été chassés du royaume de Naples, et y ajouta le duché d'Anjou, pour servir de retraite à ce prince, ou le comté du Maine (selon Saint-Gelais), et peut-être même l'un et l'autre.

Pendant que les troupes du roi étaient occupées à faire la conquête de la partie du royaume de Naples qui devait rester à la France, les Espagnols, de leur côté, n'agissaient pas avec moins de succès. Tarente fut la seule place qui les arrêta. Elle était en si bon état de défense, qu'elle aurait pu tenir long-temps si elle avait eu pour commandant un homme de cœur, et fidèle à son maître. Le comte de Potentianne, de concert avec le gouverneur du jeune Alphonse, crut devoir faire de bonne heure sa capitulation, dans l'espérance de la faire plus favorable. Gonsalve, qui n'avait ni assez de munitions de guerre, ni assez de troupes pour forcer une place de cette importance, accorda volontiers la suspension d'armes qui lui fut demandée ; et dès lors on commença à régler les articles de la capitulation. On convint que si la place n'était pas secourue dans l'espace de quatre mois, on la lui remettrait de bonne foi. Gonsalve, de son côté, s'engagea par serment à permettre au prince Alphonse de se retirer où bon lui semblerait. Au terme prescrit, le commandant de Tarente n'ayant reçu aucune nouvelle de Frédéric, remit exactement la place à Gonsalve. Celui-ci, aussi rusé que Ferdinand son maître, refusa d'accomplir son serment : il se saisit de la personne du jeune Alphonse, et l'envoya en Espagne. Ferdinand parut l'accueillir avec bienveillance, et tâcha, par d'assez bons traitemens, d'adoucir l'amertume de sa mauvaise fortune. La cour d'Espagne le flattait de le rétablir sur le trône de son père, et le leurra de cette espérance jusqu'au temps où Charles, duc de Luxembourg, ayant réuni en sa personne toutes les monarchies d'Espagne, lui fit accepter, en dédommagement du royaume de Naples, une pension de trente mille écus, et une vieille femme pour épouse.

Le comte de Potentianne et le gouverneur du jeune Alphonse, au désespoir de se voir enlever, par une trahison des plus noires, le précieux dépôt qui leur avait été confié, traitèrent Gonsalve comme un homme qui n'avait ni foi, ni religion, ni honneur. Gonsalve sentait la justice de leurs reproches, et disait, pour sa justification, qu'il n'avait fait qu'exécuter les ordres de son souverain. Il y a lieu de croire que ce général disait vrai; car, à la cour d'Aragon, on se piquait fort peu de bonne foi.

La guerre de Naples étant terminée heureusement, l'armée navale du roi, qui était dans le port de Gênes, se réunit à celle des Vénitiens pour attaquer le Turc, l'ennemi commun de la Chrétienté. Ferdinand n'avait point voulu remplir la promesse qu'il avait faite de joindre sa flotte avec celle des alliés, parce qu'il ne voyait aucun avantage pour lui dans cette expédition. La mésintelligence qui se mit entre les Français et les Vénitiens, la fit manquer totalement. Les premiers voulurent s'emparer de l'île de Mételin, autrefois Lesbos, mais ils furent repoussés vivement par les Turcs, et forcés de se retirer, après avoir perdu beaucoup de monde. Pour comble de malheur, une tempête horrible brisa plusieurs de leurs vaisseaux, et jeta le reste de la flotte dans des îles qui appartenaient aux Vénitiens. Ces peuples, alliés de la France, traitèrent, en cette occasion, les Français avec une inhumanité qui aurait fait désirer à ceux-ci d'être tombés entre les mains des ennemis.

De toutes les alliances que Louis recherchait, celle avec l'empereur lui paraissait la plus utile. Il voulait obtenir de lui l'investiture du duché de Milan, et s'assurer la paisible possession de ses nouveaux domaines. Dans cette vue, il lui envoya le cardinal d'Amboise, son premier ministre, et depuis peu légat du pape en France. L'ambassadeur parut à la cour de l'empereur avec un train magnifique; il avait à sa suite 1800 chevaux, et tout le reste de son équipage répondait à l'éclat de cette somptuosité. Moyennant quelques sommes d'argent dont l'empereur avait toujours besoin, et l'espérance dont on le flattait du mariage de Charles, son petit fils, avec Claude de France, le cardinal obtint l'investiture du duché de Milan, et une prorogation de la trève qui subsistait déjà entre les deux puissances. Dans l'acte d'investiture, Maximilien donnait l'exclusion aux enfans mâles. Il voulait, par cette clause, affaiblir d'autant la puissance de la France, et s'assurer, par le mariage de la princesse Claude avec Charles de Luxembourg, depuis Charles-Quint, un moyen de réunir le Milanais à sa maison. Cette exclusion, que l'empereur donnait aux enfans mâles, répugnait beaucoup au roi; mais la reine, qui désirait passionnément ce mariage, qu'elle regardait comme une sorte de satisfaction qu'elle devait à Maximilien qui l'avait épousée, comme on l'a dit, par procuration, eut tant de crédit sur son esprit, qu'elle l'engagea à passer par dessus toutes ses répugnances. Le mariage de madame Claude, qui n'avait guère plus d'un an, avec Charles qui était encore moins âgé que la princesse, fut arrêté à Lyon, le 10 août 1501. Ce mariage fut de nouveau confirmé à Blois, dans le courant du mois de novembre suivant, par le roi et la reine de France, et l'archiduc et l'archiduchesse, père et mère de Charles, qui traversaient alors la France pour aller en Espagne. Durant le court séjour que l'archiduc fit à Paris, il alla prendre séance au Parlement, en sa qualité de pair de France, que lui donnait le comté de

Flandre. Le roi, qui était le prince le plus poli de son temps, mit tout en œuvre pour bien traiter ces deux illustres hôtes. Pendant les quinze jours qu'ils passèrent à Blois, des jeux de toute espèce et des fêtes brillantes leur furent données. A leur départ, le roi les fit conduire à ses frais jusqu'aux frontières d'Espagne, et leur donna le pouvoir de faire grâce aux criminels dans toutes les villes par où ils passeraient. Telle fut la noble réception que fit le roi de France à Philippe, son vassal, et à l'archiduchesse sa femme.

La bonne harmonie ne régna pas long-temps en Italie, entre les Français et les Espagnols. Les limites du partage du royaume de Naples n'ayant pas été clairement déterminées, fournirent un prétexte de rupture. Les Français prétendaient que la Capitanate faisait partie de l'Abruzze. Il était important, pour les intérêts du roi, de lui conserver ce pays, à cause du blé que cette province fournissait en abondance, et de la perception d'un droit considérable sur les troupeaux qui passaient de la Pouille dans l'Abruzze. Les Espagnols, de leur côté, soutenaient que la Capitanate était une dépendance de la Pouille. L'altercation fut vive, et des paroles on en vint aux voies de fait. Les seigneurs napolitains, qui étaient intéressés à prévenir la guerre entre les deux nations, engagèrent les généraux à une entrevue, pour concilier leurs différens.

Le duc de Nemours et Gonsalve conférèrent huit jours entiers en pleine campagne, et convinrent d'une suspension d'actes d'hostilités, jusqu'à ce qu'on eût eu le temps de connaître les intentions des rois de France et d'Aragon.

Lorsque les deux princes eurent été instruits de tout ce qui se passait au royaume de Naples, ils ordonnèrent à leurs généraux de mettre bas les armes, et d'attendre de nouvelles instructions. Cet ordre, qui liait les mains aux deux commandans, ne satisfit point leur ambition : il paraît qu'ils auraient désiré la guerre pour avoir la gloire de faire la conquête du royaume en entier pour leur maître. Cependant Nemours, qui connaissait l'amour du roi pour la paix, obéit ; mais Gonsalve, qui était bien sûr d'être approuvé de la cour de Madrid, pourvu qu'il réussît, ne put s'accommoder d'une paix qui ruinait son armée sans combat. Ce général, manquant de provisions dans ses quartiers, entreprit d'étendre ses limites. Il chassa les Français de Tripalda, et tenta de s'emparer de plusieurs autres places.

Le roi de France, informé par son lieutenant du procédé injuste des Espagnols, s'en plaignit à Ferdinand ; mais il n'obtint aucune satisfaction. Ne doutant plus alors des mauvais desseins de ce prince sur le royaume de Naples, il fit saisir, dans toutes les villes et tous les ports de France, les effets et les marchandises qui appartenaient aux Espagnols, et manda à Nemours de ne garder aucun ménagement pour eux. Il se rendit lui-même en Italie, dans l'intention d'animer le zèle de ses troupes par sa présence, et de réprimer certains mouvemens dans la Toscane, qui pouvaient avoir des suites fâcheuses pour ses affaires de Naples. Il était déjà arrivé à Ast, lorsqu'il reçut la nouvelle que Nemours avait chassé les Espagnols de la Calabre et de la Pouille, et qu'il ne restait plus à l'ennemi que quelques villes maritimes. Gonsalve s'était retiré dans Barlette, d'où il n'osait sortir, par la crainte d'être écrasé par les Français. Comme il manquait de vivres, d'argent et de munitions, on devait s'attendre qu'il allait être forcé de faire une capitulation, et que la guerre serait bientôt terminée. Ce fut dans cette extrémité que Gonsalve reçut de Venise un convoi de munitions de bouche et de guerre, qui releva ses espérances et le courage de ses troupes. Le roi en fit porter ses plaintes au sénat de Venise qui s'excusa assez mal, et qui ne prouva que trop ses mauvaises dispositions pour la France.

De la ville d'Ast, le roi se rendit à Milan, où il n'avait pas été depuis la première conquête qu'il en avait faite. Durant le séjour que Louis fit dans cette capitale, il s'occupa entièrement des moyens de rendre heureux ses nouveaux sujets. Comme l'exercice de la justice lui tenait infiniment au cœur, il voulut savoir si, dans l'étendue du duché, cette partie si essentielle de l'administration n'était point négligée. Il écouta les plaintes qu'on lui fit des prévarications de Sassierge, évêque de Luçon, son chancelier pour le duché de Milan. Après avoir reconnu qu'elles étaient fondées, il destitua son chancelier, et le renvoya dans son évêché. A cet exemple de sévérité, Louis fit succéder une recherche exacte de la manière dont s'observait, dans le duché, la discipline militaire. Il s'informa par lui-même si les troupes n'exerçaient pas sur les habitans des violences, des concussions et des rapines. Sous le règne de ses prédécesseurs, la discipline militaire avait été si négligée, que le séjour d'un régiment

3.

dans une bourgade y causait presque autant de dommage qu'aurait pu faire une armée ennemie. Louis avait remédié à ces désordres par de sévères ordonnances qu'il faisait exécuter. Le roi voulut encore savoir comment on traitait les paysans, et si ceux qui étaient chargés de lever les impôts ne foulaient pas ces malheureux ; car ce grand prince ne négligeait rien de ce qui pouvait contribuer au soulagement de ses peuples.

Ce fut à cette époque que la plupart des princes d'Italie lui portèrent des plaintes contre le duc de Valentinois. Ils représentèrent au monarque que, s'il ne mettait pas un frein aux violences et aux usurpations de ce nouveau duc, bientôt il se rendrait maître de la plus grande partie de l'Italie. Louis était persuadé que ces accusations étaient fondées ; mais, comme il ne voulait pas se brouiller avec le pape, il n'y remédia que faiblement. Cependant il se sentait quelquefois si irrité contre la conduite du père et du fils, qu'il disait, même publiquement, qu'il avait honte de s'être allié avec eux, et qu'il punirait sévèrement les forfaits du fils. Il ajoutait agréablement : « Qu'une guerre contre eux serait au moins aussi « sainte qu'une croisade contre les Turcs. »

Le roi était encore en Italie, occupé à établir le bon ordre dans toutes les parties de l'administration, lorsque les Génois lui envoyèrent des députés pour le supplier de vouloir honorer leur ville de son auguste présence. Louis se rendit avec plaisir aux prières des Génois, qui firent tout ce qu'on peut imaginer pour signaler leur zèle, et la joie que leur inspira la présence du monarque. Le roi, de son côté, leur montra le même amour

paternel et la même confiance qu'il aurait montré aux habitans de Paris, d'Orléans ou de Blois; il allait à tous les festins et à toutes les fêtes qu'on donnait à son occasion, et y assistait avec un air de familiarité qui mettait tous les courtisans à leur aise, sans laisser à personne la liberté de s'écarter du respect qui lui était dû. Les dames de Gênes se trouvaient à toutes ces fêtes, et se distinguaient par la richesse et la galanterie de leurs parures, mêlant les ajustemens à la milanaise avec les modes de Gênes. Parmi elles brillait la belle Thomassine Spinola, dont les charmes égalaient l'esprit; sa naissance relevait ces avantages, et Thomassine passait avec raison pour la femme la plus belle de l'Italie, où la maison de Spinola a toujours tenu l'un des premiers rangs. Charmée des grâces et de la bonne mine du roi, elle alla jusqu'à le prier de trouver bon qu'elle fût *sa maîtresse de cœur*, et lui *son amant*, ou, comme l'on parle en Italie, son *intendio*. Voici comment l'historien d'Auton (1) raconte cette aventure galante: « Entre autres dames,
« fut là une dame génoise, Thomassine Spinole,
« l'une des plus belles de toute l'Italie, laquelle
« jecta souvent ses yeux sur le roi, qui estoit un
« beau prince à merveilles, et moult bien em-
« parlé. Tant l'advisa celle dame, que, après
« plusieurs regards, Amour, qui rien ne doubte,
« l'enhardia de parler à luy, et luy dire plusieurs
« douces paroles. Ce que le roi, comme prince
« très humain, preint à gré volontiers, et sou-

_____

(1) Jean d'Auton, historiographe de Louis XII.

« vent devisèrent ensemble de plusieurs choses
« par honneur. Et tant que ceste dame se voyant
« familière de luy, une fois entre autres le pria
« très humblement que, par manière d'accointe,
« il lui pleust qu'elle fût son *intendio*, et luy le
« sien : qui est-à-dire accointance honorable, et
« amiable intelligence. Et tout ce luy octroya le
« roy, dont la noble dame se teint plus heureuse
« que d'avoir gaigné tout l'or du monde, et eust
« ce don si cher que, pour se sentir seulement
« bien voulue du roy, tout autre meit en oubly,
« voire jusqu'à ne vouloir plus coucher avec son
« mary. Ce qui pouvoit donner à penser ce qu'on
« vouldroit; mais autre chose, selon le vray dire
« de ceux qui ce pourroient mieux sçavoir, n'y
« eust que toute probité. » Ce qui prouve bien
montre que l'*intendio* n'était qu'un simple commerce d'amitié.

Après que le roi eut reçu la foi et hommage de sa ville de Gênes, il en partit pour retourner en France. « Son départ, dit l'auteur que nous venons de citer, laissa au cœur des Génois un sensible regret de sa personne, et entre autres à la dame Thomassine Spinole, qui montra bien, par le dégoust de ses larmes, que le cœur en estoit marry, en disant que jamais n'oublieroit son *intendio*. Ce que ne feit. »

Au départ du roi, les Génois firent présent à ce prince de quatre bassins, de quatre coupes et de quatre aiguières, le tout d'or, de la valeur de 12,000 ducats, et au cardinal d'Amboise d'un bassin et d'une aiguière d'or, du prix de 2,500 ducats. D'autres présens furent distribués à plusieurs personnes de la suite du roi.

Ce fut dans ce voyage d'Italie que le roi prit sous sa protection le marquis de Mantoue, lui, sa famille, sa ville de Mantoue, et tout ce qui lui appartenait. L'acte qui en fut dressé portait que le roi s'était déterminé à prendre le marquis sous sa protection, pour reconnaître les bons services que ce seigneur lui avait rendus, soit dans le temps de sa prospérité, soit dans le temps de son adversité. Louis n'avait pas cependant trop lieu de se louer des services du marquis; mais il voulait s'attacher ce prince, l'empêcher de se déclarer ouvertement contre lui, et diminuer ainsi le nombre de ses ennemis.

Le roi, apprenant alors que le duc de Nemours conduisait la guerre avec succès, revint en France, où il fut accueilli de ses peuples avec tous les sentimens et toutes les démonstrations de la joie la plus vive. Il aurait été cependant à souhaiter, pour l'affermissement de la conquête du royaume de Naples, et même de celle des états de Milan, que le roi eût fait un plus long séjour en Italie.

Gonsalve, la dernière ressource de Ferdinand, était toujours investi dans Barlette, sans oser en sortir et se montrer dans la campagne. D'Aubigni, qui servait sous les ordres de Nemours, était d'avis d'employer toutes les troupes du roi au siége de Barlette, et de forcer le général espagnol dans son fort. Nemours ne voulut point suivre un conseil si sage, et se rangea de l'avis des autres officiers, qui tenaient pour le blocus de Barlette. Cette détermination fut la cause du salut de Gonsalve, qui, en gagnant du temps, rétablit ses affaires. Le duc de Nemours se chargea du blocus de Barlette, et envoya d'Aubigni dans la Calabre. Celui-ci fit dans cette province tout ce qu'on pouvait attendre d'un habile capitaine. Après avoir pris et saccagé Cozence, il alla tomber sur Cardonne, qui venait d'arriver de Sicile avec un renfort considérable de troupes, et le serra de si près, qu'il le força d'en venir aux mains. L'action fut vive et meurtrière ; mais enfin, les Espagnols furent rompus et mis en déroute. Il en demeura mille sur le champ de bataille, et treize cents restèrent au pouvoir des Français. Cardonne, après une perte aussi considérable, n'étant plus en état de rien entreprendre, remonta sur sa flotte, et repassa en Sicile.

Ce brillant succès ne fit que confirmer Nemours dans la résolution qu'il avait prise d'affamer Gonsalve dans Barlette : tout paraissait donc désespéré pour ce dernier, lorsque les habitans de Castellaneta lui proposèrent de lui livrer cette place, dont les Français avaient fait leur magasin. Gonsalve n'eut garde de négliger une pareille offre : il envoya la nuit même quelques troupes qui surprirent les Français dans leur lit, les égorgèrent, et transportèrent les provisions dans Barlette. Le contre-coup de ce malheur retomba entièrement sur le duc de Nemours, qui avait eu l'imprudence d'établir son magasin dans une place qui n'était point fortifiée. Ce général, voulant réparer promptement sa faute, pour imposer silence à ses ennemis, tomba dans une seconde qui donna occasion à Gonsalve de s'emparer du poste de Rubos, que défendait la Palisse avec cent hommes d'armes et trois cents fantassins.

Tel était l'état des affaires en Italie, lorsque l'archiduc Philippe repassa par la France pour retourner dans les Pays-Bas. A son départ d'Espagne, Ferdinand et Isabelle lui proposèrent de se rendre médiateur de la paix avec Louis. Ce prince, ne soupçonnant aucun artifice dans cette proposition, accepte avec plaisir la qualité de plénipotentiaire, pour traiter avec la France; et, sur la foi d'un sauf-conduit, il part pour se rendre à Lyon, où était alors la cour. Le roi ne doutant point que Ferdinand et Isabelle, en se servant du ministère de l'archiduc, ne voulussent sincèrement la paix, commença à traiter avec ce prince, tandis que le cardinal d'Amboise, de son côté, travaillait avec les deux ministres espagnols qui l'avaient accompagné. Dans l'espérance d'une paix prochaine, Louis négligea de renforcer l'armée du duc de Nemours, et arrêta dans le port de Gênes une flotte chargée de munitions et de troupes, qui était sur le point de faire voile pour le royaume de Naples.

Cependant, comme les négociations traînaient en longueur, les habiles politiques ne doutèrent point de la mauvaise foi de l'Espagne. Ferdinand et Isabelle avaient en effet mis à profit le temps qui s'était écoulé depuis l'ouverture des négociations, pour renforcer l'armée de Gonsalve. Quand ils furent assurés que les secours destinés pour ce général étaient arrivés à leur destination, ils mandèrent à leurs ministres à Lyon de conclure le traité aux conditions que l'archiduc trouverait bon, et écrivirent en même temps à Gonsalve de n'y avoir aucun égard. Le traité portait « que le roi, pour le bien de la paix, se dessaisis-

« sait de la partie du royaume de Naples qui lui
« appartenait, en faveur de madame Claude sa
« fille; que leurs majestés catholiques en feraient
« de même de leur portion en faveur de Charles
« de Luxembourg, futur époux de Claude de
« France; que Sa Majesté Très-Chrétienne serait
« dégagée de la promesse qu'elle avait faite de
« céder à madame Claude le duché de Milan
« pour sa dot; qu'enfin il y aurait une amnistie,
« et qu'on cesserait de part et d'autre tout acte
« d'hostilité. » Après que ce traité eut été rendu
public, le roi, de concert avec l'archiduc, fit
partir des députés pour aller notifier dans le
royaume de Naples les nouvelles conditions aux
deux généraux, et leur enjoindre de s'y conformer.
Nemours obéit à cet ordre, mais Gonsalve
refusa d'y déférer, sous le prétexte que, n'ayant
reçu aucun avis direct de la cour de Madrid, il ne
pouvait lier les mains à ses troupes. Gonsalve
parlait si haut, parce qu'il lui était arrivé de
puissans secours d'Allemagne et d'Espagne, qui
rendaient son armée supérieure à celle des Français:
il était d'ailleurs instruit que le pape et les
Vénitiens s'éloignaient tous les jours des intérêts
de la France, et que l'empereur se donnait
beaucoup de mouvement pour assembler une
armée qu'il devait conduire en Italie, pour s'emparer
du duché de Milan. La nouvelle qu'il reçut
que quatre mille Français qu'on avait débarqués
à Gênes s'étaient débandés faute de recevoir leur
paie, que les trésoriers avaient détournée à leur
profit, sur la foi du traité de paix conclu à Lyon,
le rendit encore plus intraitable.

Cependant d'Auligni, qui était resté dans la

Calabre, au lieu de temporiser et de tirer les choses en longueur jusqu'à l'arrivée des secours qu'on lui avait promis, voulut tenter le sort des armes. Comptant sans doute sur le succès d'un coup de désespoir, il se hâta de combattre le corps d'armée ennemi qu'il avait en tête, et que commandaient Hugues de Cardonne et Antoine de Lève. Le combat se donna le 21 d'avril 1503, auprès de Séminare, dans la Calabre, et au même endroit où, huit ans auparavant, il avait remporté une mémorable victoire. Il éprouva en ce jour un sort bien différent; ses troupes soutinrent à peine le premier choc des Espagnols, et la plus grande partie prit la fuite sans avoir même osé tirer l'épée : les officiers, qui avaient parfaitement fait leur devoir, tombèrent presque tous au pouvoir de l'ennemi. D'Aubigni, voyant que tout était perdu, se fit jour à la tête de quelques cavaliers, et se retira dans la forteresse d'Antigole, où il fut assiégé et forcé de se rendre lorsque les vivres lui manquèrent entièrement. C'était la première fois, depuis cinquante ans qu'il portait les armes, que la fortune lui était contraire.

D'Aubigni, en se rendant, avait composé pour ses troupes. Le traité portait qu'elles auraient la liberté de se retirer où elles voudraient, en payant un quartier de leur paie pour leur rançon ; mais, dès que les Espagnols furent maîtres de la ville, ils refusèrent d'exécuter les articles du traité, se saisirent des Français et les traitèrent avec la dernière inhumanité.

La défaite de d'Aubigni fut comme le prélude de celle de Nemours. Ce dernier, voulant empêcher la réunion des troupes victorieuses avec

Gonsalve, qui ignorait encore les derniers événemens, se vit comme forcé de tenter le sort des armes, et de livrer bataille. Barlette, malgré les provisions qu'on y avait fait entrer, était réduite aux abois par la famine et la peste. Gonsalve prit la résolution de sortir de cette place, après y avoir laissé une garnison suffisante pour la défendre contre les Français. Un renfort de deux mille Allemands, dont les Vénitiens avaient favorisé le passage, le mit en état de tenter cette entreprise. Il alla asseoir son camp sur le penchant d'une colline, du côté de Cérignole, à quatre ou cinq lieues de Barlette. Nemours, informé de la marche de Gonsalve, assembla son conseil. Plusieurs officiers étaient d'avis de se retirer vers Naples pour mettre cette place à couvert, et d'attendre là les secours qui devaient leur arriver. Le malheur de la France ne permit pas qu'on suivît un avis aussi prudent: on s'arrêta à celui qui décidait pour la bataille. L'impossibilité d'avoir des vivres auprès de Naples fut, à la vérité, le motif de cette résolution.

Les Français se mirent aussitôt à la poursuite des Espagnols; mais ils le firent avec tant de lenteur, qu'à leur arrivée ils trouvèrent les ennemis retranchés dans leur camp. Il était déjà tard, et il ne restait plus qu'une heure de jour. Le duc de Nemours voulait remettre l'attaque au lendemain, pour laisser aux soldats le temps de se reposer, et pour mieux connaître la position de l'ennemi; mais Yves d'Alègre combattit cet avis, et, comme il se sentait appuyé du plus grand nombre des officiers, il s'oublia au point qu'il osa taxer le général de lâcheté. Nemours, mettant la main sur la garde de son épée, allait venger cruellement cette offense, lorsqu'il fut retenu par Louis d'Ars. *Puisqu'on m'y force*, dit-il, *marchons au combat: on m'y verra tel que je m'y suis toujours montré, et non tel qu'on voudrait me dépeindre: mais j'ai bien peur que ce brave, qui parle si haut, ne se fie plus à la vitesse de son cheval, qu'au fer de sa lance.* Le combat commença par des décharges d'artillerie. Nemours fit ensuite attaquer les lignes des Espagnols, d'un côté par les Suisses, et de l'autre par l'infanterie gasconne; mais ces deux corps ne purent parvenir jusqu'aux ennemis qui s'étaient retranchés dans un lieu couvert, d'un côté, de vignes, de haies, de buissons, et défendu de l'autre par un fossé large et profond. Nemours, surpris de les voir revenir sur leurs pas, les arrête, et leur ordonne de se reposer. Il se met lui-même à la tête d'un bataillon d'infanterie française pour aller assaillir les retranchemens des ennemis par les brèches que son artillerie y avait faites; mais il fut arrêté par les mêmes obstacles qui avaient rebuté les Suisses et les Gascons. Il fit faire alors un mouvement à ses troupes; et, comme il longeait un fossé à la tête de l'avant-garde, il fut atteint d'une balle de mousquet qui le fit tomber mort sur le champ de bataille.

La nouvelle, qui s'en répandit bientôt, jeta la consternation dans tous les rangs. Gonsalve, s'apercevant que l'ardeur des Français se ralentissait, sortit de ses retranchemens, et acheva la déroute. La nuit, qui survint à propos, favorisa les fuyards, et empêcha un plus grand carnage; mais chacun était si empressé à se sauver, qu'on abandonna aux vainqueurs armes et bagages, après avoir laissé sur le champ de bataille plus de trois mille hommes des plus braves. D'Alègre, qui était un de ceux qui avaient opiné le plus vivement pour la bataille, se sauva heureusement de la déroute avec quatre mille hommes d'infanterie et quatre cents hommes d'armes qu'il mena rafraîchir aux environs de Gaëte, place forte et bien munie. Cette malheureuse bataille se donna le 28 d'avril 1503, sept jours après celle de Séminare. Le corps du duc de Nemours, ayant été reconnu parmi les morts, le général espagnol le fit porter à Barlette, où il lui fit faire des obsèques dignes d'un prince du sang royal de France.

Gonsalve, en habile capitaine, ne laissa pas le temps aux vaincus de se rallier ; il mena ses troupes victorieuses droit à Naples, dont la réduction était également importante, et pour sa réputation, et pour la conquête du reste du royaume. Chemin faisant, il se rendit maître de la principauté de Melphe, dont les seigneurs avaient toujours été attachés à la faction d'Anjou. Gonsalve, pour détacher cette maison du parti français, fit offrir à Trajan Caraccioli, prince de Melphe, non seulement une amnistie, mais encore des honneurs distingués, s'il voulait prendre parti pour l'Espagne. *Dites à Gonsalve*, répondit ce généreux prince, *que son estime me flatte infiniment ; mais que je m'en rendrais indigne si, après avoir été ami des Français dans la prospérité, je leur tournais le dos avec la fortune.* Caraccioli, trop faible pour soutenir un siége, sortit de Melphe pendant la nuit, et se réfugia à Venouze, auprès du brave Louis d'Ars qui s'était jeté dans ce poste. Aux approches des Espagnols, les Français qui étaient à Naples, se retirèrent dans les châteaux de la place. Ils agirent avec prudence; car dès que Gonsalve parut, les habitans de Naples allèrent, selon l'usage, lui présenter les clefs de la ville, et le reçurent comme un libérateur. L'exemple de la capitale donna le branle à Capoue, à Averse, et enfin à toutes les autres places où les Français n'étaient pas assez forts pour contenir le peuple.

Une révolution si prompte, et si peu attendue, étonna toute l'Europe, qui, instruite du traité de Lyon, ne pouvait croire ce qu'elle apprenait de la perfidie du roi d'Espagne. Louis en fut vivement touché; mais, comme il avait l'âme élevée, il supporta avec constance ce malheur imprévu, et n'en fut point découragé. L'archiduc Philippe, le principal auteur du traité, qui était allé à Bourg-en-Bresse visiter la duchesse de Savoie, sa sœur, parut plus sensiblement touché que tout autre de cette perfidie : il revint sur-le-champ à Lyon pour justifier sa conduite auprès du roi. Il écrivit en Espagne pour se plaindre d'une infidélité dont toute l'Europe était indignée. Il prévint leurs majestés catholiques qu'il se remettrait entre les mains du roi de France jusqu'à ce que son innocence eût été reconnue d'une manière si publique, que personne ne pût en douter. Il ne reçut d'Espagne que des réponses vagues qui découvraient de plus en plus la mauvaise foi de la cour de Madrid.

Le prince, pour sa pleine justification, produisit alors ses instructions publiques et secrètes qui lui donnaient un plein pouvoir de conclure le traité de paix aux conditions qu'il jugerait convenables. Il ajouta que, par un pressentiment secret de ce qui venait d'arriver, il avait cru devoir prendre de leurs majestés catholiques les assurances les plus fortes; qu'il n'avait consenti à se charger d'une mission qu'il avait été loin de solliciter, comme elles osaient l'avancer pour leur justification, que sur le serment qu'elles lui avaient fait publiquement et sur l'autel, de ne rien changer au traité de paix qu'il ferait avec le roi de France. La conduite de l'archiduc ayant paru sincère, le roi de France rassura le prince, et lui donna les mêmes marques d'amitié et d'estime qu'auparavant. Il lui dit : *Que si son beaupère avait commis une perfidie, il ne voulait pas lui ressembler; qu'il aimait mieux avoir perdu un royaume, qu'il saurait bien reconquérir, que l'honneur qui ne peut jamais se recouvrer.* Il congédia l'archiduc qui s'en retourna en Flandre, sans avoir rien perdu de son honneur.

Quoique la plupart des historiens s'accordent à rendre un glorieux témoignage à la sincérité de l'archiduc, quelques-uns n'ont pu s'empêcher de le soupçonner de s'être entendu avec leurs majestés catholiques, dont il devait un jour recueillir seul l'héritage. Ils observent à l'appui de leur opinion qu'il est hors de toute vraisemblance que leurs majestés catholiques, à moins qu'on ne suppose qu'elles n'eussent aucun principe d'honneur, de probité et d'amitié, se fussent servi du ministère de leur gendre pour lui faire jouer, sans son aveu, un rôle des plus indignes; que les instructions publiques et secrètes de Ferdinand et d'Isabelle, qui autorisaient l'archiduc à traiter avec le roi de France, ne prouvent rien pour la justification du prince; qu'elles sont une suite naturelle d'une ruse artificieusement combinée, et nécessaire pour mettre à couvert l'honneur du jeune prince; enfin, que son procédé de se remettre entre les mains du roi de France ne prouve pas davantage, et peut-être également l'effet d'une dissimulation profonde, comme un témoignage de la bonne conscience. Sans nous arrêter à ce que cette conjecture pourrait offrir de vraisemblable, nous nous bornerons à dire que l'historien doit toujours dire la vérité quand il la connaît, mais que lorsqu'il est partagé entre plusieurs traditions incertaines, il est juste qu'il préfère celle qui est plus honorable aux personnages dont il parle. Revenons maintenant aux affaires de Naples.

Louis se soutenait toujours dans ce pays, malgré la désertion presque générale des Napolitains. Il lui restait encore plusieurs places, et quelques grands seigneurs de la faction angevine lui étaient demeurés fidèles. Gonsalve, après la soumission de Naples, alla mettre le siége devant Gaëte; mais il la trouva en si bon état de défense, par les soins de d'Alègre, qui avait jeté dans la place les débris de la dernière déroute, que le général espagnol fut forcé de se retirer, après avoir perdu beaucoup de monde.

Le roi, qui n'avait point d'égal en sentimens d'honneur, surtout lorsqu'il s'agissait de venger un affront fait à sa couronne, se promettait de faire repentir Ferdinand de sa perfidie: dans cette vue, il lève des troupes, met sur pied quatre armées, dont trois devaient agir sur terre. Son intention était de presser Ferdinand de toutes ses forces, et de l'attaquer par quatre différens endroits en même temps. Une des armées de terre devait agir contre le Roussillon, sous les ordres du maréchal de Rieux; une seconde dans la Guienne, pour assaillir Fontarabie et Saint-Sébastien, sous la conduite du seigneur d'Albret; enfin la troisième, plus forte que les deux autres ensemble, devait se rendre en Italie. Elle était composée de dix-huit mille hommes d'infanterie, de deux mille hommes d'armes, et avait pour chef Louis de la Trémouille, un des meilleurs généraux de France et de l'Europe. L'armée navale, qui était belle et nombreuse, avait ordre de parcourir les côtes de la Catalogne, du royaume de Valence, et de veiller à ce qu'il ne passât aucune sorte de secours d'Espagne en Italie. Ce vaste projet séduisit d'abord tous les esprits, et on ne s'aperçut point des inconvéniens qui pouvaient en résulter. Il aurait été bon en effet si on eût réussi dans toutes les attaques; mais, dans le cas contraire, c'était diviser ses forces, et s'exposer à ne frapper en aucun endroit un coup décisif.

Cependant le pape Alexandre VI, Espagnol d'inclination comme il l'était par sa naissance, travaillait sourdement, et de concert avec Gonsalve, à faire échouer les projets de Louis pour le recouvrement du royaume de Naples, comme il le lui avait déjà fait perdre en retenant les blés que les Français avaient achetés à Rome pour faire subsister leur armée. Une lettre interceptée mit au grand jour l'intelligence du souverain pontife avec les Espagnols. Le roi fut si indigné de cette nouvelle perfidie, qu'il voulait faire marcher à l'instant son armée contre Rome : ce projet manqua malheureusement par la faute du cardinal d'Amboise. Ce premier ministre, d'ailleurs recommandable, zélé pour le roi, ami de l'État, ne pouvait résister à l'ambition d'être pape, ou peut-être n'aspirait-il à la papauté que dans la vue de servir la France. Comme il croyait ne pouvoir y parvenir qu'avec l'aide du duc de Valentinois, il crut devoir alors suspendre le juste courroux du roi.

Gonsalve, informé des préparatifs que l'on faisait pour venir l'attaquer dans sa conquête, usa lui-même de toute diligence pour mettre les choses en tel état qu'il fût bien difficile de remédier au mal. Il tenta d'abord de s'emparer du Château-Neuf de Naples. Les Français étaient déterminés à s'ensevelir sous les ruines de la place, plutôt que de la rendre, et il était probable que si Gonsalve n'avait employé pour l'attaque du château que les voies ordinaires, il aurait pu se repentir de son entreprise. Pierre de Navarre, qui servait sous ses ordres, lui en facilita l'exécution. Cet officier, étant au service de la république de Gênes lorsque cette puissance faisait le siége de Sérézanella sur les Florentins, avait visité avec attention le fourneau d'une mine dont les Génois avaient fait usage pour la première fois, mais sans succès; il remarqua que le peu d'effet de la mine ne venait pas de la faute de l'art, mais de celle de l'ouvrier, qui n'avait pas pris les précautions nécessaires. Gonsalve, qui connaissait son habileté, l'invita à en faire usage pour l'attaque du Château-Neuf. Pierre de Navarre prit si bien ses mesures, que la mine qu'il fit jouer eut toute la réussite qu'on pouvait espérer. Les Français, bien qu'effrayés de cette nouvelle foudre qui sortait de terre, coururent à la brèche et continrent quelque temps les ennemis; mais, comme ils étaient en petit nombre, ils furent enfoncés et passés au fil de l'épée. Le sort cruel de cette garnison ne fut point capable d'intimider celle du château de l'OEuf. Chavagnac, gentilhomme d'Auvergne qui y commandait, répondit au héraut qui le sommait de se rendre, qu'il ne pouvait lui arriver rien de plus glorieux que de mourir les armes à la main pour le service de son roi, et que lui et tous ses soldats y étaient déterminés. Navarre prépara une seconde mine, y mit le feu, et elle eut le même succès que la première. La muraille, que la mine avait fait sauter en l'air, écrasa en retombant la plus grande partie des soldats; les autres périrent en se défendant vigoureusement. La destinée de la France voulut que la flotte de Gênes, fournie abondamment de troupes et de munitions de toute espèce, n'arrivât que le lendemain de ce désastre.

Après la réduction des deux châteaux de Naples, Gonsalve dirigea sa marche vers Gaëte, pour enlever aux Français cette importante place, et les chasser entièrement du royaume de Naples. Mais Yves d'Alègre, qui s'était enfermé dans la place, la défendit si bien, qu'il força le général espagnol de lever le siége, et de se retirer, après avoir perdu plus de douze cents hommes, et quelques-uns de ses meilleurs officiers. Pendant le siége de Gaëte, il y eut sur mer un combat sanglant entre les flottes espagnole et française. Les Espagnols voulaient empêcher les

Français de ravitailler cette place, qui commençait à manquer de munitions. La flotte ennemie, qui était de beaucoup supérieure à celle de France, se promettait déjà une victoire complète ; mais du côté des Français, la vertu suppléa au nombre. Antoine Conflans, qui commandait l'escadre, sut inspirer à ses troupes un si grand courage, que les ennemis furent repoussés deux fois, et enfin obligés de prendre la fuite. Les Français, maîtres de la mer, allèrent tranquillement décharger leurs provisions à leur destination. Cette action s'engagea vers la fin du mois de juillet de l'an 1503, sur cet espace de mer qui est entre le port d'Hercule et la ville de Gaëte.

Cependant l'armée du roi en Italie allait fort lentement, malgré l'activité naturelle de la Trémouille. Les princes italiens, qui avaient touché l'argent du Roi pour lui fournir des troupes, agissaient avec tant de négligence, qu'on avait bien de la peine à les mettre en mouvement. D'un autre côté, les Suisses, qui savaient le besoin que la France avait de leur milice, s'étaient proposés de la faire acheter le double de ce qu'on avait coutume de leur donner. Mais, comme ils n'osaient s'en expliquer clairement, ils affectèrent, dans les levées, une lenteur qui fit deviner ce qu'ils désiraient. L'armée fut donc très-long-temps à se former, et par surcroît de malheur, lorsqu'elle fut en état d'agir, la Trémouille tomba malade, et ne put la conduire. La maladie de la Trémouille fut pour l'armée un coup accablant ; car ce général était aimé des troupes, qui avaient en lui la plus grande confiance. Il fallait cependant lui donner un chef. D'Aubigni et La Palisse étaient prisonniers, et les autres généraux étaient employés du côté des Pyrénées. Le roi jeta les yeux sur François de Gonzague, marquis de Mantoue, homme d'une grande capacité, mais d'une fidélité plus que douteuse. Comme il avait toujours porté les armes contre la France, Louis avait intérêt de se l'attacher; car il n'ignorait pas que Gonsalve faisait tous ses efforts pour engager ce prince dans le parti de son maître. Ce motif décida du choix que le roi fit de ce seigneur, pour le mettre à la tête de son armée d'Italie, jusqu'à ce que la Trémouille fût rétabli.

L'armée du roi, qui se rendait à Naples, n'était qu'à six lieues de Rome, lorsque la mort du pape en suspendit la marche. Alexandre VI venait de mourir, empoisonné dans un festin, s'il faut en croire l'opinion commune, du même poison qu'il destinait à plusieurs cardinaux. Cet événement délivra la France d'un dangereux ennemi, et l'Eglise, d'un homme plein d'ambition, de cruauté et d'impiété. L'avarice de ce pape était si grande, qu'il vendait les choses saintes comme les profanes; et sa mauvaise foi était si notoire, comme celle du duc de Valentinois son fils, qu'il était passé en proverbe, « *que le pape* « *ne faisait jamais ce qu'il disait, et que le duc* « *de Valentinois ne disait jamais ce qu'il* « *faisait.* » Cependant on est forcé de convenir qu'Alexandre VI possédait quelques qualités. Il avait un courage au-dessus des événemens, une grande facilité de parler et de manier les esprits; une adresse extrême pour s'attirer, sinon l'estime, du moins les égards et quelquefois la confiance des princes et des rois, et pour leur inspirer de la crainte. Il était cruel par politique et pour ses intérêts, mais du reste il était généreux et bienfaisant envers ceux qui ne lui avaient pas donné occasion de leur faire du mal. Il est à remarquer que c'est principalement depuis ce pontife que les papes ont commencé à jouer un rôle dans le monde, comme princes séculiers.

Le cardinal d'Amboise, qui était à Milan, se rendit promptement à Rome pour assister au conclave. Il se flattait d'autant plus de parvenir au souverain pontificat, que l'armée française était peu éloignée de cette dernière ville, qu'il avait dans le sacré collége un parti puissant, et que les princes qui avaient le plus d'intérêt à lui donner l'exclusion, paraissaient disposés à contribuer à son élévation. Maximilien, plus d'une fois, le lui avait fait espérer; et, quoique l'on eût rompu avec le roi d'Espagne, ce monarque rusé, pour ralentir l'ardeur du roi de France et de son ministre à pousser vivement la guerre, n'avait pas discontinué de les entretenir, l'un de l'espérance de la paix, et l'autre de l'espérance d'être pape. D'Amboise fut trompé dans son attente. Les cardinaux, sur l'appui desquels il avait trop légèrement compté, l'abandonnèrent, et ceux qui avaient le plus d'influence, ne cessaient de dire que, dans les conjonctures, il était de l'intérêt du Saint-Siége d'élire un homme qui n'eût point de liaison avec les princes, qui pût, par sa fermeté autant que par sa sagesse, concilier ceux qui étaient en guerre, et qui, loin de prendre parti, ne s'appliquât qu'à procurer la tranquillité et la paix. Ces discours, qui paraissaient sincères, réunirent les suffrages en faveur du cardinal Picolomini, homme vieux, infirme, et qui ne pouvait vivre long-temps. Le nouveau pape fut élu le 22 de septembre de l'an 1503, et prit le nom de Pie III. A peine fut-il monté sur la chaire de saint Pierre, qu'il donna des marques de son inimitié contre la France. Pie II, son oncle, avait fait perdre le royaume de Naples à la maison d'Anjou, et son neveu se promettait de traverser si puissamment les projets du roi sur la conquête de ce royaume, qu'il se flattait de les faire échouer. Il commença son pontificat par signifier des ordres très-précis à tous les Français de sortir de Rome et de l'Etat ecclésiastique. Sa mort, qui arriva le mois qui suivit son élection, prévint heureusement l'exécution de ses funestes desseins.

Le cardinal de la Rovere, qui s'était mis sur les rangs lors de la première élection, et qui avait le plus efficacement contribué à faire rejeter les prétentions du cardinal d'Amboise, recommença alors ses brigues et réussit. L'ouverture du conclave se fit la veille de la Toussaint, et, le jour même de la fête, les voix se réunirent en sa faveur. Le nouveau pape, qui prit le nom de Jules II, était un homme dur et violent, peu ferme dans son amitié, implacable dans sa haine, inquiet, remuant et fourbe. Un de ses premiers soins fut de dépouiller le duc de Valentinois des fiefs de l'Eglise dont ce seigneur, sous le pontificat de son père, avait fait la conquête. Le coup mortel de la fortune de Borgia, fut sa maladie dans les circonstances de l'élection d'un nouveau pape. Si sa santé, alors très-altérée, lui eût permis de se mettre à la tête de ses troupes, il est à croire qu'il se fût rendu maître du conclave, et qu'il eût fait nommer un pape de son choix.

Jules II, pour consoler d'Amboise d'avoir manqué deux fois la papauté, lui continua la légation de France, et y ajouta celles d'Avignon et de Bretagne. Les bulles de la nouvelle légation de d'Amboise souffrirent quelque difficulté au parlement, qui refusait de les enregistrer, comme contenant des clauses contraires aux libertés de l'Eglise gallicane. Le roi, qui voulait favoriser son ministre, dont il comptait d'ailleurs se servir pour assurer l'exécution de plusieurs réformes qu'il avait à cœur, et notamment celle des religieux, envoya d'Arizole, son maréchal-de-logis, presser le parlement d'enregistrer les bulles, avec charge de dire à ce corps : *Que le roi, depuis son avénement à la couronne, n'avait eu si grande affection que matière fût dépêchée.* Le parlement, zélé pour le maintien de nos précieuses libertés, ne se rendit pas aux vœux du monarque. Louis, irrité de cette résistance, exila du royaume quelques membres des plus fermes du parlement, et fit ensuite enregistrer les bulles, mais avec cette modification : « Que le car-
« dinal ne ferait usage de sa légation que dans les
« choses qui ne seraient point contraires et pré-
« judiciables aux droits et prérogatives du roi et
« du royaume. » La légation de d'Amboise fournit alors une vaste carrière aux réflexions des politiques. Ils ne pouvaient concilier comment une même personne pouvait être en même temps

l'homme du pape et l'homme du roi ; comment, dans les démêlés qui surviennent entre ces puissances, un même homme pouvait être également fidèle à l'un et à l'autre. D'Amboise méprisa ces discours, entra en exercice de sa légation, et agit de manière qu'il ne paraît pas que personne ait eu lieu de se plaindre de lui.

Le marquis de Mantoue, qui avait remplacé la Trémouille dans le commandement de l'armée en Italie, se mit en marche pour pénétrer dans le royaume de Naples. Gonsalve, de son côté, avait profité du séjour que les Français avaient fait aux environs de Rome, pour attaquer le Pas de San-Germano, et avait réussi à se rendre maître de ce poste important, qui pouvait faciliter à l'armée de France l'entrée du royaume de Naples. Lorsque le marquis de Mantoue arriva, il reconnut qu'il n'était pas possible de le forcer, et se rabattit du côté de la mer, pour essayer de s'ouvrir un passage. Les Français s'avancèrent jusque sur les bords du Garillan, jetèrent un pont sur le fleuve, et le passèrent à la vue de Gonsalve. Les troupes, qui brûlaient d'ardeur de se battre, voulaient aller du même pas attaquer les Espagnols dans leur camp, et l'on convient que si on le leur avait permis, on aurait emporté le camp sans beaucoup de résistance. Le marquis de Mantoue arrêta cette noble ardeur. Gonsalve, à la vue de l'armée française, alla faire le siége de la Rocca-d'Evandro, qu'il prit d'emblée : le massacre de la garnison fut si général, qu'il n'y eut pas un seul homme d'épargné. Les officiers-généraux n'avaient pas plutôt été informés du projet du général espagnol, qu'ils crurent qu'il avait commis une faute qui entraînerait la perte de son armée ; mais ils ne savaient pas qu'il avait parole qu'on lui donnerait le temps et la liberté d'agir sans rien hasarder. En effet, le marquis de Mantoue, pressé par ces officiers de les envoyer au secours des assiégés, n'y voulut jamais consentir, et laissa à Gonsalve tout le loisir de se rendre maître d'un poste avantageux.

Cet événement ouvrit les yeux à tous les officiers de l'armée sur la perfidie de leur général : tous murmuraient, et menaçaient de la laver dans le sang du marquis de Mantoue, qu'ils regardaient comme le plus grand ennemi et le plus dangereux qu'ils eussent. Le bailli de Caen et Sandricourt lui reprochèrent vivement sa trahison, et en des termes à lui faire comprendre qu'il avait à craindre pour sa personne. Le marquis ne répondit rien à ces reproches, et feignit une maladie pour avoir un prétexte honorable de se retirer. Son départ fut suivi de la désertion de huit mille Italiens qui servaient dans l'armée du roi, et qui allèrent s'enrôler sous les étendards de Gonsalve : ce qui acheva de mettre en évidence la trahison du marquis.

Après sa retraite, les officiers déférèrent le commandement de l'armée au marquis de Saluces. Le nouveau général était brave, mais il n'avait ni assez d'expérience pour commander, ni assez de crédit pour se faire obéir. Pour réparer en quelque sorte le crime du marquis de Mantoue, il entreprit d'abord de construire un boulevart à la tête du pont, sur le Garillan, pour avoir la liberté de passer cette rivière, et d'aller prendre ses quartiers d'hiver du côté de Naples ou de Capoue. Il réussit dans son entreprise, éleva son retranchement, et s'assura ainsi le trajet de la rivière ; mais il n'en fut pas pour cela plus avancé. Gonsalve alla asseoir son camp dans un vallon appelé Cintura, qui était le seul chemin par lequel les Français pouvaient passer pour aller à Naples ou à Capoue. Les officiers-généraux, effrayés de la situation du camp, se transportèrent tous à la tente de Gonsalve, pour lui représenter que les neiges, les pluies, et les débordemens du Garillan feraient périr dans très-peu de temps son armée. Le général leur répondit qu'il l'avait prévu comme eux, mais qu'il ne voyait point d'autre moyen de conserver à la monarchie d'Espagne la couronne de Naples, que de mourir généreusement dans le poste qu'il occupait ; que, pour lui, « il aimait « mieux trouver son tombeau en gagnant un « pied de terre sur l'ennemi, que prolonger sa « vie de cent années en reculant de quelques « pas. » Le courage du général releva celui des officiers et des soldats, qui, à ces incommodités près, avaient tout en abondance dans leur camp.

Il n'en était pas de même dans celui du marquis de Saluces. Il avait, il est vrai, sur les Espagnols, l'avantage de la situation : il campait sur une éminence qui avait la forme d'un amphithéâtre, et dans un terrain sec ; mais il n'était pas mieux à son aise. Comme il n'avait point de magasins, et que le pays ne pouvait fournir à la subsistance de son armée, la disette se fit bientôt sentir dans son camp. On avait prévu cet inconvénient, et le roi avait cru y remédier par un amas prodigieux de grains qu'il avait fait faire dans Rome ; mais Jules II trouva le moyen, sans se déclarer ouvertement contre le roi, de priver de ce secours l'armée française. Dans une position aussi désavantageuse, il fallait ou reculer et abandonner le pont qu'on avait construit avec tant de frais et de peine, ou forcer les Espagnols dans leurs retranchemens. Ce dernier parti n'était pas praticable dans la saison d'un rude hiver, et le premier était déshonorant. Le marquis se détermina à rester dans son camp pour garder son pont, et y attendre le retour du printemps, donnant à ses troupes la liberté de pourvoir à leur subsistance comme elles le pourraient. Cette condescendance, quoique nécessaire, fut préjudiciable ; elle occasiona la désertion, l'élargissement des quartiers, et le mépris de la discipline. Ceux des officiers et des soldats qui, par honneur, restèrent dans le camp, ne tardèrent pas à se ressentir des incommodités de la disette. La maladie se mit parmi eux, et en fit périr beaucoup. La négligence des commissaires des vivres, jointe à l'avarice des trésoriers de l'armée, qui détournaient à leur profit une solde qui était le prix du sang des soldats, acheva de faire ce que l'incommodité du lieu et la rigueur de la saison n'avaient fait qu'ébaucher. Le marquis de Saluces en donna promptement avis au roi, qui fut également irrité et surpris de ces nouvelles. Des ordres furent aussitôt expédiés pour réprimer de tels abus, et bientôt l'abondance revint dans le camp ; mais l'armée n'en avait pas moins été affaiblie par les pertes qu'elle avait faites en hommes et en chevaux.

Cependant, le général espagnol ne s'endormait pas. Comme il n'était pas assez fort pour attaquer les Français, il tenta de rompre le pont qu'ils avaient jeté sur le Garillan, et de massacrer ensuite la garnison du fort qui était de son côté. Il fit attacher ensemble plusieurs grosses poutres dont les secousses, redoublées par la rapidité de l'eau, devaient renverser le pont. Les Français, ayant aperçu ce radeau, se jetèrent dans des bateaux, firent échouer la machine contre le rivage, et taillèrent en pièces les Espagnols qui la conduisaient. Gonsalve imagina alors une autre ruse : il fit lancer à l'eau une espèce de brûlot chargé de matières combustibles pour incendier le pont. Cet artifice n'eut pas un succès plus heureux que le radeau. Le feu du brûlot avertit les Français de sa destination : ceux-ci, à coups de canon, le coulèrent à fond avant qu'il eût joint le pont.

Après ces deux tentatives, le général espagnol se condamna à une inaction qui dura près de deux mois. Cependant on travaillait en Espagne, en Allemagne et en Italie, à grossir son armée pour le rendre supérieur en forces aux Français. Les Ursins lui amenèrent un corps de troupes italiennes qu'ils avaient formé des déserteurs de l'armée de France, et des débris de celle du duc de Valentinois. L'empereur lui envoya un nombre considérable d'Allemands, et d'Espagne il lui arriva un renfort auquel il ne s'attendait pas. Par la réunion de ces secours, Gonsalve se trouva en état d'attaquer les Français avec succès. Il ne perdit pas un moment, et crut que l'heure était arrivée de se signaler par quelques grandes entreprises. Comme il n'ignorait pas la situation actuelle de l'armée française, la diminution des troupes causée par la mort et la désertion, et l'éloignement des différens quartiers, il ne désespéra pas d'emporter le quartier-général, s'il pouvait le surprendre, et passer la rivière à l'insu du marquis de Saluces. Gonsalve fit les préparatifs pour le trajet du Garillan, avec tant de secret et de succès, que son armée était déjà de l'autre côté du fleuve, avant que les Français en eussent la première nouvelle.

Le marquis de Saluces, informé du passage des Espagnols, et hors d'état de pouvoir leur faire tête, sortit de son quartier, et abandonna la plus grande partie de l'artillerie, des bagages et des malades, pour faire sa retraite à Gaëte avec moins de confusion et plus de diligence. Gonsalve, voyant que son ennemi allait lui échapper, détacha Prosper Colonne, pour le harceler, retarder sa marche, et lui donner le temps à lui-même de le joindre avec toutes ses forces. Comme la retraite des Français se faisait en bon ordre, Colonne trouva plus de résistance qu'il ne se l'imaginait ; mais il réussit dans le point principal pour lequel il était envoyé. Ses fréquentes attaques retardèrent la marche des Français, et donnèrent le temps à Gonsalve d'arriver avec son armée. Ce fut au passage du pont de la Mola, à quelque distance de Gaëte, que ce général rejoignit Colonne. Alors il ne fut plus possible au marquis d'éviter le combat. Les Français soutinrent vigoureusement, pendant deux heures, le choc des Espagnols, dans le même ordre de retraite qu'ils avaient gardé dans leur marche. On convient qu'on n'avait pas encore combattu en Italie avec tant de vigueur de part et d'autre. Le courage des Français suppléant à leur nombre, on leur voyait faire des prodiges de valeur. La victoire ne s'était encore déclarée pour aucun des deux partis, lorsque le marquis fut averti qu'un corps de troupes espagnoles marchait pour se saisir du seul défilé qui pouvait le conduire à Gaëte. Alors ce général, désespérant de pouvoir résister plus long-temps, ne vit d'autre ressource à son malheur que de crier : *Se sauve qui peut !* A ce cri, toute la gendarmerie tourna le dos à l'ennemi, passa sur le corps de son infanterie, et alla se saisir du défilé. Au lieu de s'y arrêter, d'y rallier, comme on en était convenu, l'infanterie, et de tenir ferme dans ce poste, les gendarmes poursuivirent leur route, et ne s'arrêtèrent que lorsqu'ils se trouvèrent en sûreté. L'infanterie, suivant l'exemple de la cavalerie, prit également la fuite, et se sauva, une partie à Gaëte, et le reste dans les places voisines. Ce fut à ce passage du pont de la Mola que le brave chevalier Bayard arrêta seul, pendant un assez long espace de temps, l'armée des Espagnols, et renouvela par cette action le prodige de valeur de ce fameux Romain Horatius Coclès, qui soutint seul l'effort de l'armée de Porsenna sur le bord du Tibre.

Malgré cette perte, le mal n'était pas sans remède. Gaëte était une bonne place, dans laquelle les Français auraient pu se soutenir encore quelque temps ; mais la consternation causée par la défaite de la Mola, et la crainte de manquer de vivres, les découragèrent entièrement. Aux premières approches de l'ennemi, ils demandèrent à capituler, comme s'ils avaient été réduits aux dernières extrémités. Le général espagnol n'eut garde de se rendre difficile. Il accorda à la garnison la liberté de sortir avec armes et bagages, et tous les honneurs de la guerre, pour retourner en France. Par un des articles de la capitulation, il était porté qu'on se rendrait réciproquement les prisonniers. Gonsalve relâcha tous les Français; mais, par une insigne mauvaise foi, il retint dans les fers tous les seigneurs italiens de la faction Angevine, sous le prétexte qu'étant devenus sujets du roi d'Espagne par droit de conquête, ils ne devaient attendre que de lui seul la décision de leur sort. Les Français qui évacuèrent Gaëte, se mirent en chemin pour retourner dans leur patrie, mais ils périrent presque tous de misère, de maladie, ou par la malice des Italiens, qui en assommèrent une partie sur la route. Le marquis de Saluces mourut à Quiers, en Piémont. La honte qu'il eut de s'être montré si peu digne du poste important que le roi lui avait confié, fut peut-être la seule cause qui le conduisit au tombeau.

C'est ainsi que la France perdit pour toujours le royaume de Naples, dont la conquête lui avait coûté des sacrifices immenses en hommes et en argent : la mésintelligence entre les généraux, la lenteur des secours, la confiance du roi dans des négociations où l'on n'avait point d'autre but que de l'amuser, furent les véritables causes de la perte de ce beau royaume. Nemours, qui en était le vice-roi, contribua plus que tout autre à ce malheur. Il était brave, mais il n'avait point les talens nécessaires pour occuper un poste aussi important. Soit hauteur, soit jalousie, soit petitesse d'esprit, il se conduisit de manière à aliéner de lui le cœur des officiers qui commandaient sous ses ordres, et dont la plupart avaient et plus d'expérience et plus de capacité que lui. Il en résultait qu'on agissait sans concert et sans aucune subordination. Chacun à part faisait fort bien son devoir; mais tous en commun le faisaient fort mal. Le vice-roi n'était point obéi, ou ses ordres étaient mal exécutés ; lui, de son côté, comme pour se venger de ses officiers, les abandonnait souvent au besoin, et ne les secourait jamais à propos.

En France, on ne manqua pas de rejeter, et avec assez de raison, la cause de ce malheur sur les trésoriers de l'armée, qui s'enrichissaient et vivaient dans l'abondance, tandis que les troupes manquaient de tout et mouraient de misère. C'est ce que Louis de Hédouville Sandricourt, à son retour d'Italie, représenta au roi avec force et respect. Ce brave officier eut le courage de parler pour sa justification, et pour celle de toute l'armée, avec la fermeté d'un militaire et d'un bon patriote. Son discours mérite bien d'être conservé.

« Non, Sire (dit Sandricourt), ce n'est ni
« la mésintelligence de vos chefs, ni la lâcheté
« de vos gens, qui ont ôté à Votre Majesté les
« avantages qu'elle avait en Italie ; ce sont vos
« commissaires, ce sont vos trésoriers. Les serres
« ravissantes de ces harpies ont affamé votre
« armée, et causé la mortelle langueur qui a
« consumé vos troupes. Hélas ! que trente mille

« Français, que deux mille gentilshommes, qui
« ont péri par la malice de ces gens-là, en
« rendraient bien témoignage s'ils étaient en vie !
« Et plût à Dieu que leurs piteuses langueurs,
« déplorées par toute l'Italie, n'en fussent pas
« des preuves plus véritables que la voix même
« des vivans ! Oui, Sire, depuis le jour que
« nous sommes entrés au royaume de Naples,
« nous n'avons plus vu de vivres ni d'argent.
« Quarante jours durant, ayant les ennemis
« devant nous, et ces griveleurs derrière, nous
« avons plutôt trouvé du pain et des munitions
« parmi nos ennemis, à la pointe de l'épée, que
« nous n'en avons eu de ceux qui nous en de-
« vaient fournir. Cependant, Sire, vos troupes
« alangouries de faim et de nécessité, ont été
« attaquées, et n'ont pu soutenir l'attaque des
« ennemis, après avoir soutenu la faim jusqu'à
« l'extrême faiblesse. Puis encore les Espagnols
« ayant rendu la liberté aux prisonniers français,
« et accordé des passeports aux autres, vos tré-
« soriers, dans cette extrême misère, leur ont
« retenu toutes leurs montres. Ni la honte,
« ni la pitié n'ont su toucher leur cruelle con-
« voitise ; et, sans autre mouvement que de
« joie, ils ont vu les grands chemins, les champs
« et les hôpitaux ignominieusement remplis des
« squelettes de leurs compatriotes à qui la froi-
« dure et la faim faisaient rendre les derniers
« abois ; et néanmoins eux seuls, triomphans
« des calamités publiques, ont remporté en
« France le butin qu'ils ont gagné sur vos armées
« détruites, et sur le royaume que vous avez
« perdu. Eux seuls osent effrontément paraître

« à la cour, et nous en veulent bannir, nous qui
« portons sur nos corps déchiquetés de blessures
« les marques de nos services, et sur nos visages
« hâves et desséchés les témoignages de leurs
« voleries ; comme si la fortune, pour dernier
« crève-cœur, ne nous avait réservés que pour
« voir s'élever dans le faste ceux qui ont fait
« mourir tant de vos bons serviteurs. Il est vrai,
« Sire, je l'ai vu, et je le dirai, puisque per-
« sonne n'y prend garde ; par trois fois la valeur
« des Français a conquis le royaume de Naples
« avec d'incroyables dépenses, et par trois fois
« l'avare convoitise des trésoriers l'a fait perdre :
« car, que sert de prendre des places, si on ne
« les munit, veoir même si on les dégarnit ? Que
« sert de faire des alliés, si on ne les entretient ?
« En un mot, que sert de dresser des armées,
« si on leur soustrait l'argent et les vivres ? Les
« murailles ne sont point fortes sans hommes ;
« les hommes ne le sont point sans munitions.
« Où manque le paiement, manque la discipline :
« la nécessité est plus impérieuse que les géné-
« raux ; et l'armée, qui n'a plus de vigueur ni
« d'obéissance, se défait sans être combattue. »

Le roi écouta ce discours avec beaucoup d'attention, et s'écria plusieurs fois d'une voix plaintive et courroucée : *Las ! il est vrai !* Il sentit, mais trop tard, d'où venait le mal ; et comme il n'était plus temps d'y remédier, il voulut le punir dans la personne de ceux qui en étaient la cause. Il fit pendre quelques trésoriers des plus coupables.

De tous ceux qui se sauvèrent de l'armée d'Italie, Louis d'Ars fut le seul qui se retira avec honneur et avantage. Ce brave officier, après la défaite de Cérignoles, s'était jeté dans Venouse avec quelques débris de l'armée du duc de Nemours ; et, malgré tous les efforts des Espagnols il se maintint dans son poste et fit de nouvelles conquêtes. Il y a même lieu de penser que si les débris de Gaëte se fussent réunis à lui, il aurait pu changer la face des affaires en Italie. Louis d'Ars avait refusé d'être compris dans le traité de Gaëte, et voulut en faire un particulier pour lui et pour sa généreuse troupe. Il sortit de la place où il s'était renfermé avec tous les honneurs de la guerre, traversa toute l'Italie en bon ordre, et ramena en France ses troupes. La conduite de Louis d'Ars couvrit de honte les autres officiers qui n'avaient pas eu le courage de l'imiter.

Les trois armées que le roi avait envoyées du côté des Pyrénées, ne réussirent pas mieux que celle d'Italie. L'armée navale, après avoir essuyé une tempête des plus furieuses, fut obligée de rentrer dans le port de Marseille, fort endommagée et sans avoir rien fait. Celles de terre n'agirent que faiblement par suite de la mésintelligence des chefs, et laissèrent à Ferdinand tout le loisir d'armer puissamment, et de venir au secours des places que les Français attaquaient. Louis XII ne retira donc aucun fruit de ce terrible appareil de guerre, et cela faute d'un général assez capable ou assez fidèle ; il fit même des pertes considérables en hommes et en argent. Par un de ces coups bizarres de la fortune, le roi d'Aragon demeura seul en possession du royaume de Naples dont les Français avaient fait la conquête au prix de leur sang et de leur argent, et le roi de France se trouva chargé de la nourriture et de l'entretien du roi dépouillé. Ferdinand éprouva en cette occasion tout le succès de sa maxime favorite : *Le profit pour moi, le danger et les frais pour mes alliés.* Il ne signait, dit-on, aucun traité qu'avec cette réserve mentale.

Le roi fut sensiblement touché de tant de mauvais succès arrivés presqu'en même temps. La honte d'avoir été vaincu par un ennemi plus faible et moins guerrier, et d'avoir été la dupe des fourberies espagnoles ; le regret d'avoir sacrifié inutilement la vie de tant de milliers d'hommes, et des sommes d'argent si considérables, firent sur lui une telle impression, qu'il en tomba dangereusement malade. Une fièvre continue augmenta le mal à un tel point que Louis fut réduit en peu de jours à la dernière extrémité. Les médecins désespéraient de sa guérison, et on n'attendait plus que le cruel moment de sa mort. Toute la France fut alarmée du coup terrible dont elle était menacée. Le peuple, qui goûtait les fruits d'une administration sage, équitable et modérée, qui ne redoutait plus ni le pillage des gens de guerre, ni les extorsions des receveurs des deniers publics, avait pour l'auteur de tant de biens un amour qui tenait de l'adoration. Aussi, à la nouvelle du danger que courait le roi, chacun avait abandonné ses travaux. Les femmes, les enfans, les vieillards passaient les journées entières et la plus grande partie des nuits dans les églises, ou suivaient, pieds nus et les cheveux épars, les processions qui se faisaient dans toutes les paroisses, mêlant des cris de douleur aux prières que les ministres des autels adressaient au Ciel pour la santé d'un prince qu'ils regardaient comme leur père. Louis fut enfin rendu aux vœux continuels et aux prières des Français, qui ne furent jamais plus ardentes.

La nouvelle de la maladie du roi, et même de sa mort, s'étant répandue en Italie, y causa beaucoup de trouble et d'alarmes; car chacun y prit part selon qu'il se sentait plus ou moins attaché à la France. La dame Thomassine Spinola, de Gênes, qui était *l'intendio* du roi, comme nous l'avons déjà dit, ayant appris cette fâcheuse nouvelle, en fut si pénétrée de douleur, qu'elle en mourut de chagrin huit jours après.

Les Génois, à qui elle avait rendu des services importans, lui décernèrent des funérailles publiques, et députèrent deux de leurs plus illustres concitoyens pour porter au roi cette triste nouvelle. Il ne put refuser des larmes à cette tendre amie, et voulant honorer sa mémoire, il lui fit composer une épitaphe par Jean d'Auton son historiographe, et ordonna qu'elle fût gravée sur le magnifique tombeau que les Génois lui avaient élevé.

Ce fut vers ce temps qu'il arriva à Blois des ambassadeurs du roi d'Espagne, pour traiter de la paix. Quand Louis fut rétabli de sa maladie, il leur donna audience en public. Mais ayant reconnu que Ferdinand usait toujours de ses mêmes artifices, il congédia ses ambassadeurs, en leur disant que leurs *majestés catholiques étaient des infidèles et des parjures; qu'elles étaient indignes d'avoir part dans la société civile.* Les ambassadeurs ayant voulu s'ingérer de répondre pour la justification de leurs maîtres, on leur ferma la bouche, avec ordre de se retirer de la cour sans délai, et de sortir du royaume.

Lorsqu'à leur retour, les ambassadeurs, rendant compte à Ferdinand de la manière dont ils avaient été traités, lui eurent dit que Louis l'accusait de l'avoir trahi deux fois : *Deux fois !* répondit-il, *pardieu, il a menti, l'ivrogne ; je l'ai trompé plus de dix*. Paroles indignes d'un prince, mais qui s'accordaient parfaitement avec la conduite de ce roi d'Espagne.

Le roi, bien convaincu qu'il ne devait faire aucun fond sur les alliances avec l'Espagne, se retourna du côté de l'empereur et de l'archiduc son fils, en qui il espérait trouver plus de secours, ou au moins plus de fidélité. Le roi se trompait encore ; l'empereur ni l'archiduc n'étaient pas mieux intentionnés pour la France. Cependant les ambassadeurs de Maximilien et de Philippe arrivèrent à Blois ; et, après plusieurs conférences pour concilier les différens intérêts, on parvint à s'entendre. Par le nouveau traité, l'empereur s'engageait à donner au roi de France, pour lui et pour ses enfans mâles, s'il lui en venait, l'investiture du duché de Milan ; de son côté, Louis XII promettait de donner à l'empereur une paire d'éperons d'or, tous les ans, en forme d'hommage, et une somme d'argent, une fois payée, de 120,000 florins. De plus, le roi s'engageait de céder, au défaut d'enfans mâles, à madame Claude, sa fille, qui devait épouser le comte de Luxembourg, le duché de Milan, la seigneurie de Gênes, le comté d'Ast, avec tous ses droits sur le royaume de Naples. Il cédait encore à la princesse le duché de Bourgogne et celui de Bretagne. Ce traité, si désavantageux à la couronne de France, fut signé à Blois le 22 de septembre 1504. Il était si préjudiciable au royaume et au successeur présomptif de la couronne, qu'on crut que le roi n'avait aucune intention de l'accomplir : la mauvaise foi des autres princes semblait en effet autoriser Louis à user d'artifice.

Malgré la paix qui subsistait entre ces trois puissances, les officiers de l'archiduc maltraitèrent un officier de justice qui s'était rendu dans le comté de Flandre pour y signifier quelque acte. Le roi, ayant été informé de cet attentat contre son autorité royale, envoya vers l'archiduc le comte de Nevers, son cousin-germain, pour demander au prince une satisfaction proportionnée à l'offense. Il donna ordre à son ambassadeur de déclarer à l'archiduc que, s'il refusait de faire la réparation qu'il exigeait, il se la ferait par lui-même. L'archiduc ne goûtait pas trop la proposition; mais, comme il n'était pas le plus fort, il fallut bien qu'il se soumît. Ce prince fit au roi une satisfaction convenable. On doit dire, à la gloire de Louis XII, qu'il est un de nos rois qui ont défendu avec le plus de fermeté et de dignité les droits de la couronne.

La mort d'Isabelle, reine de Castille, et femme de Ferdinand, roi d'Aragon, apporta, à cette époque, un grand changement aux intérêts des puissances de l'Europe. L'archiduc se trouvait roi de Castille; l'empereur fortifié et enhardi par l'accroissement de puissance de son fils; Ferdinand, roi d'Aragon, affaibli; et le roi de France, dans une position à redouter Philippe, son vassal. Tous ces motifs déterminèrent Louis à contracter alliance avec le roi d'Espagne, dont il fut alors recherché. Ferdinand, qui redoutait la puissance de l'archiduc son beau-fils, voulut s'assurer de l'amitié du roi contre ce puissant rival. Il feignit donc le plus vif repentir de tout ce qui s'était passé dans le royaume de Naples, avoua ses torts, et promit de les réparer; et, pour sceller par un nœud indissoluble l'alliance qu'il voulait contracter avec Louis, il lui demandait une princesse de son sang en mariage. Dans les conjonctures où se trouvait alors le roi de France, il ne pouvait lui arriver rien de plus favorable que l'alliance que lui proposait Ferdinand. Il lui donna pour femme Germaine de Foix, fille de Marie d'Orléans, sa sœur, et de Jean de Foix, vicomte de Narbonne. Louis assigna pour dot à sa nièce la partie du royaume de Naples qui devait lui revenir; mais on stipula que cette donation aurait lieu pour elle et pour les enfans qui naîtraient de son mariage, et qu'en cas qu'elle n'eût point d'enfans, le roi rentrerait dans tous ses droits, et dans la portion du royaume de Naples qu'il lui cédait. Le roi d'Espagne s'engagea à payer au roi de France, pour les frais des dernières guerres, cinq cent mille ducats, dans l'espace de dix ans. Enfin, par le nouveau traité, tous les seigneurs napolitains, bannis ou prisonniers, qui étaient attachés au parti de la France, devaient rentrer dans leur patrie, et être rétablis dans leurs biens, priviléges et dignités : ce qui fut très-mal exécuté. A ces conditions, Louis promettait de secourir Ferdinand contre l'archiduc et contre l'empereur, au cas qu'ils voulussent lui ôter la régence de la Castille, qu'Isabelle, en mourant, lui avait laissée par son testament, au préjudice de l'archiduc son gendre. Ce traité fut signé d'abord à Blois par Louis, le 12 octobre 1505, et ensuite à Ségovie par Ferdinand, le 16 du même mois. Comme Germaine de Foix, dont le mariage faisait le nœud de cette alliance, était petite-nièce de Ferdinand par Eléonore sa sœur, reine de Navarre, aïeule de Germaine, il fallut avoir recours à Rome pour solliciter une dispense auprès du pape. Jules II qui était porté naturellement à désobliger le roi de France, fit beaucoup de difficultés avant de l'accorder.

L'année qui suivit cette double alliance de Louis avec Ferdinand, la plupart des villes et communautés du royaume adressèrent au roi des requêtes pour demander l'assemblée des Etats-Généraux. Louis l'indiqua pour le 10 mai 1506, dans la ville de Tours. Les députés s'y étant rendus de toutes les provinces du royaume, conférèrent ensemble pendant trois jours, et élurent pour orateur Thomas Bricot, chanoine de Notre-Dame, premier député de Paris. Dans la séance royale, Bricot parla au roi en ces termes : « Dès
« votre avénement à la couronne, votre sagesse,
« Sire, a dissipé les orages qui avaient toujours
« paru inséparables d'un nouveau règne. Votre
« magnanimité a rassuré ceux qui tremblaient
« d'avoir encouru votre indignation. Image de
« Dieu sur la terre, vous n'avez vengé vos in-
« jures que par des bienfaits ; père commun,
« vous n'avez vu dans tous vos sujets que des
« enfans tendres et soumis. En vain des voisins
« jaloux, comptant sur nos divisions ordinaires,

« s'étaient-ils préparés à ravager nos provinces :
« battus, repoussés, ils ont demandé humble-
« ment la paix. Dans ces temps d'alarmes et de
« troubles, où les revenus ordinaires de la cou-
« ronne paraissent insuffisans, vous avez soulagé
« le peuple ; les impôts ont été diminués d'un
« tiers. Des soins plus glorieux encore ont signalé
« les commencemens de votre règne ; des lois sa-
« ges ont assuré la fortune des citoyens ; les abus
« qui s'étaient glissés jusque dans le sanctuaire
« de la justice, ont été retranchés ; et, ce que nos
« pères n'auraient osé ni prévoir, ni espérer, le
« laboureur n'a plus tremblé à l'approche du
« guerrier ; et, pour me servir de l'expression
« d'un prophète, le mouton bondit au milieu
« des loups, et le chevreau joue parmi les tigres.
« Quelles actions de grâces peuvent vous ren-
« dre des sujets que vous avez protégés, enrichis!
« Comment s'acquitteront-ils de leurs obligations?
« Daignez, Sire, accepter le titre de *Père du*
« *Peuple* qu'ils vous défèrent aujourd'hui par
« ma voix. »

À ces mots, un doux murmure s'éleva dans
l'assemblée, et fut suivi de cris de joie et d'ap-
plaudissemens. L'orateur, après s'être recueilli
un moment en lui-même, poursuivit ainsi : « Vos
« bienfaits, Sire, ont passé notre attente ; mais
« ne nous auriez-vous comblés de biens que pour
« nous plonger dans des regrets plus amers ? Vo-
« tre amour pour la patrie doit-il finir avec votre
« vie ? N'auriez-vous pris tant de peine en faveur
« de vos fidèles sujets, que pour les livrer vous-
« même à la merci des étrangers, et leur faire
« perdre en un instant le fruit de tant de sang et

« de travaux ? Que ne puis-je retracer aux yeux
« de votre majesté la douleur profonde, la cons-
« ternation à laquelle la nation entière s'aban-
« donna dans ces momens terribles où nous trem-
« blâmes pour vos jours ? Prosternés aux pieds
« des autels, effrayés du seul danger qui vous
« menaçait, sans aucun retour sur nous-mêmes,
« nous ne demandions au Ciel que la conserva-
« tion d'une tête si chère. Lorsqu'un rayon d'es-
« pérance eut dissipé cette terreur profonde,
« nous vîmes avec effroi le péril qu'avait couru
« l'Etat : toutes les suites d'un trop funeste enga-
« gement se présentèrent à notre imagination. Ce-
« pendant nous gardions le silence ; la faveur que
« le Ciel venait de nous accorder comblait nos
« désirs ; nous ne doutâmes plus qu'un roi si sage
« n'ouvrit les yeux sur le danger qui nous mena-
« çait. La crainte de lui déplaire par une démar-
« che précipitée, nous arrêta long-temps ; et
« même, depuis que nous sommes ici assemblés,
« nous avons encore délibéré s'il n'était pas à
« propos de garder le silence, et d'attendre en
« paix ce qu'il vous plairait d'ordonner. Votre
« bonté, Sire, a pu seule nous inspirer de la
« confiance. Nous nous sommes rappelé que,
« dans les cruels instans où vous paraissiez tou-
« cher à votre dernière heure, vous déclarâtes
« *que vous ne regrettiez la vie que parce que*
« *vous n'aviez point encore assuré le repos de*
« *votre peuple.* Ce sont ces paroles à jamais mé-
« morables qui nous enhardissent à déposer aux
« pieds de votre majesté notre très-humble re-
« quête. »

A ces mots, l'assemblée tomba à genoux, les

bras levés vers le trône ; l'orateur, dans la même attitude, poursuivit d'une voix basse et tremblante : « Puisse le suprême arbitre des destinées
« prolonger la durée de votre règne ! Puisse-t-il,
« propice à nos vœux, vous donner pour succes-
« seur un fils qui vous ressemble ! Mais si ses dé-
« crets éternels s'opposent à nos vœux ; s'il ne
« nous juge pas dignes d'une si grande faveur,
« adorons sa justice, et ne songeons qu'à faire
« usage des dons qu'il nous a faits. Sire, vous
« voyez devant vous le jeune comte d'Angoulême.
« Fils d'un père vertueux, élevé sous les yeux
« d'une mère vigilante, formé par vos conseils et
« par votre exemple, il promet d'égaler la gloire
« de ses ayeux : qu'il soit l'heureux époux que
« vous destinez à votre fille, et puisse-t-il retra-
« cer à nos neveux l'image de votre règne ! »

Ce discours, la posture suppliante où il voyait ses sujets, émurent le cœur paternel de Louis ; des larmes d'attendrissement coulèrent de ses yeux. Le chancelier Gui de Rochefort, après s'être mis à genoux aux pieds du trône, et avoir reçu ses ordres, s'avança vers l'assemblée, et dit : « Messeigneurs des Etats, le roi, notre souve-
« rain et naturel seigneur, ne blâme point la dé-
« marche que vous avez faite ; il rend justice aux
« sentimens qui vous l'ont inspirée, et voit avec
« la plus vive satisfaction à quel point la patrie
« vous est chère. Il accepte le titre de *Père du*
« *Peuple* que vous lui déférez : vous ne pouviez
« lui faire un don qui lui fût plus agréable. Si les
« soins qu'il s'est donnés ont tourné au profit de
« la chose publique, il déclare qu'il faut en ren-
« dre grâces à Dieu, et qu'il s'efforcera de mieux

« faire à l'avenir. Quant à la requête que vous lui
« avez présentée, elle roule sur un objet si im-
« portant, que, quelque déférence qu'il ait pour
« les conseils de ses fidèles sujets, il ne peut rien
« statuer à cet égard, sans avoir pris l'avis des
« princes de son sang, des grands et des premiers
« magistrats du royaume. »

Le lendemain de cette séance mémorable, les députés des Etats de Bretagne présentèrent au roi une requête entièrement conforme au vœu général de la nation. Le conseil extraordinaire que Louis avait convoqué, ayant décidé à l'unanimité que l'engagement pris avec l'archiduc devait être annulé, comme contraire aux intérêts du royaume, ce prince déclara en public que madame Claude ne serait point mariée à Charles, comte de Luxembourg, à qui elle avait déjà été promise, et qu'elle épouserait François, comte d'Angoulême. En effet, le 28 mai 1506, la princesse, qui n'avait que quatre ans, fut fiancée au comte d'Angoulême, qui en avait douze, en présence de toute la cour et des Etats du royaume. Le cardinal d'Amboise fit la cérémonie des fiançailles. Il y eut, à cette occasion, des fêtes et des réjouissances publiques dans toute l'étendue du royaume.

On prétend que le roi n'avait aucunement influé dans la démarche des Etats, et qu'elle fut pleinement libre de leur part. Il y a pourtant lieu de penser que la cour en fut le seul mobile, et que ce n'était qu'un prétexte honnête pour congédier Charles d'Autriche, au mariage duquel la politique avait plus de part que la bonne foi.

Claude Seissel (1) dit positivement « que c'était
« le roi qui avait mandé les Etats pour prendre
« conseil sur le mariage qu'il avait envie de faire
« de madame Claude avec François, comte
« d'Angoulême. » La reine, qui ne vit jamais
qu'avec chagrin la réunion de la Bretagne à la
France, eût désiré une alliance qui l'en eût sé-
parée. Elle fut donc très-mécontente de ce
nouvel arrangement, et en témoigna son chagrin
en plus d'une occasion. Le roi, qui avait beaucoup de complaisance pour elle *parce que
(disait-il agréablement) il faut qu'un homme
souffre beaucoup d'une femme quand elle
aime son honneur et son mari*, lui laissa la
consolation de se plaindre. Mais, comme elle
revenait trop souvent à la charge, le roi, fatigué
de ses importunités, lui ferma la bouche par
l'apologue de la biche, *à laquelle Dieu ayant
donné des cornes, les lui ôta, parce qu'elle
voulait insulter au cerf.* La reine, qui était
spirituelle, sentit où portait l'apologue. Elle
cessa d'importuner le roi à ce sujet; mais elle fit
tant qu'elle empêcha de son vivant l'accomplissement de ce mariage.

Louis s'empressa de donner connaissance à
tous les princes de l'Europe du mariage de sa
fille avec le comte d'Angoulême. La plupart des
souverains, effrayés de l'accroissement subit que
prenait la maison d'Autriche, ne furent point

---

(1) Claude Seissel, auteur contemporain, a donné une
Histoire de Louis XII.

fâchés de ce nouvel arrangement. Il n'y eut que le nouveau roi de Castille et l'empereur Maximilien qui en témoignèrent leur mécontentement. Ces princes voyaient s'évanouir par ce mariage leurs plus ambitieuses espérances. Ils s'en plaignirent comme d'un affront sanglant que le cardinal d'Amboise leur faisait, sans qu'ils y eussent donné occasion, car ils étaient persuadés que ce qui s'était passé à Tours, n'était qu'une comédie que ce ministre avait imaginée, pour sauver les apparences. Maximilien ne manqua pas sans doute d'écrire cette nouvelle insulte sur son livre rouge, où il marquait toutes les injures qu'il prétendait avoir reçues de la nation française. Louis aurait bien voulu lui persuader qu'on lui avait fait violence. Il lui envoya à cet effet une célèbre ambassade composée de François de Rochechouart, qui en était le chef, d'Antoine Duprat, alors maître des requêtes, et d'un secrétaire du roi. L'ambassade s'acquitta de sa commission; mais elle n'eut pas le don de persuader Maximilien. Ce prince, dans sa mauvaise humeur, fit sommer Louis de remplir ces conditions du traité pour l'investiture du duché de Milan. Le roi s'empressa de lui donner une entière satisfaction à cet égard.

Le roi de Castille fut encore plus piqué que l'empereur; il ne fit rien paraître au-dehors de la peine que lui causait un événement qui dérangeait les vues qu'il avait sur le Milanais et sur la Bretagne; mais, intérieurement, il se promettait bien d'en tirer vengeance, et d'en faire repentir le roi et la France. Il avait engagé secrètement dans sa querelle l'empereur, les rois d'Espagne et d'Angleterre, le pape et les Vénitiens, et voulait qu'on attaquât en même temps la France de tous côtés. Mais la mort, à laquelle il n'avait pas songé, vint l'arrêter au milieu de ses vastes projets.

La plupart des historiens ont écrit que ce prince en mourant laissa, par testament, la tutelle de Charles, son fils, au roi de France. Louis s'en chargea généreusement, et prit un très-grand soin de l'éducation du jeune prince. Il mit auprès de lui, en qualité de gouverneur, Philippe de Crouï, seigneur très-sage et très-capable de remplir cette importante fonction. Il s'en acquitta parfaitement bien, et *rendit son élève*, remarque un de nos historiens (1), *beaucoup plus habile qu'il ne fallait pour le bien de la France*. Philippe s'était déterminé à nommer le roi de France à la tutelle de Charles, par la crainte qu'il eut que Louis, en qualité de seigneur suzerain des Pays-Bas, ne les enlevât à son fils qui était élevé en Flandre, et n'avait pas encore sept ans. Il se méfiait d'ailleurs de la légèreté naturelle des Flamands, qui auraient pu secouer le joug d'un prince mineur, pour se remettre sous l'obéissance du roi, leur ancien et premier souverain. Jeanne, reine de Castille, et mère du jeune Charles, avait été si pénétrée de douleur de la mort de Philippe, qu'elle en perdit, dit-on, entièrement l'esprit. C'était donc en ce prince un trait d'une profonde politique; car, sous prétexte d'honorer Louis, il lui lia les

---

(1) Mézeraï.

DE LOUIS XII.

mains pendant la minorité de son fils. La plus grande partie du conseil du roi était d'avis que ce prince ne devait pas se charger de cette tutelle, parce qu'elle lui faisait perdre l'occasion et la volonté d'attaquer la maison d'Autriche, dans un temps qui paraissait si favorable pour l'affaiblir. Le roi et son ministre ne furent pas de cet avis; le roi, par générosité, et le cardinal, pour se débarrasser de toute inquiétude du côté de la Flandre, et donner toute son attention aux mouvemens extraordinaires que la mort du roi de Castille allait causer dans d'autres parties de l'Europe. Cependant un de nos meilleurs écrivains (1) a combattu cette narration comme inexacte. Nous croyons utile de faire connaître l'opinion qu'il a émise pour la faire rejeter. « Cet acte de
« modération, suivant lui, quoique si conforme
« au caractère de Louis, aurait donné lieu à
« Martin du Bellai, historien estimable à tout
« autre égard, d'imaginer que Philippe, à l'ar-
« ticle de la mort, considérant qu'il laissait
« des enfans en bas âge, un pays sans défense,
« aurait nommé dans son testament Louis tuteur
« ou curateur de ses enfans; que Louis, usant,
« comme il le devait, de ce dépôt sacré, régla
« l'administration des Pays-Bas, et donna pour
« gouverneur au jeune Charles, duc de Luxem-
« bourg et prince d'Espagne, Guillaume de
« Crouï, seigneur de Chièvres, lequel, dit-on,
« *rendit son élève beaucoup plus habile qu'il*
« *ne fallait pour le bien de la France.* Cette

---

(1) M. Garnier.

« supposition, adoptée par la foule des historiens
« modernes, se trouve malheureusement démen-
« tie par les pièces mêmes sur lesquelles on pré-
« tendait l'appuyer.

« Le testament de Philippe existe », continue
le même historien, « et il n'y est fait aucune
« mention de cette prétendue curatelle : les
« lettres qui établissent Guillaume de Chièvres
« gouverneur du prince de Castille, nous ont
« été pareillement transmises ; mais elles sont
« expédiées au nom de Maximilien, qui obtint
« dans la suite la tutelle de ses petits-fils, et
« non de Louis, qui ne paraît pas avoir recher-
« ché cette commission, qu'on aurait eu bien de
« la peine à lui refuser. Nous avons les lettres
« qu'il écrivit après la mort de Philippe au prince
« de Nassau, aux magistrats de la ville d'Arras ;
« il promet de protéger les jeunes princes or-
« phelins ; il y fait valoir sa qualité de suze-
« rain, de parent du côté maternel : aurait-il
« oublié celle de tuteur et de régent, s'il en eût
« été revêtu, ou même s'il l'eût disputée ? Com-
« ment, d'ailleurs, l'en eût-on dépouillé dans
« la suite pour la conférer à l'empereur Maxi-
« milien ? Louis eût-il souffert patiemment qu'on
« lui fît cet affront ? N'aurait-il osé ni s'en ven-
« ger ni s'en plaindre ? Mais si Louis se con-
« tenta de protéger les enfans de son vassal, sans
« prétendre à l'administration de leurs Etats, il
« ne permit pas non plus que sa générosité
« tournât au profit de Maximilien, qui s'était
« montré son ennemi, et qui, par cet accrois-
« sement de puissance, se serait trouvé plus à
« portée de lui nuire. Il engagea les Flamands et

« les autres peuples des Pays-Bas à former un
« conseil de régence qui serait chargé du détail
« de l'administration, et qui rendrait compte
« aux Etats assemblés, promettant en ce cas de
« les protéger et de les défendre comme ses
« fidèles sujets, et menaçant de les traiter, non
« en ennemis, mais en rebelles et en criminels
« de lèse-majesté, s'ils prenaient le parti de se
« soumettre à l'empereur. »

Le pape Jules s'était contenté jusqu'alors d'être simple spectateur des événemens, et attendait avec impatience le moment favorable où il pourrait donner cours à l'ambition dont il était tourmenté. Après avoir dépouillé le nouveau duc de Valentinois des terres qu'Alexandre VI son père lui avait procurées à force de crimes, ou dont il s'était lui-même emparé par la même voie, il entreprit de chasser des villes de l'Etat ecclésiastique tous les seigneurs qui les tenaient en fief du Saint-Siége. Il avait surtout une extrême impatience de se remettre en possession des villes de Pérouse et de Bologne, moins il est vrai pour agrandir ses Etats, que pour en chasser Baglione et Bentivoglio, ses ennemis personnels. Comme il n'avait pas assez de troupes pour faire des conquêtes de cette importance, il s'adressa au roi de France, pour lui demander son appui. Louis, qui avait bien plus que le pape sujet de se plaindre des seigneurs de Pérouse et de Bologne, dont le premier s'était servi de son argent pour lever des troupes contre lui, et le second avait toujours été d'une fidélité fort douteuse, ne fut pas fâché de trouver cette occasion d'humilier ces deux perfides seigneurs. Il ordonna à Chaumont, gouverneur du Milanais, de seconder le pape dans son entreprise, et de l'aider de ses troupes. Baglione et Bentivoglio voulaient d'abord se défendre contre le pape; mais dès qu'ils apprirent que les Français s'avançaient pour les combattre, ils se soumirent sans résistance, livrèrent leurs villes au lieutenant du roi, et se mirent sous la protection de Louis, dans l'espérance d'être traités plus humainement par ce prince que par le pape. C'est ainsi que Jules recouvra les villes de Pérouse et de Bologne, où il entra avec tout l'appareil d'un conquérant. Pour témoigner à Chaumont combien il avait été satisfait des services qu'il lui avait rendus, il lui fit présent de huit mille ducats pour lui, et de dix mille pour ses soldats, avec force bénédictions pour toute l'armée. Le pape accorda, sur la demande du roi, deux chapeaux de cardinal, l'un pour l'archevêque d'Auch, neveu du cardinal d'Amboise, et l'autre pour l'évêque de Bayeux. Il continua au cardinal d'Amboise la légation du Saint-Siége en France, et céda au roi la nomination aux bénéfices du duché de Milan.

Jules, dont cette heureuse expédition n'avait fait qu'accroître l'ambition, conçut le vaste projet de chasser tous les princes étrangers de l'Italie. Pour parvenir à ce but, il s'était flatté de les désunir, de les détruire l'un par l'autre, de chasser le roi de France de l'Italie, d'empêcher l'empereur d'y entrer, et d'y affaiblir les Espagnols, pour y dominer seul. Cependant, les services importans et tout récens que Jules avait reçus de Louis, auraient dû l'attacher irrévocablement aux intérêts de ce prince : il paraissait en effet les prendre avec chaleur ; mais, dans la vérité, la France n'avait point de plus grand ennemi. La rébellion de Gênes fut en partie l'essai de sa détestable politique.

La république de Gênes s'était mise, depuis l'an 1401, sous la protection de la France, dans la crainte de subir le joug du duc de Milan. Elle avait déclaré, par un traité authentique, le roi Charles VI, ainsi que ses successeurs, à perpétuité, seigneurs de Gênes, et consenti qu'ils y missent un gouverneur pour les commander sous l'autorité royale. Tous les Génois avaient fait serment de fidélité à ce prince ; en sorte qu'il n'y avait jamais eu de droit mieux acquis sur un Etat ; mais leur inconstance naturelle donna dans la suite occasion à bien des guerres.

Le peuple de Gênes, disposé alors à la sédition, s'étant soulevé contre la noblesse, chassa les nobles de la ville, et pilla leurs maisons. Philippe de Clèves, connu sous le nom de Ravestein, qui était gouverneur de la ville, était absent. A la nouvelle de la sédition, il part en diligence de la cour, et arrive dans cette ville avec sept cents fantassins et cent cinquante chevaux. Ce gouverneur, homme d'une valeur reconnue, et le meilleur marin de l'Europe, n'avait pas les talens nécessaires pour manier les esprits. Dans des conjonctures aussi critiques, les ménagemens qu'il eut d'abord pour les rebelles ne firent qu'augmenter leur audace : ils changèrent, de leur autorité privée, la forme de leur gouvernement, créèrent un nouveau corps de magistrats qu'ils appelèrent tribuns du peuple, et forcèrent le gouverneur d'abandonner la ville, et de se retirer dans le château.

Louis, informé de ce qui se passait à Gênes, et qui voyait avec douleur le précipice où allait se jeter cette malheureuse ville, employa d'abord les voies de la douceur et de la raison pour ramener les Génois à leur devoir. Mais rien ne put faire impression sur ce peuple disposé à la révolte, et excité d'ailleurs par les émissaires du pape et de l'empereur. Ces deux puissances mirent tout en œuvre pour traverser le roi dans l'expédition qu'il méditait de faire en personne contre l'infidèle Gênes. L'empereur alla même jusqu'à menacer le roi de soutenir les Génois de toutes ses forces. Louis méprisa ces menaces, qu'il regardait comme des fanfaronnades de la part de Maximilien. C'était en ce prince une suite de son ressentiment contre Louis, qui s'était opposé efficacement à ce qu'il fût reconnu gouverneur des Etats du jeune roi de Castille, son petit-fils. Louis avait défendu à tous les peuples de Flandre, comme à ses sujets naturels, de reconnaître l'empereur en cette qualité, sous peine d'être regardés comme criminels de lèse-majesté.

Cependant les Génois, dans l'espérance d'être puissamment secourus, arborèrent ouvertement l'étendard de la révolte. Ils abattirent les armes de France, mirent en leur place celles de l'empire, élurent pour doge ou duc Paul de Nove, teinturier de profession, chassèrent les Français de leur ville, et prirent sur eux plusieurs places. La ville de Monaco, qu'ils assiégèrent sans succès, fut le terme de leurs progrès. La conduite des Génois fit comprendre au roi que la clémence n'était plus de saison, et qu'il fallait se mettre en état de les réduire par la force. Comme il attribuait, et avec raison, le mauvais succès des guerres de Naples à la mésintelligence de ses généraux, il déclara qu'il se mettrait lui-même à la tête de ses troupes.

Avant de passer les monts, le roi, voulant pourvoir à la sûreté de la France, désigna Louis de la Trémouille pour son lieutenant-général, et lui laissa pour la défense du royaume huit cents hommes d'armes, avec un grand nombre de gens de pied. Après cette sage précaution, ce prince partit de Grenoble le 3 avril 1507, et arriva le 11 à Suze, à la tête d'une armée qui montait à près de cinquante mille hommes.

Les Génois, au nombre de huit mille, s'étaient emparés des gorges et des défilés des montagnes, pour disputer le passage aux Français. Une armée moins nombreuse et mieux exercée aurait pu les arrêter long-temps; mais, comme elle n'était composée que de paysans sans discipline ou de bourgeois sans courage, elle n'osa soutenir le premier choc des Français. Dès la première attaque, les Génois prirent ouvertement la fuite, oubliant qu'ils avaient promis à leurs compatriotes de défendre toutes les montagnes l'une après l'autre. La fuite de ces troupes jeta la ville dans une grande consternation, mais la partie était trop engagée pour reculer : cette réflexion releva leur courage.

Le roi était déjà arrivé à Saint-Pierre d'Arène, où les Génois avaient élevé sur la montagne un fort qu'il fallait emporter pour pénétrer jusqu'à

Gênes. Chaumont, gouverneur de Milan, reçut l'ordre de l'attaquer. Comme les Génois avaient pour eux l'avantage du poste, et les assaillans celui de la bravoure, le choc fut terrible. Les Français parvinrent au sommet de la montagne, malgré les éclats de rocher qu'on roulait contre eux, et joignirent enfin les ennemis : la mêlée fut alors sanglante, mais elle dura peu. Les Génois, enfoncés de toutes parts, et se précipitant de la montagne, allèrent chercher un asile sous le canon de Castellacio, d'où ils se retirèrent dans la ville, après avoir perdu deux mille cinq cents combattans : du côté des Français il n'y eut guère que cent hommes tués, et quatre ou cinq cents blessés.

La défaite de ce corps d'armée avait porté le découragement dans la ville de Gênes. Cependant Paul de Nove, résolu de tenter un dernier effort, avait profité des ténèbres de la nuit pour faire sortir ses troupes, au nombre de plus de vingt mille. Les Génois avaient l'ordre de s'avancer à un signal convenu vers le sommet de la montagne, et d'en déloger les Français qui s'y étaient retranchés; mais, après quelques inutiles attaques, ils furent forcés de se retirer précipitamment, dans la crainte d'être coupés par la cavalerie, à la tête de laquelle le roi marchait. Le lendemain ils voulurent encore tenter le sort des armes, et furent repoussés avec la même vigueur. Convaincus enfin de l'inutilité de leurs efforts contre la puissance du roi, ils se déterminèrent à lui envoyer des ambassadeurs pour implorer sa clémence. Le roi, ne voulant pas recevoir lui-même ces députés, les renvoya au cardinal d'Amboise, qui leur déclara *qu'il n'était plus question de capitulation; que Gênes n'avait point d'autre parti à prendre que de se mettre à la discrétion du roi.*

Dès que Louis eut été informé par son ministre que les Génois remettaient leurs vies et leurs biens à sa discrétion, il chargea Chaumont de s'assurer de la ville. Celui-ci commença par désarmer les bourgeois, et par se saisir de toutes les munitions de guerre; il plaça ensuite des corps-de-garde dans tous les postes où il les crut nécessaires. Après qu'on eut pris ces sages précautions, le roi fit son entrée dans Gênes, le 28 avril 1507, armé de toutes pièces, et accompagné du cardinal d'Amboise, des princes du sang qui l'avaient suivi à cette conquête, et de ses gens d'armes; il avait l'épée nue à la main, et était vêtu d'une cotte d'armes blanche. Dans cette marche, il était précédé des Cent-Suisses de sa garde, qui avaient à leur tête leur capitaine à cheval.

Les bourgeois de la ville vinrent se jeter à ses pieds à l'entrée des faubourgs, et lui firent une harangue des plus touchantes, dans laquelle ils exposaient que la révolte avait été provoquée par la plus vile populace, et qu'un grand nombre d'innocens seraient enveloppés dans le châtiment qu'il voulait faire subir à toute la ville; des cris lamentables s'élevèrent ensuite de tous côtés, demandant miséricorde. Le roi, sans leur faire aucune réponse, marcha à l'église cathédrale, et trouva sur son chemin une foule de femmes et de petits enfans, tous habillés de blanc et en posture de supplians. Ce nouveau spectacle toucha tellement le cœur de ce prince, qu'il se fit une espèce de violence pour ne pas paraître attendri, et pour soutenir l'air de fierté et d'indignation qu'il affectait. Il les tint huit jours dans une cruelle incertitude de leur sort. Son conseil était d'avis que, puisque cette ville s'était tant de fois montrée indigne de la liberté par ses révoltes, il fallait l'en priver. Le roi, tout en convenant que Gênes méritait un pareil châtiment, ajoutait *qu'il ne pouvait prendre sur lui de la traiter de la sorte, et qu'il ne voulait pas céder en clémence aux rois ses prédécesseurs*. Un juste milieu entre un traitement si rigoureux et l'impunité, lui parut plus convenable aux circonstances, et plus conforme à sa bonté naturelle. Au bout de ces huit jours, on éleva dans la place du palais un grand échafaud sur lequel était le trône du roi. Louis s'étant placé sur son trône, environné des princes du sang et d'une nombreuse noblesse, fit déclarer par un des maîtres des requêtes de son hôtel que *les Génois étaient atteints et convaincus de crimes de révolte et de lèse-majesté, déchus de tous leurs droits, franchises et libertés, condamnés à expier leurs forfaits par la perte de leurs biens et de leur vie.* On fit apporter ensuite les originaux des traités conclus avec la France, et les chartres qui regardaient leurs priviléges ; on en arracha les sceaux, on les lacéra et on les brûla en présence de tous les habitans.

Ce spectacle, et l'arrêt qui venait d'être prononcé, jetèrent les Génois dans une consternation qu'on ne saurait décrire. Ils n'attendaient plus que le moment fatal de se voir livrés au tranchant du fer des soldats, lorsqu'après un moment de silence, le roi fit déclarer qu'il voulait bien leur accorder la vie et la libre disposition de leurs biens, à condition qu'ils paieraient 300,000 ducats, dont une partie serait employée à la construction d'une nouvelle forteresse qui devait commander le port et une partie de la ville; qu'ils entretiendraient à leurs frais la garnison française; que le roi mettrait sous sa main les places fortes des deux rivières, les îles de Corse et de Chio; que la monnaie qui se fabriquerait à Gênes serait frappée du coin de la France. Louis rendit ensuite aux Génois leurs lois, leurs magistrats, leur ancienne police, mais à titre de privilége qu'il pourrait révoquer s'ils en abusaient. Par sa magnanimité, le roi vérifia la devise qu'il portait sur sa cotte d'armes, en entrant dans Gênes. C'était un roi d'abeilles environné de son essaim, avec ces mots : *Le roi à qui nous obéissons ne se sert point d'aiguillon.* Louis excepta néanmoins de l'amnistie générale une soixantaine de personnes des plus coupables, et dont les noms furent mis sur une liste qui fut lue et publiée. De ce nombre était Démétrio Justianiani, qui, dans l'interrogatoire qu'on lui fit subir, dévoila toutes les intrigues du pape, dont on avait déjà reçu des avis secrets. Il restait encore un grand coupable à punir : c'était Paul de Nove, le nouveau duc de Gênes. Ce chef des rebelles, dès qu'il avait vu ses affaires désespérées, s'était sauvé dans l'île de Corse. Préjean de Bidoux, capitaine de galère, fut chargé de découvrir le lieu de sa retraite. Cet officier exécuta cette commission avec autant de bonheur que de célérité; le jour même qu'il arriva en Corse, il gagna, à force d'argent, un commerçant génois qui lui livra le coupable dans la journée.

Dès que ce malheureux fut arrivé à Gênes, on le mit dans une étroite prison, et on commença l'instruction de son procès. Paul de Nove fut condamné à perdre la tête, et la sentence fut exécutée dans la place du Palais. Ses biens furent confisqués au profit du roi; mais Louis les rendit à la veuve du coupable, parce qu'elle avait toujours désapprouvé la conduite séditieuse de son mari.

Durant le séjour que le roi fit dans sa ville de Gênes, ce prince, comme un bon père, s'appliqua à rétablir le bon ordre, la subordination et la concorde parmi ce peuple divisé. Il reçut des notables bourgeois le nouveau serment de fidélité. Comme Ravestein n'avait pas répondu à l'idée qu'on avait conçue de son habileté, Louis lui ôta le gouvernement de Gênes, qu'il confia à Raoul de Lannoi, vieux guerrier, bon politique, et capable de remplir dignement les fonctions qui allaient lui être confiées. Il recommanda au nouveau gouverneur de traiter la ville avec indulgence, et d'agir avec les habitans comme un père avec ses enfans.

Il est à remarquer qu'il se trouva à l'expédition de Gênes une trentaine de prélats, tant évêques qu'archevêques. Tristan de Sallazart, archevêque de Sens, s'y distingua particulièrement. Il parut dans la mêlée, armé de toutes pièces, monté sur un bon coursier, et une grosse javeline au poing, qu'il maniait avec beaucoup d'adresse. Autour de lui étaient vingt de ses gens, ayant tous le harnois sur le dos, et l'épée à la main. Il disait que, *lorsqu'il s'agit de la personne du roi, tous ceux de ses sujets qui étaient en état de le défendre, devaient faire la fonction de soldat.* Les Suisses se distinguèrent beaucoup dans cette expédition. Le roi loua publiquement leur valeur, admit les principaux de leurs chefs à sa table, et donna à chaque soldat la paie double pour tout le temps de la guerre de Gênes.

Pendant que le roi était occupé à réduire la ville de Gênes, le bruit courut à Alexandrie que son armée avait été défaite par les rebelles. Les habitans, sans approfondir davantage cette nouvelle, la crurent vraie; et, n'écoutant alors que leur ressentiment, ils coururent sur les Français qui étaient restés dans leur ville, les insultèrent, et les forcèrent à se retirer. Leur fureur était si aveugle, qu'ils ne respectèrent pas même un aumônier du roi: ils le chargèrent de tant de coups, qu'on crut qu'il en mourrait. Le roi, dans le premier mouvement de son indignation, voulait brûler cette ville rebelle, et la détruire avec ses habitans; mais le délai de l'exécution ayant donné le temps à la réflexion, ce bon prince revint à sa compassion naturelle. Cependant, comme l'impunité aurait été d'un dangereux exemple, le roi imagina un genre de punition qui produisit tout l'effet qu'on pouvait en attendre. Trois mille Suisses, qui s'en retournaient dans leur pays, reçurent l'ordre de passer par Alexandrie, et d'y séjourner à discrétion. Trois mille cinq cents valets de la suite de l'armée eurent la même permission. Les premiers saisirent avec avidité l'occasion de se dédommager, dans

Alexandrie, du pillage de Gênes, dont le roi les avait frustrés contre leur attente, et la traitèrent comme une ville prise d'assaut. Les habitans, ne pouvant se défendre contre des gens plus forts qu'eux, et craignant pour leur vie, désertèrent leur ville, et l'abandonnèrent à ces nouveaux hôtes. Après une quinzaine de jours, le roi leur fit dire d'en sortir pour céder la place aux anciens habitans.

Après que Louis eut pourvu à tout ce qui pouvait lui assurer sa nouvelle conquête, et à ses nouveaux sujets, leur bonheur et leur repos, il partit de Gênes pour aller à Milan. Toutes les villes qu'il traversa s'empressèrent de célébrer sa victoire. Pavie se distingua particulièrement. Tous les habitans, hommes et femmes, sortirent de la ville pour aller au devant du roi. Cent jeunes gentilshommes, vêtus de blanc, se placèrent à ses côtés pour lui servir de garde, disant que « tel était l'usage que, quand leur prince venait « dans leur ville, soit pour y faire son entrée, « soit qu'il revînt d'une victoire, les gentils- « hommes de Pavie devaient être autour de sa « personne, et le conduire à son palais. » Le roi parut satisfait de la galanterie de la noblesse de Pavie, et marcha au milieu de cette brillante jeunesse. À l'entrée de la porte étaient des arcs de triomphe, au haut desquels se trouvaient les armes de France et de Bretagne. La rue par laquelle ce prince devait passer, était jonchée de verdure, et couverte de beaux tapis. En différens endroits, on lisait plusieurs distiques à la gloire de Louis, qui caractérisaient le prince et sa victoire sur Gênes. Le roi, après avoir séjourné à Pavie

quatre jours, alla droit à Milan. Son entrée dans cette ville eut tout l'air d'un triomphe, moins d'un vainqueur qui venait de domter des sujets rebelles, que du meilleur de tous les princes qui allait recueillir l'amour de ses peuples. Les habitans s'empressèrent de célébrer son arrivée par des fêtes et des réjouissances de toute espèce. Les grands seigneurs donnèrent, de leur côté, des fêtes particulières : on remarqua celle du maréchal de Trivulce. « Il y avait invité plus de douze
« cents dames de toutes les contrées voisines.
« Comme son palais n'était pas assez vaste pour
« recevoir tous ceux qu'il avait invités, il avait
« fait construire une galerie de verdure de cent
« soixante pas de long, entourée de quatre rangs
« de loges, et ornée des plus riches tapisseries.
« Aux deux extrémités, on avait pratiqué des
« tribunes ou échafauds, l'un pour l'orchestre,
« l'autre pour le roi et les personnes les plus
« distinguées. Le parquet où devaient s'exécuter
« les danses, était abandonné aux curieux; mais
« la salle se trouva si pleine, que les gardes ne
« pouvaient faire ranger la multitude pour don-
« donner place aux danseurs. Le roi, oubliant
« dans ce moment sa dignité, saute de son siége,
« et, prenant la hallebarde d'un des archers,
« *commence à charger à tour de bras sur ceux*
« *qui faisaient la presse* : la place se trouva li-
« bre, et il ouvrit le bal avec la marquise de
« Mantoue. Charles, duc d'Alençon ; Charles,
« duc de Bourbon ; Charles, duc de Savoie; An-
« toine, fils aîné du duc de Lorraine ; Gaston,
« comte de Foix ; et, ce qui semblera extraordi-
« naire dans nos mœurs actuelles, les cardinaux

« de Narbonne, de Saint-Séverin, et quelques-
« autres prélats, dansèrent avec les dames les
« plus distinguées. Le festin suivit la danse. La
« description qu'en a fait un témoin oculaire,
« donne l'idée d'une somptuosité et d'une ma-
« gnificence qui passe de bien loin la fortune
« d'un particulier. »

Ce fut dans cette dernière ville que le cardinal de Sainte-Praxède vint de la part du pape complimenter le roi sur la rapidité de la réduction de Gênes. Cette démarche du souverain pontife n'était qu'un vain cérémonial dont il ne pouvait se dispenser, sans se déclarer l'ennemi de Louis ; car, dans la vérité, Jules était si outré de dépit des succès du roi, qu'à la première nouvelle qu'il en apprit, il pâlit, disant : *Je n'en crois rien* ; mais, comme on lui montra des lettres du roi, écrites et datées du palais de Gênes, le pape ne put plus révoquer en doute une nouvelle qui lui était si désagréable. Alors il se renferma trois ou quatre jours dans son palais, dont il ne permit l'entrée à personne. Les victoires de Louis mortifiaient d'autant plus Jules, qu'il voyait tous ses desseins renversés, ayant déjà formé le funeste projet de susciter à Louis tant d'ennemis, qu'il se promettait de le chasser de l'Italie.

Le roi d'Aragon, qui était alors à Naples, ne parut guère moins étonné que le pape du succès rapide des armes du roi. Quand l'ambassadeur de France lui en fit part, ce prince demeura long-temps sans proférer aucune parole. Ce silence n'était sûrement pas l'effet du plaisir que lui causait l'accroissement de gloire et de puissance du roi de France. Lorsqu'il eut repris ses sens, il se contenta de dire *qu'il était bien joyeux d'une si bonne nouvelle.*

De tous les souverains de l'Europe, Maximilien fut celui qui dissimula le moins son chagrin. Ce prince, alarmé par la crainte que le pape lui avait artificieusement donnée des desseins chimériques qu'il prêtait à Louis XII, de vouloir envahir toute l'Italie, et se faire couronner empereur, comme avait fait Charlemagne, mit tout en œuvre dans l'Empire pour inspirer au corps germanique son animosité contre la France. Il convoqua une diète à Constance, où tous les princes de l'Empire eurent ordre de se trouver. Dans cette assemblée, Maximilien parla avec tant de force contre les vues prétendues du roi de France, et sur la nécessité de les traverser efficacement, pour maintenir le corps germanique dans la possession de ses droits en Italie, qu'il ébranla ce corps, et parvint faire mettre sur pied, en très-peu de temps, une armée de cinquante mille hommes. Les Allemands, contre leur ordinaire, avaient tant fait de diligence, qu'ils étaient sur le point de passer en Italie par le Tyrol, lorsqu'ils apprirent que le roi venait de licencier ses troupes. Cette nouvelle les désarma entièrement. Convaincus des intentions pacifiques de Louis, ils se débandèrent si généralement, qu'il ne resta pas à l'empereur cinq cents hommes d'une si nombreuse armée.

Les auteurs italiens blâment beaucoup le roi de France d'avoir manqué une si belle occasion de conquérir toute l'Italie. Dans l'étonnement où l'on était alors de la réputation de ses armes, il lui eût été sans doute facile de faire sur l'Espagnol la conquête du royaume de Naples. La position actuelle de Ferdinand, sans troupes suffisantes pour défendre ce pays, le mécontentement des seigneurs napolitains, les mesures que les grands de Castille prenaient alors pour lui ôter l'administration de ce royaume, tout semblait favoriser les projets de Louis sur Naples. La crainte de déplaire au pape, et l'envie qu'il avait de dissiper les soupçons injurieux que Maximilien avait pris à tâche de répandre sur sa réputation dans toute l'Allemagne, arrêtèrent le roi dans le cours de ses victoires. La fidélité qu'il voulait d'ailleurs garder pour les derniers traités faits avec Ferdinand lui lia les mains. Louis ne fit pas attention que le roi d'Aragon avait été le premier infracteur des traités, en ne rétablissant pas dans leurs biens et leurs dignités les seigneurs de la faction d'Anjou, et qu'il avait dès lors des motifs suffisans pour entrer en armes dans le royaume de Naples.

Le roi, instruit que Maximilien, dans tous les discours qu'il avait tenus contre lui à la diète de Constance, s'était autorisé des brefs du pape, dépêcha à la cour de Rome deux de ses gentilshommes, pour informer le souverain pontife de ce qui s'y était passé, et l'inviter à lui dire la vérité à ce sujet. Jules qui n'était rien moins que scrupuleux sur les intérêts de la vérité, lorsqu'ils étaient opposés aux siens, nia tous les faits, et répondit, « que son intention était de vivre en
« bonne intelligence avec le roi, de lui faire tout
« le plaisir dont il serait capable, et de lui prêter
« dans l'occasion tous les secours qui dépendraient

« de lui ; qu'au surplus , il en écrirait à l'empe-
« reur pour savoir dans quelle intention il lui
« avait fait dire ce qu'il n'avait jamais pensé. »

Louis ne put obtenir aucun autre renseigne-
ment sur un objet qu'il avait si grand intérêt
d'approfondir; mais il pouvait en conclure avec
certitude que le pape et l'empereur s'entendaient
pour le tromper.

Durant le séjour que le roi fit à Milan, il lui
vint de toutes parts des ambassadeurs pour le
féliciter sur ses heureux exploits. Les Vénitiens
ne furent pas des derniers à remplir ce devoir de
bienséance, mais avec une sincérité à peu près
semblable à celle du pape. Pour dissiper les soupçons qu'on avait pris de leur conduite plus qu'é-
quivoque, ces habiles politiques se hâtèrent d'être
les premiers à complimenter le roi sur la réduction de Gênes, et à lui faire offre de leurs biens
et de leurs services.

La ville de Florence envoya aussi à Milan des
députés. Après qu'ils eurent fait au roi leur com-
pliment de félicitation, ils lui demandèrent, au
nom de leur république, un secours de troupes
pour les aider à soumettre la ville de Pise. Le
roi, dont les démarches étaient réglées sur les
droits de l'équité, leur répondit, « que n'ayant
« reçu aucune offense des Pisans, il lui parais-
« sait injuste de prêter ses troupes pour leur faire
« la guerre; *qu'au surplus, les Florentins lui*
« *ayant manqué de parole dans son expédition*
« *de Gênes, pour laquelle ils lui avaient pro-*
« *mis des secours en troupes, en argent et en*
« *vivres, ils s'étaient rendus indignes de sa*

« *protection ; et qu'il n'était tenu à rien à leur
« égard.* »

Pendant que le roi célébrait à Milan sa victoire par des tournois, des banquets et des fêtes magnifiques, il reçut des lettres de Ferdinand, roi d'Espagne, qui était alors à Naples. Ce prince annonçait à Louis, « qu'il était sur le point de « quitter l'Italie pour retourner en Espagne, et « témoignait le désir de le voir et de l'entretenir à « Savonne. » Le roi de France, qui était le prince le plus poli de son temps, lui répondit « qu'il « serait charmé de cette entrevue, » et partit aussitôt de Milan pour se rendre à Savonne. Quand Ferdinand fut à la vue de cette ville, il envoya un de ses gentilshommes pour en informer le roi qui alla, avec toute sa cour, l'attendre sur le port. Dès que la galère qui portait Ferdinand eut mouillé l'ancre dans le hâvre de Savonne, Louis s'avança sur un pont de bois qu'il avait fait construire dans la mer pour la commodité du débarquement. Il monta sur cette galère, sans gardes, n'ayant avec lui que Charles d'Amboise, son lieutenant en Italie, grand-maître de France, et Galéas de Saint-Séverin, son grand-écuyer. Ferdinand et sa femme saluèrent le roi, un genou en terre ; Louis les embrassa, et après qu'on eut pris terre, on monta à cheval. Le roi de France prit en croupe la reine d'Espagne, sa nièce ; tous les seigneurs en firent de même à l'égard des dames, et on se rendit, en cet équipage, au palais qu'on avait préparé pour les illustres hôtes.

Après les premières cérémonies, les deux monarques eurent ensemble plusieurs conférences, où le cardinal d'Amboise fut seul admis.

On conjecture que leurs entretiens roulèrent sur la ligue déjà proposée pour attaquer les Vénitiens, les chasser de la terre ferme, et les réduire aux îles de leur golfe; on croit aussi qu'on y prit des mesures pour élever sur le trône de saint Pierre le cardinal d'Amboise, au cas que le pape, déjà vieux, vînt à mourir. Il est visible que c'était un artifice de la part de ce prince, pour leurrer le cardinal et l'entretenir dans ses intérêts, en flattant son ambition. Ferdinand était trop fin politique pour jamais contribuer à l'exaltation d'un cardinal français au souverain pontificat. Quoi qu'il en soit de ces conjectures, les conférences se terminèrent par une promesse mutuelle de garder la paix qui subsistait entre les deux couronnes. Cette promesse fut même confirmée par un serment. Ferdinand s'accommoda très-bien de cette manière de traiter verbalement, parce qu'il lui fut plus aisé dans la suite de disconvenir de tout, sans qu'on pût le convaincre de mauvaise foi.

Après trois jours de conférences, Leurs Majestés catholiques prirent congé du roi de France, et continuèrent leur route pour l'Espagne. Louis les accompagna jusqu'à leurs galères : là, on s'embrassa avec beaucoup de marques extérieures d'amitié, et on se dit le dernier adieu.

On pourrait s'étonner de ce que ce roi d'Espagne, si fin, si fourbe, si défiant, se soit mis sans précaution, et d'ailleurs sans nécessité, au pouvoir d'un rival puissant qu'il avait trompé tant de fois. Mais quand on songe à la générosité, à la bonne foi dont Louis avait donné tant de preuves, on doit penser que Ferdinand avait agi moins par imprudence que par le désir de mieux tromper la vigilance du roi de France, en lui accordant une aveugle confiance. Si Ferdinand avait eu entre ses mains le roi très-chrétien, il est vraisemblable qu'il ne l'aurait pas laissé aller en liberté. Louis, dit-on, fit toutes ces réflexions. Il était même persuadé que le royaume de Naples eût été le moindre avantage qui lui serait revenu de la détention du roi d'Espagne, et qu'il aurait obligé en cela la plupart des puissances de l'Europe, qui auraient été vengées, par sa prison, des perfidies dont ce prince était coupable à leur égard. Mais le roi de France ne voulut écouter que sa générosité ; il aurait cru acheter trop cher une couronne, en l'acquérant aux dépens de la bonne foi. La conduite de Louis a paru si belle aux historiens de tous les pays, que ceux-mêmes qui ont cherché dans d'autres circonstances à ternir l'éclat de ses vertus, n'ont pu s'empêcher de l'admirer.

Après le départ de Ferdinand, Louis prit le chemin des Alpes, et revint en France recueillir de nouveaux témoignages de l'amour de ses peuples. Ce prince séjourna à Lyon quelque temps, dans le ferme dessein de repasser les monts, si l'empereur, qui menaçait beaucoup, voulait entreprendre quelque chose en Italie. Mais, comme il n'avait que des pensées de paix, il lui envoya un ambassadeur pour traiter des moyens de parvenir à une union solide et stable entre les deux couronnes. Maximilien refusa non seulement de donner audience à l'ambassadeur du roi, mais il le fit arrêter. Louis usa de représailles, et fit mettre au château de Pierre-Scise les ambassadeurs de Maximilien, qui étaient à la cour de France. L'empereur, qui conservait toujours un vif ressentiment contre Louis, de ce que par son moyen il avait été frustré de l'administration des Pays-Bas, et de celle de la Castille, paraissait déterminé à en tirer une vengeance éclatante. Il lève une nouvelle armée fort nombreuse; et, malgré la saison d'un rude hiver, il se met en marche au commencement du mois de février 1507, traverse les Alpes et arrive dans le Trentin. Cependant les Vénitiens, qui avaient refusé de s'associer aux projets de Maximilien, et qui redoutaient par conséquent son courroux, avaient armé puissamment, et étaient allés à sa rencontre avec un secours de cinq mille Français et de cinq cents hommes d'armes, commandés par le maréchal de Trivulce. Maximilien, après avoir surmonté des obstacles qui étaient de nature à arrêter sa marche, et au moment d'en recueillir le fruit, perd tout à coup courage, et déserte son armée. Les Allemands, déconcertés par sa fuite, et se voyant sans chef, auraient bien voulu reprendre librement la route d'Allemagne; mais les Vénitiens avec les Français leur en avaient si bien fermé les issues, qu'il fallait passer sur leur ventre pour s'ouvrir un passage. La disette qui se faisait sentir dans leur camp les détermina à présenter la bataille à l'Alviane, général des Vénitiens, et à Trivulce qui commandait le corps des troupes de France. Le succès du combat ne fut pas un instant douteux. Les Allemands furent vaincus et entièrement défaits. Les Vénitiens reprirent sur l'empereur tout ce que ce prince leur avait enlevé, et s'emparèrent de presque toutes les places que Maximilien tenait dans l'Istrie et dans le Frioul. Ces revers déterminèrent l'empereur à envoyer proposer aux Vénitiens une trève, aux conditions les plus avantageuses qu'ils pussent désirer. Cette trève devait durer trois ans, pendant lesquels ils garderaient et même fortifieraient, comme ils le jugeraient à propos, toutes les places du Frioul et de l'Istrie, qu'ils avaient enlevées à Maximilien. Les Vénitiens s'empressèrent de signer un traité particulier, où il n'était fait aucune mention de la France.

Louis fut extrêmement irrité de la conduite des Vénitiens, ses alliés, qui, sans son aveu et sans sa participation, venaient de traiter avec leur ennemi commun. Cette offense mit le comble à tant d'autres que la France avait reçues de ces fiers républicains. Une démarche insolente outra contre eux l'empereur. Voulant honorer la valeur de l'Alviane, leur général, qui venait d'étendre le domaine de la république, ils lui décernèrent un triomphe où Maximilien et les Allemands furent donnés en spectacle, et servirent de risée à la plus vile populace. Ils croyaient, en cela ne faire qu'imiter les anciens Romains, auxquels ils avaient le ridicule de se comparer. Non contens de s'être mis mal avec la France et avec Maximilien, ils semblèrent prendre plaisir à braver le ressentiment de Jules II. Louis, plus puissant qu'eux, avait cédé aux importunités du pontife, en chassant du duché de Milan les Bentivoglio, convaincus d'avoir tramé, à Bologne, une conspiration. Les Vénitiens, toujours brouillés avec le pape, depuis qu'ils avaient refusé de lui rendre Faenza et Rimini, donnèrent une retraite à ces fugitifs. A cette première mortification se joignit une marque de mépris qui pouvait être regardée comme une injure personnelle. L'évêché de Vicence étant venu à vaquer par la mort du cardinal de la Rovère, le pape ne manqua pas d'en disposer en faveur d'un autre de ses neveux. Sans égard pour cette collation, le sénat y nomma, quelque temps après, un gentilhomme vénitien qui s'en mit en possession. Il n'en fallait pas davantage pour pousser à bout l'homme le plus irascible. Trop faible pour tirer par lui-même raison de ces offenses, Jules chercha des vengeurs. Il s'adressa à l'empereur, au roi de France lui-même, qu'il haïssait, et qu'il craignait plus encore que les Vénitiens : il les trouva l'un et l'autre disposés à seconder sa haine. Un autre prince se réunit à eux, autant par politique, que par un intérêt sordide. Ferdinand avait les plus grandes obligations aux Vénitiens : il leur devait en partie le royaume de Naples ; mais la reconnaissance était un sentiment étranger au cœur de ce prince. Comme ils tenaient, par engagement, quatre ou cinq places fortes dans la Pouille, il voulait y rentrer sans acquitter le prix de l'engagement. Ferdinand désirait d'ailleurs donner de l'occupation à l'empereur du côté de l'Allemagne, et empêcher ce prince de trop songer aux affaires de l'Espagne. Cependant, comme tous ces princes agissaient par des motifs différens, on eut de la peine à s'entendre sur les moyens qu'on devait employer pour réduire la fière république.

Marguerite d'Autriche, fille de Maximilien,

6.

duchesse douairière de Savoie, commença la négociation, et jeta les premiers fondemens de cette fameuse ligue, connue sous le nom de *ligue de Cambrai*. Cette princesse avait l'esprit mâle et tous les talens d'un homme habile à manier les affaires. Comme elle n'ignorait pas les dispositions du roi de France à l'égard des Vénitiens, elle conçut l'espérance de l'amener à un traité de paix avec Maximilien, son père, dont l'objet principal serait d'arrêter la ruine de la république de Venise. Les premières ouvertures qu'elle fit faire, par ses agens, à la cour de France, ne furent pas d'abord écoutées favorablement; mais l'habile princesse, qui savait que le pape travaillait de son côté à ménager la même alliance, revint à la charge et à l'appui de sa sainteté. Enfin elle mania l'esprit du roi avec tant d'habileté, que Louis mit en délibération, dans son conseil, le projet d'alliance qui lui était proposé. Il était évident, et le roi l'avait éprouvé plusieurs fois, qu'il n'y avait ni sûreté, ni avantage pour lui de s'allier avec des puissances qui avaient toujours été ses ennemies, et qui avaient intérêt de l'être.

Il paraissait donc prudent de se tenir ligué avec les Vénitiens, dont les intérêts étaient qu'aucun prince ne devînt assez puissant en Italie pour les inquiéter sur les conquêtes qu'ils avaient faites dans le royaume de Naples et dans les provinces héréditaires de l'empereur. Tous les membres du conseil pensaient de même ; mais comme on connaissait la haine du roi contre la république, celle de son premier ministre, et enfin le penchant de Louis pour l'alliance, objet de la délibération, le conseil forma là-dessus son avis.

Il n'y eut que Poncher, évêque de Paris, qui n'entra point dans cette infidèle complaisance. Il opina en ministre éclairé et fidèle, et démontra que toute autre alliance qu'avec les Vénitiens ne pouvait être que fatale à la France. Un avis si sage ne fut pas écouté. Cependant Claude Seissel, dans son *Histoire de la bataille d'Agnadel*, fait de son mieux pour justifier Louis XII d'être entré dans la ligue de Cambrai. Il rapporte fort au long les griefs que Louis et les rois ses prédécesseurs avaient contre les Vénitiens : c'est raisonner en simple particulier, et non pas en sage politique et en homme d'État. Louis avait, il est vrai, à se plaindre des procédés des Vénitiens à son égard; mais ses intérêts et ceux de la France demandaient-ils qu'il se liguât avec des puissances dont il n'avait aucun bien à espérer, et que du mal à en attendre, pour abandonner des alliés qui étaient intéressés à défendre ses Etats? Voilà ce qu'il aurait fallu examiner avant que de prendre un parti. Un de nos historiens (1) remarque fort sensément que Louis se conduisit, dans cette circonstance, comme aurait fait un simple particulier piqué au jeu; mais non pas en roi qui, pour son bien, et celui de son royaume, aurait dû dissimuler pour l'heure son ressentiment, et attendre du bénéfice du temps le moment favorable de se venger avec fruit.

Les princes confédérés ne pouvant se trouver en personne à Cambrai, lieu désigné pour le congrès, y envoyèrent leurs plénipotentiaires.

---

(1) Mézerai.

Marguerite d'Autriche, le principal mobile de la ligue, s'y trouva pour l'empereur. Louis y envoya le cardinal d'Amboise, son premier ministre.

Pour ne donner aucune défiance aux Vénitiens, on répandit dans le public que le but de l'assemblée était d'étouffer des semences de guerre dans les Pays-Bas, et de terminer par un traité dont la France et l'empire seraient garans, les différens qui existaient entre les princes de Castille et le duc de Gueldres, allié de la France. Cette assemblée dura long-temps : on y disputa de part et d'autre avec chaleur, et plus d'une fois on fut sur le point de se séparer sans rien conclure. Marguerite et d'Amboise eurent ensemble des prises fort vives; mais la sage politique du cardinal ménagea si adroitement les intérêts de chaque prince, qu'enfin ils se réunirent tous pour faire la guerre aux Vénitiens.

Le traité portait que le pape, l'empereur, le roi de France et le roi d'Espagne s'aideraient mutuellement pour recouvrer sur les Vénitiens les places que ces républicains avaient usurpées; que les princes confédérés entreraient en campagne au printemps pour attaquer l'ennemi commun; que le pape jetterait l'interdit sur toutes les terres de la seigneurie, et les donnerait au premier occupant; que les rois de Hongrie et d'Angleterre, les ducs de Savoie et de Ferrare, et le marquis de Mantoue seraient invités à accéder au traité; que l'empereur ne causerait aucune inquiétude à Ferdinand, roi d'Espagne, au sujet de l'administration des royaumes de la succession d'Elisabeth, pendant le temps que durerait la guerre de Venise; qu'il donnerait au roi de France une nouvelle investiture du duché de Milan ; enfin, qu'aucun des princes confédérés ne pourrait faire ni paix ni trève avec les Vénitiens, que du consentement des autres alliés. Tels furent les principaux articles de ce traité, qui fut signé à Cambrai le 10 décembre 1508.

Quelque fondé que parût le ressentiment de ces princes, on ne comprenait pas que, contre leurs propres intérêts, ils voulussent s'allier pour perdre une république dont la ruine pouvait entraîner celle de chacun d'eux. Cette ligue en effet semblait contrarier les vues d'une saine politique. Le pape, qui était le premier moteur de la ligue, et qui s'en déclarait le chef, devait redouter l'établissement en Italie des empereurs, dont les prétentions pouvaient tendre à rentrer dans l'exercice de l'autorité que Charlemagne avait eue autrefois. Jules II n'avait guère moins à craindre de l'agrandissement des rois de France et d'Espagne, dans un pays où ils avaient déjà tous les deux de grands établissemens. Les raisons de crainte et de méfiance de Louis XII et de Ferdinand VI étaient réciproques. Celui-ci n'ignorait pas les torts qu'il avait faits au roi de France, qu'il venait tout récemment de chasser du royaume de Naples, autant par artifice que par la force des armes. Il devait chercher à traverser les entreprises des Français en Italie, pour ne pas leur faciliter le chemin de Naples. Le roi de France, de son côté, ne doutait pas du désir qu'avait Ferdinand, de réunir le Milanais à ses domaines d'Italie, et du plan que ce monarque avait formé de l'en dépouiller pour en revêtir Ferdinand, infant d'Espagne, son petit-fils, et frère du roi de Castille. L'empereur était le seul des princes confédérés à qui la ligue paraissait favorable. Par le partage des pays de la république, il acquérait en effet de grands domaines en Italie, où il ne possédait pas un pouce de terre ; mais aussi il augmentait extrêmement la puissance des rois de France et d'Espagne, qui, à la première occasion de rupture, auraient pu s'emparer de ses domaines, et le renvoyer au delà des Alpes. Toutes ces considérations cédèrent à la violence de la passion qu'avaient ces princes de se venger d'une république dont l'ambition et la cupidité n'avaient point de bornes.

Cependant, après avoir exposé les motifs qui auraient dû détourner ces princes de former cette ligue, il est bon de faire connaître ceux qui avaient pu les y déterminer. L'empereur devait souhaiter, et il le désirait en effet, d'avoir quelques places en Italie pour tâcher de rétablir dans ce pays la puissance impériale. Jules voulait former des débris de la république un puissant état à son neveu. Louis se repentait d'avoir cédé aux Vénitiens la Giradadda. Ferdinand voulait retirer des mains de la république les cinq places qu'elle lui retenait dans le royaume de Naples. Le duc de Ferrare, les Florentins et le marquis de Mantoue, avaient aussi leur intérêt particulier pour entrer dans cette ligue ; ils désiraient rentrer dans les places que les Vénitiens avaient usurpées sur eux en différens temps. Ceux qui ne jugent point de la sagesse des entreprises par les événemens pourront maintenant examiner si ces derniers motifs devaient l'emporter sur les raisons qui semblaient devoir éloigner tous ces princes de cette funeste ligne.

La durée du congrès de Cambrai ne laissa pas de donner des inquiétudes aux Vénitiens ; mais comme, dans leur sénat, tout était pesé et examiné selon les règles d'une sage politique, on se rassura bientôt contre les bruits qui commençaient à se répandre que le congrès avait Venise pour objet. Trompés par leurs ambassadeurs, qui l'étaient eux-mêmes par les ministres des princes alliés, ils étaient dans la plus grande sécurité lorsqu'ils acquirent la certitude que leurs premiers soupçons étaient fondés. Le pape, au moment d'agir, fut tellement effrayé du danger où la ligue allait exposer l'Italie en général et en particulier le Saint-Siège, qu'il en fit le premier donner avis aux Vénitiens. Il leur offrait de s'en séparer, d'employer même toute son autorité pour la dissiper, s'ils consentaient à lui rendre les deux seules places de Rimini et de Faenza ; mais en même temps il les menaçait de tout son courroux, s'ils persistaient à le braver. Les Vénitiens, se flattant qu'ils verraient dans peu l'orage, dont ils étaient menacés, se dissiper, ne songèrent d'abord qu'aux moyens de le détourner. La république de Venise était, à cette époque, bien plus puissante qu'elle ne l'a été dans la suite. Indépendamment des îles de Chypre et de Candie, elle possédait en terre ferme des provinces, des places fortes, et des villes maritimes ; elle avait à son service d'excellentes troupes de terre et de mer, parce qu'elle les payait exactement, et que sa solde était plus forte que celle des plus puissans princes. Ses flottes étaient nombreuses; ses places étaient munies et bien fortifiées; son commerce était florissant, et il y avait dans son trésor de quoi soutenir la guerre pendant assez de temps, sans avoir besoin de recourir à des subsides. Dans cette abondance de tout, le sénat rejeta avec hauteur les offres du pape, et mit sur pied une armée composée de quarante mille hommes d'infanterie, de trois mille hommes d'armes et d'une nombreuse cavalerie.

La conduite du roi d'Espagne les avait fortifiés dans cette résolution. Ce prince, dont la politique le portait à jouer indifféremment ses amis et ses ennemis, avait déclaré à l'ambassadeur de Venise, « qu'il n'était entré dans cette ligue qu'a-
« vec l'intention de faire la guerre aux Turcs;
« que son désir était de persévérer à vivre en
« bonne intelligence avec la république, et qu'il
« pouvait assurer ses maîtres de son amitié et
« de son appui, en cas de rupture avec la France. »
Il manda à son ambassadeur à Venise de tenir le même langage, et de donner de sa part les mêmes assurances au sénat.

Cependant, lorsque les Vénitiens furent désabusés sur le compte de Ferdinand, et qu'ils virent que la ligue était plus sérieuse qu'ils n'avaient d'abord pensé, ils furent véritablement alarmés de leur position. Ils offrirent à Jules d'accepter les conditions qu'ils avaient d'abord si fièrement refusées, et tentèrent toutes sortes de moyens pour détacher l'empereur et le roi d'Espagne du roi de France. Le pape, Maximilien et Ferdinand, animés par différens motifs, furent également sourds à toutes les propositions de la république, et se mirent en état d'exécuter les articles du traité.

Le roi de France, qui devait entrer le premier en campagne, passa les monts dans le courant du mois d'avril 1509, et envoya à Venise un héraut pour déclarer la guerre à la république. Après ces formalités, le maréchal de Chaumont entra sur les terres de la république, soumit au roi plusieurs places, ravagea le pays, et fit un butin immense et quantité de prisonniers. Jules, de son côté, lança contre les Vénitiens des anathèmes terribles; il les déclara ennemis du nom chrétien, permettant à quiconque de leur courir sus, de les dépouiller, de les réduire en esclavage. La république, parfaitement instruite de l'étendue et des bornes de l'autorité pontificale, ne fut nullement effrayée de la bulle du pape, et se contenta d'y répondre par un appel au futur concile. Jules, irrité de cet appel, donna une nouvelle bulle qui ne produisit pas plus d'effet que la première. Les Vénitiens ne s'amusèrent pas davantage à relever l'abus que faisait le pape de son autorité, et ne songèrent plus qu'à se défendre contre les Français, dont les armes leur paraissaient plus terribles que les foudres du Vatican. Ils obtinrent d'abord quelques avantages, et reprirent, sur les Français, la ville de Trévi qu'ils pillèrent et réduisirent en cendres. Le roi, qui n'avait pu arriver assez à temps pour secourir cette place, voulut se venger de la perte de cette ville par un coup d'éclat; il passa l'Adda; et, à la vue de l'armée de la république, il attaqua Rivolte et la prit d'assaut. Il marcha ensuite vers Vaila pour couper aux ennemis toute communication avec Crémone, où ils avaient établi leurs magasins. Ce fut alors qu'on vint lui dire qu'il était inutile de se hâter, parce que les ennemis l'avaient prévenu, et s'étaient déjà logés à Vaila : *Marchons toujours*, avait-il répondu; *nous logerons sur leur ventre*. Quelqu'un voulut lui représenter qu'il avait affaire à des ennemis sages, contre lesquels il ne pouvait trop se munir de précautions. *Je leur donnerai*, dit-il, *tant de fous à gouverner, qu'avec toute leur sagesse ils n'en sauront venir à bout.*

Les généraux de la république, qui connaissaient l'importance de conserver Vaila, avaient voulu prévenir le roi en occupant ce poste les premiers. Pétiliane, généralissime, était à la tête de l'avant-garde, et l'Alviane commandait l'arrière-garde, qui était composée des meilleures troupes de leur armée. Comme ils avaient pris la route la plus courte, quoique la plus incommode, pour aller à Vaila, ils avaient de l'avance sur l'armée du roi, de telle sorte néanmoins que leur arrière-garde se trouvait à la hauteur de l'avant-garde des Français. Les deux maréchaux, Chaumont et Trivulce, qui la commandaient, firent tous leurs efforts pour engager la bataille; mais le terrain qui séparait les deux armées était si inégal, à cause des ravins et des vignes, qu'il ne fut possible de se joindre qu'à coups de canon. Ils envoyèrent néanmoins un détachement de gendarmes, pour charger en queue l'Alviane, retarder sa marche et donner le temps au corps d'armée et à l'arrière-garde française d'arriver. L'Alviane, voyant l'impossibilité d'éviter le combat, envoya prier le comte de Pétiliane de revenir sur ses pas. Ce général lui fit dire d'avancer toujours, et de se battre en retraite; mais il ne le pouvait plus sans sacrifier son artillerie, les bagages, et une partie de son infanterie.

L'Alviane, abandonné à lui-même, prit son parti en habile général. Il rangea toute son infanterie dans les vignes, et toute la cavalerie derrière les fossés qui s'y trouvaient : il plaça ensuite son artillerie sur une éminence, d'où il pouvait foudroyer les escadrons ennemis. Ce fut alors que l'action commença dans toutes les règles. L'avant-garde française marcha en avant avec autant de confiance que si elle eût été assurée de la victoire; mais elle trouva plus de difficultés qu'elle n'avait cru : les chevaux des gendarmes ne pouvaient passer à travers les vignes, et les cavaliers étaient presque tous renversés par les arquebusiers vénitiens. Chaumont, voyant ce désordre, fit retirer la cavalerie, et la remplaça par les bataillons suisses : ceux-ci, pesamment armés, et naturellement lourds, n'étaient point propres à manœuvrer dans un terrain aussi inégal, et eurent autant de peine à se faire jour à travers les vignes, qu'en avaient eu les chevaux. Le roi, qui s'avançait dans ce moment avec le corps de bataille, s'apercevant que les Suisses étaient rebutés, les rallie, relève leur courage, et rétablit le combat. Il attaque aussitôt une digue où les ennemis avaient placé à la hâte quelques batteries avec de l'infanterie pour les garder, et l'emporte. Le combat devint alors général. Le roi, sans ménager sa personne, s'exposait au plus grand feu des ennemis, et se portait de tous côtés pour donner ses ordres. Quelques-uns de ses courtisans ayant voulu lui représenter le danger qu'il courait : *Rien, rien*, dit-il, *je n'en ai point de peur ; et quiconque en aura peur, qu'il se mette derrière moi, il n'aura point de mal.* On se battait des deux côtés avec un courage qui tenait presque de la fureur ; les bataillons français et vénitiens étaient pêle-mêle, sans pouvoir presque se reconnaître. Dans ce désordre affreux, le soldat pouvait à peine distinguer la voix et l'ordre de son général. Un mot de la Trémouille : *Enfans le roi vous voit !* contribua beaucoup à ranimer la valeur des troupes françaises. Le roi, de son côté, qui pourvoyait à tout, avait fait placer son artillerie parmi des broussailles, afin que l'ennemi ne fût pas en garde contre son feu. Il la fit tirer avec tant de succès, qu'elle éclaircit en peu de temps les rangs des bataillons vénitiens, et les mit en désordre. La gendarmerie française, qui était la troupe la plus redoutable de l'Europe, profitant alors de la confusion où étaient les ennemis, fond sur eux de tous côtés, les enfonce et les met en fuite. Le combat dura trois heures. Les historiens varient sur le nombre de morts du côté des Vénitiens : les uns font monter leur perte jusqu'à quinze et vingt mille hommes ; d'autres la diminuent de moitié, ce qui paraît plus vraisemblable. Cette bataille se donna le 14 mai 1509.

Pétiliane, qui, comme nous l'avons dit, avait ôté toute espérance de secours à l'Alviane, n'avait pas plutôt appris que l'action était engagée, qu'il était revenu sur ses pas pour le soutenir. Ce général n'arriva que pour être le témoin de la défaite de l'arrière-garde de son armée. Comme il vit que tout était désespéré, il ne s'opiniâtra pas à soutenir un combat trop inégal, et se retira à Vaila.

Louis demeura maître du champ de bataille, du bagage des ennemis, et de trente-six pièces de canon. La perte des Français ne fut pas considérable ; elle ne passa pas cinq cents hommes, dont pas un de marque. Tel fut le résultat de cette grande action, que les Italiens appellent *la Journée de la Giradadda*, et les Français *la Bataille d'Agnadel*, à cause du voisinage d'un bourg de ce nom, où elle se donna.

L'Alviane fut plus malheureux dans cette journée que ne le méritaient la capacité et la bravoure qu'il y fit paraître. N'ayant plus d'espérance de remporter la victoire, il ne songeait qu'à vendre chèrement sa vie, lorsqu'il fut abattu de dessus son cheval, d'un coup de lance dont il perdit un œil. Le brave Vandenesse, qui le présenta au roi, le visage si couvert de sang, qu'il en était méconnaissable, assura à ce prince qu'il l'avait pris dans le moment qu'il cherchait à rallier quelques troupes. Brantôme, dans l'éloge de ce général, rapporte une circonstance qui mérite d'être connue. L'Alviane était en présence du roi, lorsqu'on entendit sonner brusquement l'alarme dans le camp des Français : Louis XII en avait donné lui-même l'ordre, afin de rallier les soldats dispersés. Ce prince, feignant d'être surpris au bruit de l'alarme : *Qu'est-ce donc, dit-il, seigneur Barthelemi ? Vos gens sont bien difficiles à contenter ; veulent-ils en tâter encore une seconde fois ?* — Sire, reprit l'Alviane, s'il y a plus fait d'armes aujourd'hui, *il faut que vos gens s'entre-battent : pour les nôtres, vous les avez gouvernés de manière que de quinze jours ne les reverrez en face.* Le roi lui dit alors : *Qu'il eût bonne patience, et qu'il aurait bonne prison.*

Louis, dès qu'il se vit victorieux, descendit de cheval, se prosterna sur le champ de bataille, et rendit au Dieu des armées ses actions de grâces du succès dont il venait de couronner ses armes. Quelque temps après, il fit bâtir sur les lieux mêmes une chapelle sous l'invocation de Notre-Dame de la Victoire.

Le roi sut, en grand capitaine, profiter de son avantage et de la consternation où étaient les ennemis. En dix-sept jours, il acheva la conquête de ce qui devait lui revenir de la dépouille des Vénitiens, portion si considérable, qu'elle était estimée un tiers du duché de Milan. Les historiens espagnols et italiens font à Louis un crime irrémissible d'avoir borné là ses conquêtes. Quelques auteurs français, ne ménageant pas davantage sa mémoire, lui reprochent de s'être endormi au plus fort de sa prospérité, comme un autre Annibal à Cannes ; mais les uns et les autres ont oublié qu'il avait les mains liées par le traité de partage, et qu'il se faisait un devoir de garder sa foi à des princes qui n'en eurent jamais pour lui. Louis non-seulement s'arrêta au milieu de ses succès, mais il ne voulut recevoir la soumission des villes qui devaient tomber sous la domination de Maximilien, que pour en remettre les clefs dans les mains des ambassadeurs de ce prince.

Le coup terrible que Louis venait de porter

aux Vénitiens, mit en mouvement tous les princes confédérés. Ils étaient restés jusqu'alors dans l'inaction, et voulaient voir la tournure que prendraient les affaires du roi en Italie, avant que de se déterminer à agir. Le pape fut un des premiers à mettre son armée en campagne. Le duc d'Urbin, qui la commandait, entra dans la Romagne, se rendit maître des places les plus considérables de cette province, et chassa les Vénitiens de toutes celles qu'ils avaient usurpées sur le domaine de l'Église. D'un autre côté, le duc de Ferrare se remit en possession de la Polesine de Rovigo. Le marquis de Mantoue rentra dans Isola et Lunato dont les Vénitiens avaient dépouillé ses ancêtres. Enfin l'empereur s'ébranla; il envoya dans le Frioul ses troupes qui s'emparèrent de Trieste sans coup férir, et de toutes les places de cette province. Ferdinand parut le dernier sur la scène; mais son lot n'en fut pas moins considérable. La Pouille, ce riche pays, province dépendante du royaume de Naples, rentra d'elle-même dans le devoir.

La république, alarmée de tant de revers, ne vit d'autre ressource dans sa position, que d'abandonner à ses ennemis tout ce qu'elle possédait en terre ferme, pour se renfermer dans les îles de son golfe. Les gouverneurs des places reçurent des ordres très-précis de les remettre sans résistance entre les mains du pape, de l'empereur et de Ferdinand. Ces souverains recouvrèrent ainsi toutes les villes dont les Vénitiens s'étaient emparés à leur préjudice, et recueillirent, sans avoir fait de grands efforts, presque tous les fruits de la victoire remportée par le roi de France.

Cependant les Vénitiens, resserrés dans les îles de leur golfe, cherchaient, dans leur politique, les moyens de se relever de l'humiliation où les avait réduits la victoire de Louis. L'arrivée de l'empereur en Italie leur parut une ressource qu'ils ne devaient pas négliger. Ils lui députèrent une célèbre ambassade pour lui demander la paix, et le supplier de prendre Venise sous son auguste protection, aux conditions qu'il voudrait lui imposer. Maximilien, pénétrant leur ruse, qui ne tendait à rien moins qu'à le désarmer par une soumission apparente, et à dissoudre une ligue à laquelle il leur était impossible de résister, répondit lui-même aux ambassadeurs que rien ne pourrait le séparer de l'alliance qu'il avait jurée au roi de France, son bon frère, ni l'empêcher de poursuivre à main armée ses droits, et de se venger des offenses qu'il avait reçues. La fière république fut alors forcée de s'adresser au pape. Elle lui offrait de lui rendre non seulement Rimini et Faenza, mais encore Cervie et Ravenne qu'elle possédait tranquillement depuis un siècle. Cette restitution arrivait trop tard : Jules avait déjà recouvré toutes ces places, à l'exception de la forteresse de Ravenne qu'il tenait assiégée, et qui, ne pouvant être secourue, tomberait infailliblement entre ses mains.

Les Vénitiens étaient dans les plus vives alarmes, lorsqu'ils apprirent que les troupes du roi de France rentraient dans le Milanais. Cette nouvelle les remit un peu de leur consternation ; et, ce qui les rassura encore davantage, fut l'espérance d'une réconciliation avec le pape. Jules, qui était alors en possession de toutes les places qu'il convoitait avant la guerre, qui n'avait plus rien à attendre de la ligue de Cambrai, et qui redoutait l'accroissement de puissance en Italie de l'empereur et du roi de France, aurait volontiers fait sa paix avec les Vénitiens; mais il n'osait pas encore manifester ses intentions. Il se borna, pour le moment, à recevoir les nouvelles humiliations de la république. Il parut surtout touché d'une lettre fort soumise que le doge lui avait écrite, et qu'il fit lire en plein consistoire. Il y annonça que, sans cesser, comme prince, de les poursuivre à main armée jusqu'à ce qu'ils eussent donné satisfaction à Maximilien, il ne pouvait se dispenser, comme père commun des fidèles, de les réconcilier à l'Eglise, s'ils donnaient des preuves d'un repentir sincère. Cette bonne volonté du pape, et une circonstance à laquelle les Vénitiens ne s'attendaient pas, releva entièrement leur courage. La ville de Trévise était au nombre des villes qui avaient fait leur soumission, mais elle n'avait pas encore reçu de garnison. Comme elle était très attachée aux Vénitiens qui l'avaient toujours gouvernée avec douceur, elle refusa de se rendre à l'envoyé de l'empereur, et aima mieux s'exposer à sa ruine que de se soumettre à la domination des Allemands. La fermeté de cette ville, dans des conjonctures où tout paraissait désespéré, fit sentir aux Vénitiens la faute qu'ils avaient faite d'abandonner si promptement les places qu'ils tenaient en terre ferme. Dès ce moment ils prirent la résolution de recouvrer généreusement ce qu'ils avaient si facilement abandonné. La ville de Padoue fut une des premières à se rendre. L'indolence de Maximilien, jointe à la domination tyrannique de ses Allemands, leur facilita cette importante conquête. Les Vénitiens, secondés par la plus grande partie des habitans, massacrèrent la garnison, et demeurèrent maîtres de la place. Les autres forteresses du pays, qui étaient bien moins gardées que Padoue, se déclarèrent alors pour les Vénitiens, et arborèrent l'étendard de la république.

Ces nouvelles dérangèrent le projet que le roi avait de retourner en France, et lui causèrent quelque inquiétude. D'un côté, il se défiait plus que jamais du souverain pontife et de Ferdinand; et de l'autre, il appréhendait l'inconstance naturelle du roi des Romains. Maximilien, qui avait déjà touché beaucoup d'argent du roi, des Flamands et du pape, n'avait pu encore former une armée assez considérable pour passer en Italie, afin d'y maintenir les conquêtes que le roi avait faites à son profit et de coopérer à l'entière exécution du traité de Cambrai. Il se rendit cependant à Trente, et écrivit de cette ville, au roi, des lettres pleines de reconnaissance, pour la conduite généreuse que Louis avait tenue à son égard. Dans ce moment de bonne volonté pour la France, il ordonna de brûler un certain registre qu'il nommait son *livre rouge*, où il avait écrit tous les torts qu'il prétendait que le roi et ses prédécesseurs avaient faits à l'empire et à l'Allemagne. Le cardinal d'Amboise alla à Trente complimenter l'empereur de la part du roi son maître, et lui demander l'investiture du duché de Milan, conformément au traité de Cambrai. L'empereur accueillit très-bien l'ambassadeur, et lui accorda, de fort bonne grâce, l'investiture qu'il demandait. Elle est datée de Trente, le 14 d'avril 1509. Dans les premiers mouvemens de sa reconnaissance, il jura une éternelle amitié à Louis, et le pria très-instamment de vouloir bien lui accorder une entrevue à Peschière.

Le roi ne manqua pas au rendez-vous. L'empereur, de son côté, était déjà en chemin pour s'y trouver; mais, par une bizarrerie, qui lui était assez ordinaire, il retourna sur ses pas, et fit faire ses excuses au roi sur ce que des affaires imprévues l'obligeaient d'aller, sans délai, dans le Frioul. Il fit prier le roi de ne pas s'éloigner, lui promettant de revenir dans sept ou huit jours, pour avoir le plaisir de l'embrasser. Mais le roi s'en excusa, ne croyant pas qu'il fût de sa dignité d'être une seconde fois le jouet de l'empereur. On a prétendu que Maximilien avait eu la bassesse de craindre que Louis ne l'arrêtât prisonnier; mais d'autres ont pensé que le véritable motif qui empêcha Maximilien de se trouver au rendez-vous, fut la simplicité de son équipage qui ne répondait point à son rang. Il eut honte de paraître avec une cour si peu digne de la majesté impériale, au milieu de celle de France, qui ne fut jamais plus magnifique.

Louis se disposait à retourner en France, lorsque l'empereur le détermina, par ses instances, à prolonger son séjour en Italie. Maximilien lui annonçait que son armée serait bientôt en état d'agir, et qu'il irait le rejoindre pour aller ensemble faire le siége de Venise. Le roi resta encore quelque temps en Italie; mais comme il connaissait l'opposition du pape à l'exécution de ce projet, qu'il prévoyait que Ferdinand ne s'y prêterait pas, et que d'ailleurs l'empereur se ferait attendre long-temps, il congédia une partie de ses troupes, pourvut à la sûreté des places du Milanais, et repassa les Alpes. Louis, à son arrivée en France, recueillit les témoignages les plus vifs et les plus sincères de l'amour de ses peuples avides de revoir leur roi victorieux. Ce fut pendant le séjour que ce prince fit à Blois, qu'il maria mademoiselle d'Angoulême, sœur de François, comte d'Angoulême, avec le duc d'Alençon (1). Le roi et la reine firent les frais et les honneurs de toutes les cérémonies et de toutes les fêtes qui se donnèrent à cette occasion.

Les Vénitiens s'étaient empressés de profiter de l'absence du roi de France et de l'inaction de l'empereur, pour s'emparer des places qu'ils n'avaient pu encore recouvrer. Maximilien, revenu de son engourdissement, était cependant parvenu à rassembler dix-huit mille Allemands; mais comme cette armée n'était pas assez forte pour soumettre les villes de Trévise et de Padoue, il s'adressa aux princes confédérés pour en obtenir un secours de troupes. Louis lui donna sept cents hommes d'armes avec quatre mille fantassins, sous les ordres de la Palisse, l'un de ses plus

---

(1) La duchesse d'Alençon étant devenue veuve, fut mariée en secondes noces à Henri, prince de Béarn, qui, après la mort de son père, Jean d'Albret, fut roi de Navarre. De ce mariage vint la fameuse Jeanne d'Albret, mariée à Antoine de Bourbon, père de Henri IV, roi de France et de Navarre.

braves géneraux; le roi catholique, six mille Espagnols; et le pape, tant pour lui que pour le duc de Ferrare, quatre cents hommes d'armes, avec deux mille hommes de pied commandés par le cardinal d'Est, frère du duc. Quand Maximilien se vit à la tête d'une si belle armée, il ne douta plus du succès de son entreprise. Il prit sa marche par le Vicentin, dans l'espérance qu'il aurait moins d'obstacles à surmonter dans un pays où il possédait déjà la ville de Vicence. Il se trompa dans sa conjecture. Les paysans du Vicentin, généralement dévoués aux Vénitiens, leurs anciens maîtres, s'emparèrent de tous les défilés des montagnes. L'empereur, forcé de livrer autant de combats qu'il avait de passages à s'ouvrir, descendit, après avoir perdu beaucoup de monde et beaucoup de temps, dans les plaines de la Lombardie, et se porta sur Padoue pour en faire le siége.

Le sénat de Venise, instruit par ses propres fautes, n'avait rien négligé pour conserver une place dont la conservation ou la perte devait décider du sort de la république. Il avait fait ajouter de nouvelles fortifications à celles qui défendaient déjà Padoue, et avait mis dans la place plutôt une armée qu'une garnison. Elle était défendue par vingt-cinq mille hommes, au nombre desquels se trouvaient plus de deux cents jeunes gens des premières familles de Venise et les deux fils du doge. Cette nombreuse garnison, abondamment pourvue de tout, avait pour chef le fameux Pétiliane, un des plus célèbres capitaines d'Italie.

Padoue était dans cet état formidable de défense, lorsque, le 15 septembre 1509, Maximilien s'approcha de ses murs. Comme le circuit de la ville était trop grand pour l'investir, l'empereur se borna à l'attaquer d'un seul côté : c'était précisément l'endroit le plus fort de la ville. La Palisse, qui avait et plus d'expérience et plus de capacité que Maximilien, lui représenta inutilement que l'attaque de ce côté-là deviendrait pernicieuse; l'avis du général français ne fut pas suivi, et on eut bientôt lieu de s'en repentir. Le canon de la place fit en peu de temps de si terribles éclaircissemens dans les troupes, que l'empereur fut obligé de transporter son camp d'un autre côté. Maximilien ne tira pas un plus grand avantage de sa nouvelle position. Il fit à la vérité des brèches assez considérables aux murailles; mais la garnison se défendit avec tant de courage, qu'elle rendit inutiles tous ses efforts. L'empereur, désespérant de forcer Padoue, et n'ayant point une armée assez nombreuse pour la réduire par un blocus, leva le siége le premier d'octobre. Il ne manqua pas d'attribuer la cause de ce mauvais succès à ses alliés, qui ne l'avaient pas, disait-il, secouru à propos, et autant qu'ils devaient le faire. Le pape et Ferdinand avaient, il est vrai, rempli les obligations que leur imposait le traité de Cambrai, en lui envoyant des renforts, mais ils avaient donné aux officiers de leurs troupes des ordres contraires aux desseins de Maximilien. Ce prince avait donc de justes motifs de se plaindre de ses alliés; mais il aurait dû en même temps s'en prendre à sa négligence, à ses lenteurs et à ses prodigalités. Maximilien aurait voulu, en effet, que les princes ligués eussent fait la guerre à son profit, lui eussent soumis des places et conquis des provinces, sans qu'il lui en coûtât ni hommes, ni argent, ni soins, ni travaux; ce qui occasiona cette réponse de l'évêque de Paris à ses ambassadeurs : *Prétendez-vous*, leur dit le prélat, *que le roi soit le tuteur ou le curateur de l'empereur, pour lui garder le sien ?*

La levée du siége de Padoue causa à Venise une joie qu'on ne saurait exprimer. Les Vénitiens, convaincus plus que jamais de l'étendue de leurs ressources, et remplis d'une nouvelle audace, reprirent alors une partie des places dont l'empereur s'était emparé au commencement de la campagne, surprirent la ville de Vicence, et forcèrent le commandant à évacuer la citadelle.

Maximilien, dont l'armée s'était débandée et avait repris la route d'Allemagne, n'eut pas honte de solliciter à Venise une trêve qui lui fut impitoyablement refusée. Il se plaignit alors de la conduite tortueuse de Ferdinand. Le roi d'Espagne avouait l'intention où il était de rendre les plus grands services aux Vénitiens, si l'empereur ne se déterminait pas à lui donner une pleine satisfaction sur la régence de Castille, à laquelle chacun d'eux prétendait avoir des droits. En effet, disaient ses ambassadeurs à la cour de France, « puisque l'empereur ne désire de ter-
« miner promptement la guerre contre Venise,
« que pour porter ses armes en Espagne ou dans
« le royaume de Naples, il n'est point de l'in-
« térêt du roi notre maître, ni qu'elle finisse

« promptement, ni qu'elle se termine à l'avan-
« tage de son implacable ennemi. »

Telle fut la fin de cette campagne, à moins qu'on ne veuille mettre au nombre des faits d'armes la téméraire bravade de quatre cents hommes d'armes français, qui allèrent sous les murailles de Padoue affronter les Vénitiens. L'action, assez audacieuse d'elle-même, brilla encore davantage par la bravade de quelques jeunes gens qui allèrent rompre leurs lances ornées de rubans aux couleurs de leurs dames, sous les portes mêmes de la ville. Cette espèce de galanterie était alors fort en usage.

Jules, qui n'aimait pas, ou plutôt qui détestait la France, ne tarda pas de se brouiller avec Louis. Contre la teneur d'un traité, il nomma de sa pleine autorité à un évêché de Provence dont le titulaire était mort à la suite de la cour de Rome. Louis, choqué d'un procédé si contraire aux droits de sa couronne, en fit porter ses plaintes au souverain pontife. Comme il vit qu'il n'avait aucune justice à en attendre, il prit le parti, contre l'avis du cardinal d'Amboise, de se la faire par lui-même ; il fit saisir les revenus de tous les bénéfices que les prélats de la cour romaine possédaient dans le Milanais. Ce moyen réussit complétement; le pape, comprenant qu'il ne serait pas le plus fort, se désista de sa nomination, conféra l'évêché à celui que le roi avait désigné, et promit d'en agir de même à l'avenir.

Ce fut à cette époque que se termina le différend qui existait depuis plusieurs années entre l'empereur et le roi d'Espagne, au sujet du gouvernement de la Castille. Après bien des négociations qui n'aboutirent à rien, ces deux princes étaient convenus de prendre pour arbitre de leur différend le roi de France. Louis et le cardinal d'Amboise ne réussirent que trop à les réconcilier. Il fut convenu que la régence de la Castille demeurerait à Ferdinand jusqu'à ce que l'archiduc Charles eût atteint l'âge de vingt-cinq ans, et que le roi catholique paierait tous les ans 50,000 ducats pour l'entretien du jeune prince, et pareille somme à l'empereur. Il faut avouer que Louis manqua de politique dans cette circonstance : il pouvait se dispenser de s'immiscer dans une affaire qui lui était étrangère, et devait désirer que des intérêts de famille empêchassent l'empereur et le roi d'Espagne, ses deux plus redoutables voisins, de se réunir tôt ou tard contre la France.

Cependant Maximilien conclut alors un nouveau traité avec le roi de France, par lequel les deux monarques s'engageaient à pousser avec plus de vigueur la guerre en Italie. Ce traité contrariait les projets du souverain pontife, et inquiéta beaucoup les Vénitiens. Le sénat prévoyant que la république succomberait tôt ou tard sous les efforts des princes ligués, et voulant détacher le pape de la ligue, se détermina alors à se remettre entièrement à sa discrétion. Ce coup d'Etat sauva Venise de la ruine dont elle était menacée.

Jules, qui ne souffrait qu'avec peine en Italie les Français et les Allemands, qu'il dénotait souvent par le nom de *Barbares*, écouta favorablement les propositions des Vénitiens. Comme il était important, pour le succès de la négociation, d'en dérober la connaissance aux cours de France et d'Allemagne, on agit des deux côtés avec un profond secret. Le souverain pontife fit son traité avec la république, et abandonna facilement d'anciens alliés avec lesquels il n'avait plus rien à gagner. La négociation ne se fit pas néanmoins si secrètement, qu'il n'en transpirât quelque chose au dehors. Louis, informé de ce qui se passait contre la cause commune, envoya à Rome le comte de Carpi, homme adroit et bon politique, pour rappeler à Jules ses engagemens. L'ambassadeur de Louis et celui de Maximilien, lui mirent envain sous les yeux l'article du traité de Cambrai, qui le concernait. Le souverain pontife, tout en convenant de ses engagemens, s'excusa sur ce que sa qualité de père commun ne lui permettait pas d'être insensible au repentir d'enfans rebelles. Les ambassadeurs, plus indignés encore de la mauvaise excuse du pape, que de son manque de bonne foi, lui firent de vifs reproches. Jules ne s'en fâcha pas, et leur laissa dire tout ce qu'ils voulurent. Il leva l'excommunication dont il avait frappé les Vénitiens au commencement de la guerre, et leur fit acheter cette grâce par la perte d'une partie de leur souveraineté et de leurs prérogatives.

Jules conçut alors le projet de former une nouvelle ligue, à l'instar de celle de Cambrai, pour chasser les Français de l'Italie. Il chercha d'abord à sonder les dispositions du roi d'Espagne : Ferdinand persista dans son alliance avec la France. Il entreprit de réconcilier l'empereur avec la république; mais Maximilien ayant exigé comme condition préliminaire, la restitution de Padoue, de Trévise et de Vicence, la négociation fut rompue. Le souverain pontife se retourna alors du côté de l'Angleterre, où il réussit mieux. Son nonce à la cour d'Henri VIII agit si efficacement auprès du confident du jeune monarque, qu'il parvint à faire insérer dans le traité de paix qu'on était sur le point de conclure entre la France et l'Angleterre, que la paix n'aurait lieu entre les deux couronnes, qu'autant que la France et le Saint-Siége vivraient en bonne intelligence.

Jules n'agit pas avec moins de succès auprès des Suisses. Ayant eu occasion de connaître les talens de Matthieu Schinner, évêque de Sion, il le fit venir à Rome, et lui promit le chapeau de cardinal s'il parvenait à persuader à ses compatriotes d'abandonner l'alliance de la France pour s'attacher à la défense du Saint-Siége.

Ce prélat, dont l'ambition allait être satisfaite, se rendit sans délai à Bade, où les cantons suisses tenaient alors leur assemblée. Comme il était éloquent et qu'il savait manier les esprits, il peignit d'abord les Français comme des ingrats qui devant, disait-il, tous leurs succès à la valeur des Suisses, commençaient par les négliger et finiraient bientôt par les opprimer; il détermina ensuite ses compatriotes à demander une augmentation de leurs pensions. Les Suisses, persuadés que le roi de France ne pouvait se passer d'eux, demandèrent avec hauteur des récompenses pour le passé et une augmentation de pensions et de solde pour l'avenir. Louis, également choqué de leurs prétentions et du ton arrogant que prirent leurs députés pour les faire valoir, r répondit avec colère : *Il est étonnant que de misérables montagnards, à qui l'or et l'argent étaient inconnus avant que mes prédécesseurs leur en donnassent, veuillent faire la loi à un roi de France.* Les Suisses n'oublièrent pas ces paroles indiscrètes, et surent bien s'en venger. Le roi voulant alors leur faire sentir qu'il pouvait se passer d'eux, ordonna à son résident auprès des Ligues-Grises, d'engager ces peuples à la défense du duché de Milan, pour pareille somme à celle qu'il donnait aux Suisses. Les Grisons acceptèrent la proposition à des conditions encore moins onéreuses. Un mépris si marqué pour les services des Suisses, offensa grièvement toute la nation. L'évêque de Sion, en habile politique, profita de cette disposition pour les engager à rompre avec la France, et à se dévouer entièrement au service du pape. Jules, au comble de ses vœux, décora ces nouveaux alliés du beau nom de *défenseurs du Saint-Siége*. La rupture des cantons avec la France fut également malheureuse aux deux puissances. Les Suisses tirèrent de faibles avantages de leur nouvelle alliance avec les ennemis du roi; et ce prince en les méprisant, perdit le Milanais et toutes ses conquêtes au delà des monts.

Cependant Louis n'opposait à la mauvaise volonté de Jules, que de bons procédés. Il cherchait par tous les moyens possibles à calmer son animosité, lorsqu'un petit intérêt poussa ce pape à bout, et acheva de le brouiller entièrement avec le roi. Alphonse, duc de Ferrare, allié de la France, avait fait fabriquer une grande quantité de sel à Commacchio. Cet établissement nuisait aux salines de Cervia, qui étaient en possession d'en fournir dans tout le duché de Milan, et qui appartenaient au Saint-Siége. Jules ordonna à ce prince de ne fournir du sel qu'aux habitans de son duché. Alphonse ayant refusé de déférer à des ordres qui tendaient à le dépouiller d'un de ses plus beaux droits, le pape le menaça d'abord de l'excommunier, et crut ensuite plus efficace de faire marcher des troupes contre lui. Le duc de Ferrare implora alors avec succès le secours du roi son allié. Jules qui s'y attendait, saisit cette occasion pour se plaindre de la conduite de Louis à son égard. Le roi, sans s'amuser à répondre aux reproches que lui faisait le pape, ordonna au maréchal de Chaumont, gouverneur du Milanais, de marcher au secours du duc de Ferrare. Chaumont agit avec tant de diligence et de succès, qu'il chassa en très-peu de temps du Ferrarais les ennemis du duc, prit sur les Vénitiens qui s'étaient mis de la partie, plusieurs places, et rejeta la république dans sa première consternation.

Les grandes affaires que le roi avait en Italie, ne lui faisaient point négliger celles de son royaume. Il fit à cette époque un voyage à Paris, où il resta dix jours. Durant ce court séjour, il honora son parlement de sa présence, et voulut s'assurer par lui-même de la manière dont la justice était rendue. Ce prince avait si à cœur cette fonction essentielle de la royauté, qu'il se serait cru indigne de la couronne, s'il n'eût donné tous ses soins au maintien des lois, de la police, et du bon ordre, dans toute l'étendue de son royaume. De Paris, le roi alla visiter la Champagne, où il n'avait point été depuis la cérémonie de son sacre. Dans tous les lieux par où ce prince passait, il entendait les habitans donner mille bénédictions à la sagesse de son gouvernement, et faire au Ciel des vœux pour sa conservation. « Jamais la France, *disait ce pauvre* « *peuple dans le transport de sa joie* (1), n'a « eu d'aussi bon roi, et qui l'ait gouverné avec « plus de sagesse. Par ses soins, la justice nous « est rendue, et nous sommes en paix : nous « sommes à couvert des pilleries de gens de guerre « et de finance ; nous vivons dans l'abondance ; « nous ne sommes point foulés d'impôts, et nous « passons nos jours heureux et tranquilles. »

Dans le fort des démêlés du roi avec le pape, le cardinal d'Amboise qui luttait, pour ainsi dire, depuis plus d'un an contre les douleurs de la goutte, tomba dangereusement malade aux Célestins de Lyon, et y mourut le 25 mai 1510, à l'âge de cinquante ans. On rapporte que, désabusé des grandeurs de ce monde, et uniquement occupé de l'avenir, il répétait souvent au religieux qui le servait dans sa maladie : *Ah! frère Jean, mon ami, je voudrais bien avoir été toute ma vie frère Jean!*

Ce cardinal, pendant les douze années de son ministère, s'était conduit si sagement et avait

---

(1) Saint-Gelais.

gouverné l'état avec tant d'habileté, que sa mort fut pour la France un coup funeste dans les conjonctures où l'on se trouvait. Elle perdit en lui un sage pilote, un ministre sans avarice et sans orgueil, un cardinal, un archevêque avec un seul bénéfice. Ce prélat employait un tiers des revenus de son archevêché à nourrir les pauvres; l'autre à l'entretien et à la réparation des lieux saints, et le dernier à ses usages. Il fonda plusieurs hôpitaux et monastères, contribua à la décoration des églises, et à toutes les œuvres de piété de son temps. Un gentilhomme de son diocèse, qui n'avait pas de quoi établir sa fille, voulut lui vendre, à vil prix, une terre qu'il avait auprès de sa belle maison de Gaillon. D'Amboise, informé de la position de ce gentilhomme, lui laissa sa terre et lui donna la somme dont il avait besoin. « J'ai fait une bonne acquisition, dit-il « à cette occasion : au lieu d'acheter une terre, « je me suis fait un bon ami du gentilhomme « qui me l'offrait. » Rouen, dont il était archevêque, lui doit une partie de ses embellissemens et l'établissement de son parlement. La fameuse cloche qui portait son nom et qu'il fit placer dans son église fut encore un effet de sa libéralité. On doit dire à sa louange, que, pendant son ministère, qui, pour le malheur de la France, fut trop court, il n'eut d'autre but que de se rendre utile au public, et de seconder les vues paternelles de Louis XII. De grandes entreprises soutenues avec dignité, et la plupart heureuses; de nombreuses armées, entretenues sans fouler les peuples; un roi redouté et victorieux; l'ordre maintenu dans la police et dans les finances; enfin les Français contens, soumis et zélés pour la gloire de leur souverain : tout cela suppose de grands talens dans le ministre, et fait suffisamment l'éloge de d'Amboise. On lui reproche cependant d'avoir ambitionné la papauté; mais ou convient en même temps qu'il n'avait désiré la suprême puissance, que pour l'utilité de la France, et pour le bien de l'Eglise, qu'il voulait réformer, et purger d'une infinité d'abus dont on se plaignait généralement. Il est vrai, comme le remarque judicieusement le grand Bossuet, que ce Cardinal eût été plus heureux, et eût passé pour un plus grand homme, sans ce désir de la papauté, qui le tourmenta toute sa vie, qui lui fit montrer quelquefois tant de faiblesse ; à quoi on peut ajouter, qu'il eût mieux servi son roi et sa patrie.

Le roi était à Colombières en Dauphiné, et se disposait à passer les Alpes, lorsqu'il apprit la mort du cardinal. Il sentit vivement la perte de son ministre, qui était en même temps son ami, et il faut convenir que c'en était une pour la France entière. On crut pendant quelque temps que la mort de d'Amboise, dont Jules seul s'était rejoui, pourrait ramener ce pape à des sentimens plus modérés envers la France. On se trompa; le souverain pontife haïssait personnellement Louis; et il voulait absolument chasser les Français de l'Italie. Aussi répondait-il à ceux qui l'engageaient à oublier le passé, *que le même roi vivait; et que par conséquent ses mêmes soupçons duraient.* Ainsi, loin que la mort du ministre fût un acheminement à une réconciliation, elle devint au contraire une source de nouvelles brouilleries. Jules demanda l'épargne du cardinal d'Amboise, comme une dépouille qui lui appartenait en vertu d'une constitution qui adjugeait au Saint-Siége les acquêts des cardinaux morts. Le roi, ou plutôt les héritiers du cardinal, ne révoquaient pas en doute cette constitution; mais ils prétendaient que les ordonnances des papes ne devaient être exécutées que dans leurs Etats, et n'étaient point applicables au cas actuel, puisque le cardinal d'Amboise était mort à Lyon, et que ses biens étaient en France. Ce refus qu'on fit au pape de la dépouille du cardinal d'Amboise, lui fournit un nouveau prétexte de se plaindre du roi.

Cependant la guerre continuait toujours en Italie. Les troupes des Vénitiens, celles du pape étaient entrées dans les Etats du duc de Ferrare. Le maréchal de Chaumont, et le comte de Hanau, qui commandaient l'armée impériale, ne leur donnèrent pas le temps de s'y établir. Ils prirent sur elles plusieurs places, les chassèrent des Etats de Ferrare, et mirent le duc en sûreté. Les Suisses, pour se venger de la préférence que le roi avait donnée aux Grisons, voulurent faire, au nombre de quatorze mille, une irruption dans le Milanais. Leur expédition n'eut alors aucune suite fâcheuse : ils furent forcés de se retirer, avec la honte d'avoir manqué leur entreprise.

Le pape, malgré ces mauvais succès et les remontrances de ses alliés, ne perdait pas le goût de faire la guerre. Il avait déjà fait sur Gênes une tentative qui ne lui avait pas réussi ; il n'en fut pas rebuté. L'envie qu'il avait de chasser Louis de cette place, sa patrie, lui faisait paraître l'entreprise facile. Il força les Vénitiens à mettre leur flotte en mer; et, lorsqu'ils allèrent mouiller l'ancre à la hauteur de Civita-Vecchia, Jules bénit avec grande solennité le vaisseau amiral. Chaumont, instruit des projets de l'ennemi, donna à Gênes de si bons ordres, que tout fut en état pour recevoir la flotte de Venise. Elle parut devant la place; mais, ayant trouvé le port bien gardé, et le rivage couvert d'infanterie et de cavalerie, elle leva l'ancre et fit voile vers Civita-Vecchia. Les Vénitiens perdirent, au détroit de Messine, cinq galères qui furent brisées par une rude tempête; les autres furent jetées sur les côtes de Barbarie.

Ces malheurs, loin de rendre Jules plus sage, ne servirent qu'à l'irriter davantage. Il fit enfermer au château Saint-Ange le cardinal d'Auch, neveu du feu cardinal d'Amboise, qui avait été ambassadeur du roi à la cour de Rome, et défendit aux ambassadeurs français d'écrire aucunes lettres en France, sans les avoir auparavant communiquées.

Les mauvais procédés du pape n'ôtaient pas au roi le désir de se réconcilier avec lui. Tourmenté par la reine Anne de Bretagne, princesse plus dévote qu'éclairée, qui ne pouvait se persuader qu'on pût être à la fois un véritable enfant de l'Eglise, et brouillé avec son chef, il cherchait de bonne foi toutes les voies possibles de conciliation; mais il en voulait de justes et d'honorables. Jules, de son côté, ne voulait rendre son amitié à Louis, qu'à des conditions qui l'auraient humilié. Tout resta donc dans le même état, et on ne put parvenir à s'entendre. Ferdinand, attentif à tout ce qui se passait, saisit ce moment de la colère du souverain pontife contre le roi pour la tourner à son avantage. Ce prince, depuis son mariage avec Germaine de Foix, n'avait pas cru devoir solliciter une nouvelle investiture du royaume de Naples. Deux raisons l'en avaient empêché : la première, parce qu'il n'aurait pu se dispenser de faire comprendre dans l'acte de cette investiture Germaine, sa femme, en qualité de reine titulaire des deux plus grandes provinces de ce royaume, avec la clause de réversion à la couronne de France, en cas qu'elle ne laissât point d'enfans de son mariage avec Ferdinand ; la seconde, parce qu'il aurait fallu se soumettre à payer au Saint-Siége quarante-huit mille ducats de redevance annuelle. Ferdinand voulait donc que cette investiture fût pour lui et pour ses descendans, quels qu'ils pussent être, sans aucune mention des droits de la France, et profita de la conjoncture présente pour l'obtenir du pape, sans rien débourser. Jules n'écouta pas d'abord favorablement la proposition qui lui en fut faite ; mais comme sa haine contre la France augmentait chaque jour, et qu'il voulait s'assurer de l'appui de Ferdinand qui lui faisait les plus belles promesses, il lui accorda enfin l'investiture pleine et entière du royaume de Naples. Au lieu de quarante-huit mille ducats de redevance annuelle, il se contenta d'une haquenée blanche qu'on devait lui présenter tous les ans, en signe de vassalité.

Dès que le roi fut informé de ce qui venait de se passer, au préjudice de ses droits, il s'en plaignit amèrement à Ferdinand, et le menaça d'une rupture entière, s'il refusait de s'en tenir aux premiers traités. L'Espagnol, content de recueillir le fruit de ses artifices, ne parut pas beaucoup ébranlé ni des plaintes, ni des menaces du roi : il prévoyait que les démêlés qu'il avait avec Jules lui donneraient bientôt ailleurs d'autres affaires qui ne lui permettraient pas de tourner ses armes contre lui. Le pape, de son côté, ne s'empressa pas davantage de calmer le ressentiment du roi ; il en était même si éloigné, que, dans le temps qu'il l'amusait par des négociations de paix, il travaillait sans relâche à lui susciter des ennemis, et à lui débaucher ses alliés. L'Allemagne était alors le théâtre des intrigues de ce pontife. Il avait déjà tenté plus d'une fois de séparer de la France l'empereur, et de le réconcilier avec les Vénitiens ; mais Maximilien refusa constamment d'entrer dans aucune négociation au préjudice de Louis, son allié.

Malgré les injustices de Jules et l'infidélité du roi d'Espagne, Louis désirait toujours la paix. Comme il supposait que le différend survenu au sujet du sel de Comacchio était le principal motif de la conduite du pape, il lui fit proposer de lui donner à cet égard une entière satisfaction. Cette démarche, loin de diminuer l'animosité de Jules, lui fit comprendre que le roi souhaitait ardemment la paix ; que Louis ne se porterait jamais à aucune extrémité contre le Saint-Siége, et qu'il pouvait dès lors oser tout contre lui, sans courir aucun risque. Il répondit fièrement qu'il n'accepterait la proposition qu'autant que le roi rendrait la liberté à la ville de Gênes, et qu'il la rétablirait dans son ancien gouvernement. Il promettait alors de se réconcilier avec Louis, d'être ami de ses amis, et ennemi de ses ennemis; et menaçait, dans le cas contraire, d'imiter et même de surpasser en sévérité la conduite de Boniface VIII, à l'égard de Philippe-le-Bel. Louis, toujours jaloux de son autorité, et attentif à n'y laisser donner aucune atteinte, méprisa les menaces du pape, et cessa toute négociation. Jules, irrité d'un refus auquel il aurait dû s'attendre, eut alors recours à ses armes ordinaires : il excommunia le roi, mit son royaume en interdit, le donna au premier qui pourrait s'en saisir, et étendit cette peine à tous les princes qui se déclareraient pour la France. Jamais Louis ne parut plus grand ni plus modéré que dans cette circonstance. Il ne lui échappa aucune parole trop aigre contre le souverain pontife, et il employa même les bons offices de ses amis auprès de Jules, pour l'engager à ne pas le mettre dans la triste nécessité de prendre les armes contre lui.

Cependant le pape, convaincu de la faiblesse de ses armes spirituelles, se mit à la tête de ses troupes, et marcha contre le duc de Ferrare, dans la ferme espérance d'emporter en peu de jours toutes ses places, et d'écraser ce généreux allié de la France. Le roi, voyant clairement qu'il n'y avait plus lieu d'espérer de ramener le pape à un parti sage et modéré, ne s'occupa plus que des moyens de réprimer ses violences. Il voulut cependant avoir l'avis de son clergé, avant que de rien entreprendre contre un homme qu'on devait regarder comme le père commun des chrétiens.

L'ayant assemblé à Tours, il lui proposa, en

forme de cas de conscience, différentes questions relatives à la conduite qu'il pouvait tenir envers le pape. Les réponses du clergé furent dictées par la saine raison et le droit des gens. On décida que la guerre était légitime, qu'il fallait s'en tenir au droit ancien, et à la pragmatique sanction (1) du royaume, prise des décrets du concile de Bâle, et ne plus envoyer d'argent à Rome.

Le clergé de France était si persuadé de la solidité de sa décision, qu'il voulut la confirmer par un subside qu'il accorda sur les biens ecclésiastiques, pour mettre le roi en état de soutenir les grandes dépenses qu'il serait obligé de faire pour la sûreté de ses états et l'honneur de sa couronne.

Dès que Louis eut l'avis de son clergé, il fit défense à tous ses sujets de s'adresser pour aucune affaire à la cour de Rome, ni d'y faire passer de l'argent. Le conseil du roi aurait voulu persuader

---

(1) Charles VII, voulant remédier aux désordres et aux abus en tout genre qui s'étaient introduits dans les affaires ecclésiastiques, assembla en 1438 le clergé à Bourges. C'est là que fut faite la célèbre pragmatique-sanction, conforme aux décrets du concile de Bâle, commencé en 1431. Par cette pragmatique, on abolit les réserves, les expectatives, les annates; c'est-à-dire, le droit que les papes s'étaient attribué, de se réserver la collation d'un grand nombre de bénéfices, d'y nommer avant qu'ils fussent vacans, d'en percevoir les revenus d'une année : on remit en vigueur l'usage des anciennes élections que faisait le clergé avec l'agrément du roi; on supprima l'abus d'appeler au pape sans passer par les tribunaux ordinaires ; et, en cas que l'appel eût lieu, le pape devait nommer des commissaires dans le royaume; enfin, la supériorité des conciles généraux sur les pontifes fut authentiquement reconnue. Autant la pragmatique était chère aux Français, autant parut-elle odieuse à la cour de Rome.

à ce prince que c'était le moment de passer les Alpes et de porter la guerre dans le cœur des états du pape. Louis convenait qu'il lui serait avantageux de suivre cet avis; mais comme il ne se portait à cette guerre que malgré lui et en se faisant une véritable violence, il voulut différer son départ, afin de donner à Jules le temps de revenir à des sentimens plus modérés. Le malheur de la France était le faible que le roi avait d'épargner un ennemi, qui, de son côté, ne le ménageait pas.

Matthieu Lang, évêque de Gurg, et ambassadeur de Maximilien, arriva en France vers la fin de l'assemblée de Tours. Il ne put assister qu'aux dernières séances, mais il souscrivit sans aucune réserve à toutes les délibérations précédentes. On entama ensuite, dans des conférences particulières, le véritable objet de son ambassade. On conclut un nouveau traité par lequel l'empereur s'engageait à passer en Italie au printemps, à la tête d'une armée de dix mille fantassins et de trois mille chevaux, et à se réunir à l'armée du roi, pour faire, de concert, la guerre aux Vénitiens. Le traité de Cambrai fut confirmé par le nouveau. Les deux princes devaient sommer le pape et le roi d'Espagne de remplir leurs engagemens avec eux; et, dans le cas où ils s'y refuseraient, on devait inviter Ferdinand à garder la neutralité, et le pape à accepter un arbitrage. L'intention des deux alliés était de procéder à la convocation d'un concile général, si Jules rejetait, comme on s'y attendait, cette voie de pacification.

Il ne sera pas inutile de faire connaître ici les motifs qui déterminèrent l'empereur à renouveler l'alliance avec le roi, et à pousser vivement la guerre d'Italie. L'argent qu'il tirait continuellement de France, et une subvention de trois cent mille écus d'or que la diète d'Ausbourg lui avait assigné sur l'empire, lui firent envisager la campagne prochaine comme l'une des expéditions les plus brillantes qu'il pouvait entreprendre. La diète qui avait accordé au prince un secours si puissant, s'était tenue à Ausbourg, dans le courant du mois d'avril 1510. Le pape, qui n'ignorait pas le but de Maximilien dans la convocation de cette assemblée, y avait envoyé un nonce, pour déjouer ses projets. Les Vénitiens y avaient aussi fait passer des agens secrets dans la même intention ; mais l'envoyé de France agit si puissamment auprès des membres qui composaient la diète, et y parla avec tant de force et de véhémence, qu'il enleva tous les suffrages.

La tenue d'un concile général entrait fort dans les vues des deux princes ligués, mais par différens motifs. Louis désirait le concile pour mettre le pape à la raison, et pour la réformation de l'Eglise; et l'empereur, parce qu'il regardait la déposition de Jules comme assurée, et qu'il espérait de se faire élire à sa place. Telle était en effet la bizarre ambition de Maximilien. Il désirait de réunir sur sa tête la tiare à la couronne impériale, le pouvoir spirituel au pouvoir temporel, ainsi qu'ils étaient réunis en la personne des empereurs de Rome païenne. Aussi joignait-il quelquefois à ses autres titres celui de *pontifex maximus*. Ce n'était pas dans ce prince une de ces idées passagères qu'on ne suit point, mais un dessein arrêté pour le succès duquel il se donna en pure perte beaucoup de peine, et distribua une quantité prodigieuse de ducats. On trouve dans le *Recueil des Lettres de Louis XII*, deux lettres de Maximilien, dont l'une est adressée au baron de Leichtenstein, et l'autre à Marguerite d'Autriche, sa fille. Par la première, il paraît que ce prince se donnait beaucoup de mouvemens pour succéder à Jules qui était alors dangereusement malade, et faisait des dépenses considérables pour réunir les suffrages du futur conclave en sa faveur. Dans la seconde lettre, il entretient sa chère fille des ressorts qu'il faisait agir pour déterminer Jules à l'associer à la papauté, afin de pouvoir lui succéder après sa mort tranquillement, et sans le secours de nouvelles brigues. Il plaisante là-dessus avec sa fille, lui prédisant qu'*il va devenir prêtre, pape, saint, et qu'après sa mort, elle sera dans l'heureuse nécessité d'honorer son père comme très-saint, dont il se trouvera bien glorieux*. Enfin, l'empereur comptait si bien sur le succès de sa négociation, qu'il signa sa lettre très-sérieusement, *Maximilien, futur pape*. On ignore comment ce prince conduisit cette intrigue; mais, ce qu'il y a de certain, c'est qu'à la mort de Jules, qui arriva quinze ou seize mois après la date de ces deux lettres, il ne fut nullement question de lui dans le conclave.

Jules était trop habile pour ne pas prévoir les suites fâcheuses qui pourraient résulter, et du nouveau traité des deux princes et de l'assemblée de Tours. Pour prévenir les effets de cette espèce de ligue, il eut recours encore une fois aux armes spirituelles. Il fulmina publiquement des censures contre tous ceux qui obéiraient au décret du clergé de France, comprit dans ses censures toutes les troupes françaises, tant nationales qu'auxiliaires, et nommément le maréchal de Chaumont qui commandait en Italie. Toujours ferme dans la résolution qu'il avait prise de pousser à bout le duc de Ferrare, il changea le monitoire qu'il avait publié contre ce prince en un anathème qu'il prononça contre lui et contre ses adhérens. Après ce coup de vigueur, il partit de Rome pour se rendre à Bologne.

Il ne fut pas plutôt arrivé dans cette ville, qu'il fit la revue de ses troupes. Les ayant trouvées trop peu nombreuses pour entreprendre le siége de Ferrare, il engagea les Vénitiens, ou plutôt leur commanda de faire remonter deux escadres par les bouches du Pô, et de se présenter en même temps devant Ferrare et devant Comacchio. Le sénat lui représenta inutilement que l'arsenal de Venise était vide; il fallut obéir. Jules exigea de plus que les Vénitiens fissent marcher vers le Ferrarais la moitié de leurs troupes de terre; les Vénitiens obéirent encore : tant était grande la crainte qu'ils avaient que le souverain pontife ne les abandonnât au ressentiment de leurs ennemis ! Le duc de Ferrare se vit alors pressé de tous côtés ; mais dès qu'il eut reconnu le mauvais état des deux flottes ennemies, il ne désespéra plus de sa position : il les battit si bien à coups de canon, qu'il les contraignit de retourner vers les embouchures du Pô. D'un autre côté, Chaumont ayant fait mine de conduire ses troupes dans le Modénois, obligea le général de l'armée ecclésiastique d'abandonner Ferrare, pour aller couvrir la ville de Modène.

Jules fut d'autant plus mortifié du mauvais succès de son entreprise, qu'il n'ignorait pas les mesures qu'on prenait en France pour l'indiction du concile général. Son inquiétude redoubla quand il apprit que le sacré collége des cardinaux entrait dans ce projet, et que cinq d'entre eux l'avaient déjà abandonné, et s'étaient retirés à Milan. Il était resté malade à Bologne, d'où il avait chassé depuis quelques années, par les bras des Français, les Bentivoglio. Ces princes, dépouillés de leurs domaines, et alors au service de France, s'étaient réjouis de la rupture entre Jules et Louis, comme de la seule conjoncture capable de les rétablir dans leurs biens. En effet, saisissant l'occasion, ils proposèrent à Chaumont de surprendre la ville de Bologne, qui n'avait point de garnison, et d'enlever le pape avec toute sa cour : le coup était hardi, mais il était aisé à exécuter en usant de diligence. Chaumont se mit en marche, et alla camper à dix milles de Bologne. Il aurait pu entrer ce jour-là même dans la place, et s'en rendre maître; mais, contre l'avis des Bentivoglio, il s'opiniâtra à remettre la partie au lendemain. L'approche d'une armée où se trouvaient les Bentivoglio, excita une fermentation générale parmi le peuple. Les cardinaux et les autres prélats qui formaient la cour du pape, tous gens faciles à épouvanter, coururent se réfugier dans la chambre de Jules, et le supplièrent, les larmes aux yeux, d'échapper par une prompte fuite au danger qui le menaçait, ou de songer à désarmer l'ennemi en traitant avec lui. Jules, seul intrépide à la vue du danger, refusa de se prêter à aucun accommodement. Il manda dans le moment même l'ambassadeur de Venise, lui reprocha durement la lenteur de ses maîtres, qui compromettait sa fortune et sa vie, et déclara que, si l'armée de la république n'arrivait pas le jour suivant, il ferait son traité séparé avec les Français, et abandonnerait les Vénitiens à leur mauvaise fortune. L'ambassadeur du roi d'Espagne se ressentit aussi de la mauvaise humeur du souverain pontife.

Cependant, comme il y avait une grande agitation dans Bologne, dont une partie des habitans souhaitaient ardemment le retour des Bentivoglio, Jules manda le conseil et les magistrats de la ville, les exhorta à lui demeurer fidèles, et à faire prendre les armes aux bourgeois; il promettait dans ce cas d'augmenter leurs priviléges, et de réduire successivement tous les impôts. Ces belles promesses produisirent fort peu d'effet, et chaque habitant se renferma chez soi, dans l'attente des événemens. Les cardinaux n'avaient pas cessé de conjurer le pape d'ouvrir les yeux sur le danger qui le menaçait, mais ils n'en étaient pas pour cela plus avancés; enfin, de concert avec les ambassadeurs de l'empereur et des rois d'Espagne et d'Angleterre, ils firent une dernière tentative qui eut un meilleur effet. Jules consentit à demander à Chaumont un sauf-conduit pour le comte Pic de la Mirandole, qu'il devait lui députer le lendemain matin.

L'ambassadeur du pape se rendit dans le camp des Français; au moment où Chaumont se disposait à marcher contre Bologne; l'assurance qu'il lui donna que Jules était déterminé à souscrire aux conditions qu'il voudrait imposer, suspendit son départ. Chaumont se trouvait dans une position assez délicate. D'un côté, il comprenait que le succès de son expédition dépendait de la promptitude de l'exécution ; de l'autre, il connaissait le respect de Louis pour la dignité du souverain pontife, et ses intentions pacifiques. Comme il ne lui avait pas communiqué son projet, il craignait de s'être trop avancé. Ces considérations le déterminèrent à continuer la faute du jour précédent. Il promit de ne pas s'approcher plus près de Bologne, et accorda une trêve de deux jours, pendant lesquels on devait travailler au traité de réconciliation.

Après une longue conférence, on dressa le projet de paix que Jules devait signer. Il portait que toutes les censures seraient levées ; qu'il y aurait une trêve de six mois entre le Saint-Siége et le duc de Ferrare ; que les Bentivoglio rentreraient dans les biens qui leur appartenaient ; que la ville de Modène serait mise en dépôt entre les mains de l'empereur ; que le pape exécuterait à l'égard des Vénitiens le traité de Cambrai ; que le roi de France nommerait seul à tous les bénéfices dans ses Etats ; enfin, que le cardinal d'Auch serait mis en liberté, et que les cardinaux qui s'étaient retirés de la cour de Rome rentreraient en grâce auprès du souverain pontife. Lorsque Jules eut pris connaissance des articles du traité, il protesta qu'il aimerait mieux mourir que de se déshonorer en se soumettant à des conditions aussi dures. Un incident auquel il ne s'attendait pas, lui fit cependant tenir un autre langage. Les Bentivoglio s'étaient approchés de Bologne à la tête de leurs troupes, pour y exciter quelque soulèvement. A leur arrivée, l'épouvante se répandit de nouveau dans la ville. Les cardinaux et les ambassadeurs se rendirent sur-le-champ auprès du pape, pour le conjurer de signer le traité. Jules parut un instant ébranlé; mais, pendant qu'il délibérait en lui-même s'il signerait ou non, il reçut la nouvelle qu'un secours de troupes vénitiennes de huit cents chevaux venait d'arriver, et que le reste de l'armée, composée de troupes nationales et de Turcs, avait déjà passé le Pô. Il apprit en même temps que trois cents lances espagnoles que Ferdinand lui envoyait, ne tarderaient pas d'arriver. Ces heureuses nouvelles rendirent la paix et la joie à Jules, qui ne voulut plus entendre parler de réconciliation.

Cependant, comme Chaumont aurait encore eu le temps de se rendre maître de Bologne, le pape renvoya Pic de la Mirandole à son camp, sous prétexte de modérer les articles du traité, qu'il trouvait trop durs. Le négociateur rencontra Chaumont à une lieue de Bologne, et il eut avec lui une longue conférence, dont le but tendait à donner le temps aux troupes vénitiennes et espagnoles d'arriver. Chaumont eut la faiblesse de l'écouter, consentit encore à perdre le reste de la journée, et remit au lendemain à se venger du pape, s'il n'en obtenait pas une entière satisfaction. Ce dernier délai combla les vœux de Jules; car, le soir même, Fabrice Colonne entra dans Bologne avec les troupes espagnoles. Chaumont reconnut trop tard qu'il était la dupe des ruses de Jules, et sentit tout le tort qu'il avait eu de n'avoir pas suivi les conseils des Bentivoglio, qui voulaient qu'on entrât sans différer dans Bologne. Ce général reprit alors la route de Ferrare, avec le regret d'avoir osé trop ou trop peu. Pour couvrir la honte de sa retraite, il fit courir le bruit que c'était pour déférer à la médiation des ambassadeurs de l'empereur, des rois d'Espagne et d'Angleterre, qu'il s'éloignait de Bologne.

Jules, que le danger auquel il venait d'échapper si heureusement, aurait dû rendre plus sage et plus modéré, n'en devint que plus intraitable et plus entreprenant. La rigueur de l'hiver, la faiblesse de sa santé, son âge de soixante-dix ans, sa dignité, qu'il aurait dû respecter, les prières des cardinaux, rien ne put le porter à mettre bas les armes. Il voulut que son armée, réunie à celle des Vénitiens, allât sur-le-champ investir la ville de Ferrare. Il se fit porter devant la place, et en forma le siége dans toutes les règles. S'apercevant bientôt qu'il ferait d'inutiles efforts contre une ville bien fortifiée, il leva le siége, et alla décharger son ressentiment sur d'autres petites places, qu'il emporta facilement. Enflé de ses succès, il marcha ensuite contre la Mirandole : cette dernière place était assez bien fortifiée, et défendue par une garnison de cinq cents fantassins français, et de soixante-dix cavaliers, sous les ordres d'Alexandre Trivulce, cousin-germain de la comtesse de la Mirandole, fille du maréchal de Trivulce. La comtesse s'était enfermée dans la place pour la défendre et la conserver à ses enfans orphelins. Elle était aimée si généralement de ses sujets, qu'il n'y eut aucun habitant de la Mirandole qui ne voulût partager avec la garnison les incommodités du siége.

Quoique les papes ne pussent former aucune juste prétention sur cette place, Jules ne persista pas moins à vouloir s'en emparer. Voyant que le siége traînait en longueur, et que les assiégés se proposaient de lasser l'ardeur de ses troupes, il se détermina à se transporter dans le camp, pour y commander en personne.

Le chevalier Bayard, instruit par ses espions de la marche du pape, forme aussitôt le projet de l'enlever. Il fait part de son dessein au duc de Ferrare, et le prie de faire passer le Pô à une partie de sa cavalerie, pour en être soutenu au besoin. Après ces précautions, il part lui-même à l'entrée de la nuit, avec cent hommes d'armes, et se met en embuscade, une heure avant le jour, sur la route par où le souverain pontife devait passer. Jules monte en litière de grand matin, part de Saint-Félix, et se met en marche, précédé de ses équipages et de quelques-uns de ses courtisans. Ceux-ci allèrent donner droit dans l'embuscade. Bayard en sort à l'instant, les charge; et, sans s'amuser à faire des prisonniers, il court à toute bride, après ceux qui s'enfuyaient, ne doutant pas que le pape ne fût du nombre : le brave chevalier était dans l'erreur. Le mauvais temps avait obligé Jules de revenir sur ses pas, et de se rendre à l'avis du cardinal de Pavie qui lui avait conseillé de différer de quelques heures son voyage. Il était donc déjà très-éloigné, et au moment d'entrer dans la cour du château de Saint-Félix, lorsque Bayard put le rejoindre. Jules ne perd point la tête, saute aussitôt de sa litière, et aidé lui-même à lever le pont-levis. Le bon chevalier, ne pouvant pénétrer dans le château; et, désespéré d'avoir manqué un si beau coup, fit un grand nombre de prisonniers, et retourna bien triste auprès du duc de Ferrare (1).

La frayeur que Bayard avait causée à Jules, n'empêcha pas ce pape de se rendre au camp de la Mirandole. Oubliant son âge et sa dignité, et sans penser qu'il allait fournir au concile, qu'on devait bientôt assembler, un prétexte apparent pour lui faire son procès, il s'était logé dans une petite Eglise proche de ses batteries, et tellement exposée au canon de la place, que deux de ses officiers y furent tués. Il parcourait le camp, monté sur un cheval de bataille, et armé de toutes pièces, visitait les travaux, encourageait les soldats, récompensant les uns, menaçant les autres, et promettant à tous de leur abandonner le pillage de la ville. C'était, dit Guicchardin, un spectacle bien digne d'attention que le contraste du roi de France et du pape, dans cette occasion. « Louis, dans un âge encore plein de vigueur, « nourri dès l'enfance dans le tumulte des ar- « mes, semblait s'endormir au sein de ses Etats, « se reposant sur ses capitaines du soin de la « guerre, tandis que le vicaire de Jésus-Christ, « le père commun des chrétiens, accablé d'infir- « mités, vieilli dans la mollesse et les plaisirs, « paraissait tout de feu au milieu d'une armée

---

(1) Histoire du chevalier Bayard.

« destinée contre les chrétiens, assiégeait en per-
« sonne une place sans réputation, et s'exposait
« comme un simple officier. »

Cependant Chaumont avait reçu un ordre précis de secourir la place. Il s'en approchait déjà; mais il trouva tant de difficultés pour le transport de son artillerie, qu'il ne put être d'aucune utilité. Les assiégés voyant leurs murailles renversées, et perdant toute espérance d'être secourus, demandèrent à capituler. Jules leur accorda des conditions assez douces, et fit son entrée dans la ville par la brèche, avec tout l'appareil d'un jeune triomphateur.

Pendant que le pape soutenait sa réputation de guerrier, dont il s'occupait plus que du gouvernement de l'Eglise, l'empereur et le roi de France avaient envoyé des ambassadeurs en Espagne pour engager Ferdinand à faire connaître franchement s'il voulait persévérer dans la ligue de Cambrai, et favoriser le concile qu'on avait dessein d'assembler. Ferdinand s'expliqua de manière à faire comprendre qu'on ne pouvait pas compter sur lui, et qu'il ne tenait plus à la ligue de Cambrai. Quant au concile auquel on le priait de concourir, en y envoyant les prélats de sa domination, il s'étendit beaucoup sur les difficultés qu'on aurait à éprouver dans une entreprise de cette nature, et faisait sentir qu'il ne fallait rien précipiter pour le moment. Ce prince rusé voulait attendre l'issue des démêlés de Jules avec l'empereur et le roi de France, pour se déclarer ensuite pour celui des deux partis où il verrait qu'il y aurait pour lui plus d'avantages.

La perte de la Mirandole convainquit le roi du tort qu'il avait eu d'épargner les terres du pape, et de la nécessité d'agir avec Jules comme avec un ennemi déclaré. Louis envoya en Italie de nouvelles troupes, et ordonna à Chaumont de pousser vivement la guerre. Le maréchal se mit en campagne, poursuivit Jules de si près, qu'il le contraignit de se retirer à Bologne, et de là à Ravenne. Dans le cours de ses succès, Chaumont tomba malade, et mourut d'une fièvre violente, occasionée, dit-on, par la honte d'avoir manqué Bologne, et par le chagrin des railleries qu'il n'ignorait pas qu'on faisait en France sur son compte. Après la mort du maréchal, Trivulce se trouva chargé du commandement de l'armée. Le nouveau général n'agit d'abord qu'avec beaucoup de lenteur. Comme il était Italien, il voulait ménager le pape, et bornait ses soins à empêcher que son armée ne se débandât. Il ne put cependant refuser au duc de Ferrare une partie de ses troupes pour l'aider à faire lever le siége de Bastia, que Jules tenait bloquée. Le duc conduisit cette entreprise avec tant de prudence, qu'il arriva proche la place avant que les assiégeans fussent instruits de sa marche. Il surprit le quartier-général, et peu s'en fallut que le duc d'Urbin, neveu du pape, et général de ses troupes, ne demeurât son prisonnier. La nouvelle qui s'en répandit dans les autres quartiers, y causa une si grande terreur, que tous, soldats et officiers, prirent généralement la fuite. Cette expédition fit beaucoup d'honneur au duc de Ferrare qui rentra le lendemain dans sa capitale. Il fut, il est vrai, parfaitement secondé par le chevalier Bayard qui avait contribué, plus que tout autre, au succès de l'entreprise.

Ferdinand avait prévu, dès le commencement de la guerre, que le pape et les Vénitiens succomberaient tôt ou tard sous le poids des armes de l'empereur et du roi de France. Comme ce prince ne redoutait rien tant que l'accroissement de la puissance de Louis en Italie, il eut recours à ses artifices ordinaires pour le brouiller avec Maximilien. Il commença par inspirer à l'empereur, pour ses états d'Italie, la même crainte dont il était pénétré lui-même pour les siens. Il lui fit ensuite représenter « qu'il serait dans ses intérêts de con-
« voquer, à Mantoue, une assemblée où l'on s'oc-
« cuperait des moyens de concilier tous les es-
« prits ; que le roi de France, par bienséance,
« ne pourrait se dispenser d'y envoyer un am-
« bassadeur ; que la crainte du concile obligerait
« le pape à la reconnaître ; que les Vénitiens se
« soumettraient à ce qu'on voudrait exiger
« d'eux. » Ce prince artificieux ajoutait que,
« dans cette assemblée, on condamnerait la répu-
« blique à restituer toutes les places qu'elle avait
« usurpées sur l'empire en général, et sur la
« maison d'Autriche en particulier ; et qu'alors
« Maximilien s'établirait si bien en Italie, qu'il
« recouvrerait la réputation des empereurs, ses
« prédécesseurs. »

Maximilien, flatté de l'espérance de recouvrer son autorité en Italie, et de s'y voir bientôt supérieur à Louis, entra dans les vues de Ferdinand. Il écrivit au roi de France pour l'engager à envoyer un ministre à Mantoue, et à tenter cette dernière voie pour achever de mettre le pape tout-à-fait dans son tort ; il lui donnait d'ailleurs l'assurance qu'il ne traiterait point sans lui, ni avec Jules, ni avec les Vénitiens.

Louis ne fut pas la dupe de la politique de Ferdinand, et vit clairement que l'assemblée de Mantoue n'avait d'autre but que de détacher l'empereur des intérêts de la France. Il n'oublia rien pour ramener Maximilien à l'exécution des derniers traités; mais il ne put y réussir. Voyant ses efforts inutiles, et ne voulant pas qu'on lui reprochât de s'être opposé seul à un projet de paix générale, il ordonna à Trivulce de cesser les hostilités, et fit partir pour Mantoue Etienne Poncher, évêque de Paris, lequel devait se concerter avec l'évêque de Gurk, chancelier et lieutenant-général de Maximilien.

Jules ne tarda pas à donner de nouvelles preuves de sa mauvaise volonté. Il n'avait député personne à Mantoue; mais s'étant avancé de Ravenne à Bologne, il envoya prier l'évêque de Gurk de s'y rendre, en lui représentant que, de son côté, il avait fait la moitié du chemin. Son intention était de mettre dans ses intérêts ce ministre, en lui faisant entrevoir qu'il pouvait aspirer à l'une des premières dignités de l'Eglise. L'évêque répondit avec fierté que *son maître ne l'avait pas envoyé à Ravenne pour des civilités, mais à Mantoue pour des affaires ; qu'il fallait, avant toutes choses, que l'agent du Saint-Siége se rendît à Mantoue pour conférer avec les ministres des autres puissances, et mettre, de concert avec eux, les choses en état d'être agréées de tous les partis ; qu'alors il se ferait un plaisir et un devoir d'aller à*

Ravenne pour mettre la dernière main à la paix.

Le pape, ne se rebutant pas de ce premier refus, chargea alors les ministres espagnols de fléchir le prélat allemand, et de le déterminer à lui donner la satisfaction qu'il demandait. Ces ministres, qui n'ignoraient pas que l'évêque de Gurk aspirait à la dignité de cardinal, lui firent entendre qu'il ne dépendait que de lui d'obtenir cette faveur, et parvinrent, à force d'instances, à lui arracher son consentement.

Le ministre allemand se rendit en effet à Bologne avec un cortége nombreux de seigneurs et de gentilshommes, et fut conduit en pompe au consistoire, où le pape l'attendait au milieu de tous les cardinaux. Après s'être assis sur un siége pareil à celui du souverain pontife, il dit en peu de mots, et avec fierté, *que l'empereur, son maître, l'avait envoyé en Italie, dans l'intention d'y procurer la paix; mais qu'on ne pouvait se flatter de parvenir à ce but si désiré, qu'autant que les Vénitiens restitueraient à l'empereur tout ce qu'ils avaient usurpé sur l'Empire et sur la maison d'Autriche.* Le début du prélat ne plut pas au pape, et moins encore aux Vénitiens. Après cette audience publique, il en eut une particulière, où il ne fit que répéter les mêmes paroles.

Jules, désespérant de pouvoir réussir par lui-même à ébranler la fermeté de l'ambassadeur allemand, crut devoir nommer trois cardinaux pour continuer la négociation. L'évêque de Gurk ne voulant pas démentir son caractère, nomma de son côté trois gentilshommes de sa suite pour aller conférer avec eux. Jules était indigné de ce qu'un simple évêque voulait traiter avec lui d'égal à égal ; mais sa haine contre la France lui fit dévorer en silence ces affronts.

Après de longues discussions qui durèrent quinze jours, on était convenu que les Vénitiens garderaient ce qu'ils possédaient dans le Frioul et dans l'Istrie ; que les villes de Padoue et de Trévise, avec leurs territoires, leur resteraient en propriété, mais qu'ils se soumettraient à en prendre l'investiture de l'empereur, et à lui payer tous les ans une certaine somme, à titre de redevance. Les ambassadeurs d'Espagne avaient disposé l'évêque de Gurk à se contenter de cette soumission ; mais, lorsque ce dernier commença à entamer les affaires de France, le pape l'interrompit brusquement, pour lui représenter que la cause de l'empereur était étrangère à la nouvelle discussion. Jules lui déclara qu'il n'écouterait rien à ce sujet, *mais que, s'il voulait employer son crédit pour rompre l'union de son maître avec Louis, il pouvait être assuré qu'il le ferait cardinal, patriarche d'Aquilée, et qu'il porterait ses revenus jusqu'à* 100,000 *ducats.* Ces offres étaient séduisantes ; mais l'évêque, qui avait de l'honneur, répondit que rien ne pouvait le porter à trahir ses devoirs : *Ni moi,* repartit le pape, *à me réconcilier avec mon ennemi, m'en dût-il coûter la tiare et la vie.*

L'ambassadeur, voyant l'impossibilité d'amener Jules à faire sa paix avec le roi de France, prit congé de lui, et sortit de Bologne. Le souverain pontife se repentit presque aussitôt d'avoir manifesté si ouvertement sa haine contre la

France ; il aurait désiré de renouer les négociations qui venaient d'être rompues, mais l'évêque de Gurk ne voulut plus entendre parler ni de la cour de Rome ni du pape. Ce prélat se retira dans le duché de Milan, où il acquit de nouvelles preuves de la mauvaise foi de Jules. Il y apprit que ce pontife avait profité de la suspension d'armes accordée par le roi, durant le congrès de Mantoue, pour soulever la ville de Gênes contre la France. L'évêque de Vintimille, de la maison des Frégose, était l'instrument que Jules avait mis en œuvre pour ourdir et faire éclater cette conspiration. Le maréchal de Trivulce, instruit à temps des projets du pape, avait heureusement donné des ordres si précis, qu'on arrêta l'évêque, qui se rendait à Gênes, déguisé en marchand de bœufs. Ce prélat fut conduit à Milan, où il avoua ingénument le sujet de son voyage et de sa métamorphose. La justice de Milan porta si loin son respect pour le Saint-Siége, qu'elle n'osa rien prononcer contre un si grand criminel : on n'eut pas à Gênes les mêmes égards pour ses complices.

Dès que le roi de France eut connaissance de la rupture des négociations de Mantoue, il écrivit à Poncher, son ambassadeur, que, s'il voyait encore quelque apparence de ramener Jules à la paix, il pouvait continuer les négociations ; mais en même temps Louis, pour n'être plus la dupe des artifices de son ennemi, se mit en mesure de lui faire sérieusement la guerre. Le maréchal de Trivulce ayant reçu un renfort considérable, sortit de ses quartiers, s'avança brusquement à Concordia, l'emporta le même jour, et s'approcha de l'armée ennemie, campée avantageusement près de la ville de Bologne. Le pape, qui était alors dans cette ville, ne jugeant pas à propos d'exposer une seconde fois sa personne, songea à se retirer à Ravenne, et confia, avant son départ, la défense de la place au duc d'Urbin, son neveu, et au cardinal de Pavie. A peine Jules était-il sorti de Bologne, que la faction des Bentivoglio en ouvrit les portes aux Français. Le cardinal, gouverneur de Ravenne, averti qu'on devait le livrer à l'ennemi, eut le temps de s'enfuir. Le duc d'Urbin, ne se trouvant plus en sûreté dans son camp, ne songea alors qu'à sa retraite. Il abandonna ses tentes, son artillerie, ses bagages, pour se sauver plus promptement; mais malgré ces précautions, son armée se dispersa si généralement, que dès le lendemain il ne se trouva pas quinze cents hommes sous ses enseignes.

Les Bentivoglio furent reçus dans Bologne comme les libérateurs de la patrie. Le peuple, dans ce moment d'enthousiasme, exhala toute sa haine contre le pape. Il arracha de la porte du palais sa statue, chef-d'œuvre du célèbre Michel-Ange, la traîna dans les rues, et la mit en pièces. Le souverain pontife était représenté debout en habit de guerrier, et élevant la main droite au ciel, comme pour donner la bénédiction. Ce monument des injustes victoires de Jules sur les Bentivoglio était un sujet de scandale pour les habitans de Bologne, qui, dans leur mécontentement, avaient demandé plusieurs fois *si c'était pour les maudire ou pour les bénir, que cette terrible statue levait le bras.* Le pape, informé de leurs propos, avait répondu : *C'est pour l'un ou pour l'autre, selon que les Bolonais mériteront d'être punis ou récompensés.*

Cependant Trivulce avait poursuivi les fuyards jusque sur les confins de la Romagne; il ne tenait qu'à lui de pousser plus loin ses conquêtes; mais comme les ordres qu'il avait reçus étaient remplis, il s'arrêta au milieu de ses succès. Les villes de la Romagne qui n'attendaient qu'un moment propice pour se soustraire au joug tyrannique de Jules, lui tendirent inutilement les mains. Celles d'Imola et de Forli, qui vinrent lui apporter leurs clefs, ne furent pas mieux écoutées. On murmurait contre lui, on l'accusait déjà de trahison, lorsque de nouveaux ordres qu'il reçut servirent à justifier sa conduite.

Louis, toujours généreux dans la prospérité, mandait à Trivulce de ramener son armée dans le Milanais, et d'évacuer toutes les places qu'il occupait dans l'Etat ecclésiastique. Ce prince, dans un temps où il lui aurait été si facile de pousser à bout son ennemi, et de s'emparer de Rome même, voulut mettre lui-même des bornes à ses succès, pour laisser au pape tout le temps de reconnaître ses erreurs. Jules ne sentit la générosité du roi que pour en devenir plus fier et plus intraitable. Il voulut donner la paix en victorieux, et prescrire des conditions que le roi n'aurait pu accepter qu'en se déshonorant.

Cependant, Jules commençait à redouter les suites de son opiniâtreté. Il ne se trouvait pas en sûreté à Ravenne, et songeait à se retirer à Rome, lorsqu'une scène tragique, qui venait de se passer presque sous ses yeux, l'y détermina. Le duc d'Urbin, imputant, dit-on, sa dernière défaite à la trahison ou à la lâcheté du cardinal de Pavie, son ennemi mortel, était accouru à Ravenne pour en tirer vengeance. A son arrivée, il s'informa de l'heure où le cardinal devait se rendre au palais, se présenta sur sa route, lui plongea son poignard dans le sein, et se retira dans son duché d'Urbin. Quelques auteurs (1) ont soupçonné Jules d'être entré dans le projet de cet assassinat, pour punir le cardinal d'avoir livré Bologne aux Français. Cette conjecture n'est pas sans fondement, si on réfléchit au caractère implacable de Jules, et au chagrin qu'il avait eu de perdre une place dont la conquête faisait toute sa gloire. Quoi qu'il en soit, à la nouvelle de cet assassinat, Jules parut vivement affecté, et partit à l'heure même de Ravenne, pour retourner dans sa capitale. Ce fut dans ce voyage qu'il eut la douleur de lire, sur les places des villes par où il passait, des placards affichés pour la convocation du concile de Pise.

L'intention des deux princes promoteurs du concile était de faire déposer Jules. L'empereur le désirait d'autant plus vivement, qu'il avait, comme on l'a déjà dit, l'ambition singulière de réunir, à l'exemple des premiers Césars, la dignité de souverain pontife à celle d'empereur. La France, qui connaissait son faible, et qui avait besoin de lui, l'entretenait dans cette idée bizarre. Ce fut le 16 mai 1511, qu'à la réquisition des ambassa-

---

(1) Entr'autres Mariana, liv. 30, ch. 1.

deurs de l'empereur et du roi de France, en exécution des décrets du concile de Constance, et au nom de neuf cardinaux, fut faite l'indiction du concile à Pise. La convocation du concile avait pour motifs : la réforme de l'Eglise dans son chef et dans ses membres ; la punition des crimes notoires et scandaleux ; le refus opiniâtre et persévérant du pape de le convoquer lui-même, malgré les instances réitérées des princes, des cardinaux et des évêques. On citait dans cet acte le pape lui-même à comparaître au concile de Pise, en termes assez forts, mais toutefois respectueux.

La convocation de ce concile réveilla les anciennes questions touchant l'autorité des papes. Les théologiens dévoués à Jules publièrent quantité d'écrits pour prouver « qu'il n'y avait que le « seul cas d'hérésie où il fût permis de déposer « le souverain pontife ; et que, d'ailleurs, la « convocation des conciles généraux était un « droit annexé à la papauté. » Mais ces écrivains furent plus embarrassés pour répondre au formulaire que Jules avait signé et juré dans le conclave où il fut élu pape, et qu'il avait confirmé depuis son exaltation. Un des articles de ce formulaire portait, « que le pape convoquerait un « concile général dans le cours des deux années « qui s'écouleraient, à compter du jour de sa « promotion ; et que, s'il contrevenait à aucun « des articles du formulaire, il consentait qu'on « le déposât, et qu'on lui fît son procès. » Il était évident que Jules avait contrevenu aux articles du formulaire. Aussi, dès qu'il en vit les copies, que les cardinaux avaient eu soin de faire distribuer dans toutes les parties de l'Europe, il se crut perdu.

Dans ce cruel embarras, ce pape se détermina à opposer concile à concile. Il fit publier une bulle adressée à tous les princes chrétiens, par laquelle il convoquait un concile général dans le palais de Latran, et ordonnait à tous les évêques de se rendre à Rome, sous peine d'être privés de leurs dignités. Il somma en même temps les cardinaux dissidens de venir avant soixante jours reprendre leur place et leurs fonctions dans le sacré collége, les menaçant, en cas qu'ils persistassent dans leur rébellion, de les dégrader et de les soumettre à l'anathème.

La convocation d'un concile à Rome donna de l'inquiétude aux cardinaux dissidens, mais elle ne rendit pas à Jules la tranquillité. Ce pontife, qui prévoyait l'inutilité de ses démarches, tant que les deux princes promoteurs du concile de Pise resteraient unis, eut recours à des expédiens plus efficaces que ses armes spirituelles. L'insouciance du roi, et les irrésolutions de l'empereur, lui fournirent les moyens de se tirer de l'embarras où ils l'avaient mis. Louis, satisfait de voir Jules dans une situation fâcheuse, se faisait un jeu d'une chose des plus sérieuses. Il n'envoya au concile de Pise que seize prélats, quelques abbés et quelques députés de chapitres et d'universités. Aucun prélat d'Allemagne ne s'y rendit ; l'empereur n'ayant eu ni l'autorité ni la volonté de les y envoyer.

Quoique l'ouverture du concile eût été indiquée au premier jour de septembre 1511, elle ne se fit que le 1er novembre suivant. Il ne s'y trouva que quatre cardinaux qui avaient, il est vrai, les procurations de quelques autres de leurs collègues. Cette assemblée décida que le concile ne serait point séparé que l'Eglise ne fût réformée, tant dans son chef que dans ses membres ; qu'un concile général, légitimement convoqué, ne tenait son autorité que de J. C., et que toutes sortes de personnes, même le pape, devaient lui obéir dans les choses qui appartiennent à la Foi, à l'extirpation des schismes et à la réformation de l'Eglise ; enfin, que toute personne, de quelque état et condition qu'elle fût, même le pape, qui refuserait de se soumettre à tous les réglemens et décrets d'un tel concile sur les trois chefs proposés et leurs dépendances, serait soumise à une pénitence convenable, et puni selon sa faute. Ce décret du concile de Pise était un renouvellement de ceux de la cinquième session du concile de Constance, sur l'autorité des conciles généraux.

Jules, de son côté, mettait tout en œuvre pour traverser les desseins du concile de Pise. Il excommunia publiquement les cardinaux qui y assistaient, et les priva de leurs bénéfices et de leurs dignités ; il suscita enfin tant d'embarras à cette assemblée, de concert avec les Pisans et les Florentins, peuples trop faibles pour ne point ménager l'impétueux pontife, qu'elle fut obligée, pour sa sûreté, de se transférer à Milan. Plusieurs prélats, docteurs et abbés, qui se trouvaient dans cette ville, rendirent le concile plus nombreux et plus respectable.

Cependant une armée pareille à celle que le

roi avait conduite contre les Vénitiens, deux ans auparavant, aurait été, pour réduire le pape, un moyen beaucoup plus efficace qu'un concile. Louis XII le sentait parfaitement bien ; mais, comme il était si peu secondé de l'empereur, et qu'il ne voulait point épuiser ses Etats en hommes et en argent pour faire des conquêtes qu'il n'avait pas intention de conserver, il temporisait toujours, dans l'espérance de vaincre l'opiniâtreté de Jules. Il avait si peu dessein de perdre le pape, qu'il avait eu l'imprudence d'avouer à l'ambassadeur d'Espagne que le concile de Pise n'était *qu'une farce et un épouvantail dont il ne voulait se servir que pour amener le pape à la raison.*

Si Louis attendait tout du temps, ses ennemis savaient le mettre à profit pour lui susciter de nouveaux embarras. Lorsque le roi d'Espagne apprit la surprise de Bologne et la déroute des armées du pape et des Vénitiens, il ne douta plus que ces deux puissances, dans l'impossibilité où elles seraient de se soutenir contre la France, ne s'accommodassent avec elle. Ce prince, craignant toujours pour son royaume de Naples l'accroissement de la puissance de Louis en Italie, ne perdit point de temps en négociations inutiles ; il fit partir pour ce pays une flotte qu'il avait destinée contre l'Afrique, avec ordre à Pierre de Navarre, qui la commandait, d'offrir ses troupes au pape et aux Vénitiens. Jules, encouragé par l'arrivée d'un secours aussi inattendu, reprit alors toute sa fierté : il ne voulut plus entendre parler d'accommodement avec la France, qu'à des conditions humiliantes pour cette couronne. Louis, pour en marquer son ressentiment, signa alors un traité par lequel il s'engageait à soutenir de toutes ses forces les Bentivoglio dans Bologne, et le duc de Ferrare dans ses Etats.

Cette résolution du roi accéléra la conclusion d'un projet de ligue qui se négociait entre le pape et les Vénitiens d'un côté, et le roi d'Espagne de l'autre : elle fut signée le 6 octobre 1511, et publiée solennellement dans Rome. On donna à cette confédération le nom de *Sainte-Union*, parce que le pape la représentait comme formée pour combattre les ennemis de l'Eglise, dissiper le schisme, et rétablir le Saint-Siége dans son premier éclat. Jules n'en demeura point là : ce génie, fécond en intrigues et en artifices, parvint à soulever presque toute l'Europe contre Louis. Henri VIII, roi d'Angleterre, à qui Jules avait envoyé un vaisseau chargé de vins délicieux et de tout ce qu'il y avait de meilleur goût en Italie, était entré dans ses vues.

Ce prince, voulant se ménager un prétexte de rupture avec le roi de France, chargea son ambassadeur de le prier de rendre au pape la ville de Bologne, qui appartenait au Saint-Siége; de cesser d'encourager la rébellion du duc de Ferrare contre son suzerain; de prévenir le scandale et le schisme que pouvait occasioner le concile de Pise, et d'adhérer avec tous les autres princes chrétiens à celui de Latran. L'ambassadeur était autorisé à déclarer que son maître se verrait forcé de prêter son appui au pape, dans le cas où ces demandes seraient refusées. Le roi, choqué de cette menace, qu'on pouvait regarder comme une espèce de déclaration de guerre, répondit séchement à l'ambassadeur d'Angleterre, et à celui d'Espagne qui s'était réuni à lui : « Qu'il « n'avait rien à démêler avec le pape ; que les « Bentivoglio, en rentrant en possession de Bo- « logne, dont le domaine utile leur appartenait « depuis plus d'un siècle, n'avaient rien fait que « de conforme au droit naturel et aux principes « du droit des gens ; qu'ils offraient, ainsi que le « duc de Ferrare, de payer au Saint-Siége les « mêmes redevances, ou même des redevances « plus fortes que celles qu'avaient payées leurs « ancêtres ; que l'affaire du concile de Pise était « un point de discipline ecclésiastique, sur le- « quel il s'en rapportait aux décisions des évê- « ques de son royaume, des théologiens et des « jurisconsultes ; que les menaces de leurs maî- « tres ne l'effrayaient pas, et qu'il était prêt à « prendre les armes pour soutenir ses droits et « ceux de ses alliés. »

Cependant la sainte ligue, fière d'avoir gagné dans son parti le roi d'Angleterre, se promettait encore d'y entraîner Maximilien. Jules et Ferdinand firent jouer tous les ressorts de leur artificieuse politique pour amener l'empereur au but qu'ils désiraient. Maximilien persista pour le moment dans son alliance avec la France, et la ligue ne retira d'autre fruit de ses pratiques sourdes, que d'avoir manifesté son animosité contre le prince de la chrétienté, le plus généreux et le plus digne d'être recherché en amitié. L'empereur, néanmoins, fit faire au roi des propositions qui pouvaient faire craindre qu'il ne se maintînt pas toujours dans ses bonnes dispositions. Son ambassadeur demandait en effet que le roi mit sur pied une armée de soixante mille hommes, et promettait que son maître leverait un pareil nombre de troupes pour faire le siége de Padoue, si le roi avançait les fonds nécessaires pour leur entretien. Le conseil de Louis était d'avis qu'on acceptât ces propositions, comme le seul moyen de s'assurer de la fidélité de Maximilien. Il pensait d'ailleurs qu'il en coûterait encore plus à la France pour se défendre contre lui, que pour l'aider à entretenir ses Allemands. Louis ne voulut point se rendre à cet avis. La dépense pour une armée aussi nombreuse lui parut excessive ; et, quoiqu'il eût pu se procurer l'argent nécessaire sans fouler ses peuples, il ne crut pas pouvoir le faire avec justice. Cependant, voulant donner quelque satisfaction à l'empereur, il promit de porter l'armée qu'il avait en Italie jusqu'au nombre de vingt mille hommes.

Les Suisses, qui depuis plusieurs années ne touchaient plus d'argent de France, recherchèrent alors l'alliance de Louis, mais sans vouloir rien diminuer de leurs prétentions. La guerre que les Français avaient à soutenir en Italie contre la nouvelle ligue, leur parut une occasion favorable pour envoyer demander l'augmentation des pensions qu'on leur avait déjà refusée. Ils doutaient d'autant moins du succès de leur démarche, que la France devait craindre qu'ils n'augmentassent le nombre de ses ennemis. Louis, pour son malheur, ne trouva pas leurs demandes assez respectueuses, et rejeta leurs offres, en leur reprochant durement l'usurpation de Bellinzonne contre la foi publique, leurs lenteurs étudiées lorsqu'il avait été question de le servir, leur arrogance et leurs exactions. A la nouvelle de ce nouveau refus, les Suisses forment le dessein de se venger du mépris que l'on faisait d'eux et de leurs services, s'assemblent jusqu'au nombre de seize mille, et descendent de leurs montagnes, dans la ferme résolution de venir droit à Milan, et de renverser tout ce qui s'opposerait à leur passage.

Gaston de Foix, duc de Nemours et neveu du roi, venait tout récemment de succéder au duc de Longueville dans le gouvernement du Milanais; emploi alors le plus glorieux et le plus difficile de l'Etat. Ce prince, âgé seulement de vingt-deux ans, avait fait ses premières armes à l'expédition de Gênes, et depuis ce temps il ne s'était point donné de combat où il ne se fût signalé par quelque action d'éclat. Les gendarmes, qui avaient été témoins de son intrépidité, et qui l'avaient vu dans un âge si tendre se précipiter au milieu des bataillons ennemis, un bras nu ou couvert d'une simple écharpe, *pour l'amour de sa dame*, avaient hâté par leurs vœux et leurs éloges son avancement. C'était la première fois que Gaston se trouvait chargé du commandement général, lorsqu'il eut à s'opposer à l'invasion des Suisses.

Le duché de Milan était alors dégarni de troupes; une partie veillait à la conservation des places frontières du côté de l'Etat ecclésiastique, et l'autre avait pris ses quartiers à Vérone, et dans les autres Etats de terre ferme de la république de Venise. Gaston ne put rassembler, dans un moment si pressant, que trois cents lances, deux cents gentilshommes, et deux ou trois mille fantassins. Ce n'était sûrement pas une armée capable de résister aux efforts de seize mille Suisses. Gaston s'avança avec ce détachement jusqu'au camp des ennemis, pour retarder leur marche, pendant que des officiers qu'il avait laissés à Milan travaillaient sans relâche à approvisionner la ville et à réparer les fortifications. Ayant trouvé dix mille Suisses campés à Galera, il eut l'audace de faire le tour de leurs retranchemens et de les défier au combat; mais ceux-ci ne voulurent pas hasarder une action générale en rase campagne contre de la cavalerie, avant l'arrivée d'un renfort qu'ils attendaient. Ils vinrent, quelques jours après, défier Gaston à leur tour; mais ce prince, qui avait eu le temps de faire renfermer dans les places fortes les paysans, les vivres et les troupeaux, se retira doucement, achevant de ruiner la campagne, sur la route que devaient prendre les Suisses, et les attira sur ses pas jusque dans les faubourgs de Milan. Ce fut alors que Gaston intercepta une de leurs lettres, qui lui fit concevoir l'espérance d'en être bientôt délivrés. Ils mandaient à leurs chefs, « qu'ayant pénétré jusqu'au centre du Mi« lanais, sans aucune résistance, ils étaient sur« pris de ne recevoir aucune nouvelle ni du « pape, ni du roi catholique, ni surtout des « Vénitiens qui leur avaient promis des vivres, « de l'artillerie, et cinq cents lances. » Il était en effet surprenant que les alliés ne fissent aucun mouvement dans une conjoncture si favorable pour eux. Gaston profita de leur négligence, et donna de si bons ordres, que les Suisses ne purent avoir aucune nouvelle, ni des cantons, ni des confédérés.

Cependant on faisait continuellement la petite guerre. Le seigneur de Conti, capitaine de cent hommes d'armes, perdit un jour huit ou dix de ses gens, et fut lui-même blessé à mort. Le brave chevalier Bayard, pénétré de douleur de la mort de son compagnon, qui était en même temps son ami, se promit de le venger. Le lendemain, il sortit dans la campagne, tomba avec furie sur cinq cents Suisses qui s'avançaient pour le combattre, les défit, et les immola tous aux mânes de son ami, au même lieu où Conti avait reçu le coup mortel. Les Suisses, entièrement découragés, s'éloignèrent de Milan, et firent un mouvement pour gagner les bords de l'Adda, où ils espéraient trouver l'armée des alliés. Gaston se mit à leur poursuite, jeta une forte garnison dans la ville de Cassan, qui avait un pont sur l'Adda, et fit traverser en même temps cette rivière à une division de sa petite armée, qui campa sur la rive opposée. Les Suisses, ne pouvant entreprendre de la passer sans s'exposer à être attaqués de front et en queue, imaginèrent alors un moyen assez singulier de se tirer d'embarras. Un officier suisse, qui avait servi long-temps dans les armées de France, et qui était connu de Gaston, vint le trouver, et lui annonça que ses compatriotes étaient dans le dessein de vider le Milanais et de s'en retourner chez eux, pourvu qu'il leur fît compter à l'instant un mois de solde. Gaston, qui aurait cru se déshonorer en achetant la paix, voulait d'abord renvoyer le parlementaire; mais, de l'avis de son conseil, il lui offrit la moitié de ce qu'il demandait. Le député se retira, et revint le lendemain à la même heure : il voulut représenter d'abord combien on avait eu tort de ne pas le prendre au mot, et promit de réparer tout le mal et d'apaiser ses compatriotes si l'on voulait leur donner la solde de deux mois. Gaston ne voulut plus la donner que de huit jours. L'officier se retira avec cette réponse, et en faisant de grandes menaces. Le jour suivant, arriva de leur camp un trompette, qui vint déclarer que les Suisses étaient déterminés à faire la guerre aux Français à toute outrance. Toutes ces fanfaronnades n'avaient d'autre but que de cacher le dessein qu'ils avaient de se retirer sans être poursuivis. On apprit en effet qu'ils avaient pris la route du lac de Côme, et que, de là, ils étaient rentrés dans leurs montagnes.

La nouvelle de la retraite des Suisses tira le roi d'une grande inquiétude. Sentant l'importance et la nécessité de garnir le Milanais d'un plus grand nombre de troupes, il autorisa Gaston à faire des levées en Italie, et fit passer les Alpes à toute la gendarmerie de France, ne se réservant que deux cents lances, qu'il distribua sur les frontières de Picardie. Il envoya aussi à Gaston l'argent dont il pouvait avoir besoin pour soudoyer des Grisons, des Valaisans et des Lansquenets, et le chargea de presser la république de Florence de changer ses anciens traités d'alliance avec la France en une ligue offensive et défensive.

Pendant que le général français négociait avec cette république, Jules et Cardonne, général des Espagnols, faisaient tous les préparatifs nécessaires pour entrer en campagne. Le rendez-vous des deux armées était dans la Romagne. Les Espagnols, en y allant, s'emparèrent, sans trouver de résistance, de presque toutes les places que le duc de Ferrare tenait sur le Pô. La Bastide de Génivolo osa seule fermer ses portes. Navarre, qui commandait sous Cardonne, en forma le siége; il l'emporta d'assaut, après trois jours d'attaque, et y laissa une nouvelle garnison composée de troupes du pape. Le duc de Ferrare avait trop d'intérêt de reprendre cette place qui couvrait sa ville capitale, pour la laisser au pouvoir de l'ennemi. A peine Navarre en était sorti, que ce prince se mit en devoir de la reprendre. Il y livra un si furieux assaut, que, malgré une blessure dangereuse qu'il reçut à la tête, il l'emporta en aussi peu d'heures que Navarre avait mis de jours à s'en rendre maître.

Jules, voyant les généraux espagnols bien disposés à seconder ses vues, leur proposa de commencer les opérations de la guerre par le siége de Bologne. Les confédérés se rassemblèrent à Forli. Le nombre de leurs troupes montait à seize mille fantassins, dix-huit cents hommes d'armes et seize cents chevau-légers. Bologne n'était alors défendue que par quelques corps de milice italienne dont on ne tenait pas grand compte, par deux mille lansquenets, et deux cents lances françaises sous les ordres d'Odet de Foix, seigneur de Lautrec. L'armée des alliés vint mettre le siége devant la place, le 17 janvier 1512. Cette ville, quoique d'une vaste étendue, n'avait pour toute fortification qu'une simple muraille et un fossé peu profond, et se trouvait dominée par une montagne d'où l'on pouvait facilement la foudroyer. Les assiégeans, se promettant de la réduire en peu de temps, et n'ayant pas assez de monde pour l'investir par des lignes de circonvallation, dressèrent leurs batteries d'un seul côté, et commencèrent l'attaque. Dès que le canon eut fait brèche, plusieurs soldats espagnols, sans attendre l'ordre des officiers-généraux, se glissent dans le fossé, grimpent sur le rempart, et s'emparent d'une tour abandonnée : ils sont bientôt suivis d'une partie de leurs camarades. Lautrec, averti du danger, se porte sur les lieux, repousse les Espagnols, et en fait un grand carnage. L'ennemi, n'osant pas hasarder un second assaut, attendait avec impatience l'effet des mines que Navarre devait faire jouer. Celui-ci employa toutes les précautions ordinaires; mais il ne put obtenir le succès dont il s'était flatté. Les pluies ou les neiges qui étaient tombées en abondance, le terrain bas et humide où l'on avait fait la fouille, avaient humecté la poudre. Les Bolonais ne manquèrent pas d'attribuer leur salut à un miracle. Ils racontaient qu'à l'endroit où l'on avait creusé la mine se trouvait une petite chapelle consacrée à la Vierge; que la muraille avait été enlevée si haut, que les deux armées purent se voir un instant; mais qu'elle retomba si perpendiculairement sur sa base, qu'à peine avait-on pu y distinguer quelques fentes.

Gaston, averti par les Bentivoglio de l'extrémité où Bologne était réduite, part de Finale à la brune, marche toute la nuit, malgré le vent et la neige qui tombait à gros flocons; et, le lendemain 5 février, à neuf heures du matin, il entre dans Bologne à la tête de onze mille fantassins, et de treize cents lances, sans avoir été aperçu par les ennemis. Gaston donna tout le reste de la journée et la nuit suivante à ses troupes pour se remettre de la pénible marche qu'elles avaient faite. Comme il ne pouvait supposer qu'il fût entré en plein jour dans Bologne, à la tête d'une armée, sans que l'ennemi en eût eu connaissance, il n'usa d'aucune précaution pour empêcher que personne ne sortît de la place. Un cavalier albanais, qui servait dans l'armée de France, s'étant approché trop près du camp des ennemis, fut bientôt enveloppé et conduit à Cardonne. Ce général lui ayant demandé en quel état était la place, il répondit *qu'il n'en savait rien, y étant arrivé tout récemment. Avec qui?* lui répliqua Cardonne. *Avec Gaston de Foix*, répartit l'Albanais. L'arrivée de Gaston dans la place était si peu vraisemblable, qu'on le traita d'imposteur. Quand on se fut assuré qu'il disait vrai, l'ennemi fit défiler à petit bruit son artillerie et ses bagages, décampa à l'entrée de la nuit, et se retira à Imola. Cette retraite se fit si promptement, et avec un silence si profond, que les Français ne s'en aperçurent que quelque temps après.

La joie que Gaston ressentait de ce succès fut un peu troublée par la nouvelle qu'il reçut, la nuit même, de la surprise de Bresse. Les Vénitiens, qui n'avaient pas rejoint l'armée des confédérés, dans le dessein de faire une puissante diversion, s'étaient emparés de cette place. Bresse était, après Milan, la plus considérable des villes que les Français possédaient en Italie. L'approche de l'armée

9.

de la république avait bien donné quelques soupçons au général français ; mais, comme il ne pouvait-être en deux endroits à la fois, il avait couru à Bologne, où le danger paraissait plus pressant. Gaston, après avoir pourvu à la sûreté de Bologne, partit dès le lendemain pour se rendre à Bresse. Il y avait, de cette dernière ville à Bologne, environ quarante lieues de distance. Il fallait traverser plusieurs rivières débordées, et suivre des chemins que la mauvaise saison rendait presque impraticables. Rien ne fut capable de ralentir le zèle du jeune héros, et ce fut bien alors qu'il développa cette activité qui le fit surnommer le *Foudre d'Italie*. Ayant appris que Baglioné, un des généraux de Venise, s'avançait à la tête d'un corps de troupes considérable pour lui disputer le passage du Mincio, il fait une marche forcée, prend de l'avance sur ce général, se rabat sur lui, l'attaque et le charge avec tant de furie, que l'action fut décidée en un quart d'heure. Toute l'infanterie fut taillée en pièces ; quatre-vingt-dix hommes d'armes furent faits prisonniers : la plupart des autres se noyèrent au passage de la rivière, et Baglioné ne dut son salut qu'à la bonté de son cheval. La nouvelle de cette victoire parvint promptement au château de Bresse, et releva le courage de la garnison française. Gaston passe le Mincio, continue sa marche, culbute un camp-volant des Vénitiens qu'il rencontre, et paraît enfin devant Bresse. A son arrivée, il aperçoit un monastère où les ennemis avaient placé trois mille hommes de nouvelles levées. Ne voulant pas laisser sur ses derrières un poste de cette importance, il se met aussitôt à la tête de cinq cents hommes, l'attaque et l'emporte malgré l'inégalité des troupes, et l'avantage de la position. Après ce succès, il entra sans obstacle dans le château de Bresse, où la garnison française s'était renfermée.

Le lendemain, au point du jour, il chargea Roquelaure d'annoncer aux Bressans qu'ils pouvaient encore mériter leur pardon, en rentrant dans le devoir, et en lui livrant les principaux chefs de la faction qui avait introduit les Vénitiens dans la place. Les habitans regardèrent cet avertissement comme une insulte, et ne répondirent que par des railleries piquantes sur le compte du roi et de son jeune général. Gaston, outré de dépit, se mit dans le moment même en devoir de les faire repentir et de leur résistance, et de leurs insultes. Il y avait dans Bresse une armée beaucoup plus nombreuse que celle des Français: Gritti, général de la république, avait huit mille hommes de troupes réglées. Outre ces forces, la ville avait levé quatre mille hommes qu'elle avait réunis à ses bourgeois armés, qui étaient au nombre de huit mille. L'armée de Gaston ne passait pas dix mille fantassins, et mille hommes d'armes; mais elle était composée de gens aguéris, intrépides et capables de tout entreprendre. Sur les sept heures du matin, Nemours rangea son armée en bataille à la vue des ennemis. Il ordonna à d'Alègre de se poster à l'entrée de la ville, vis-à-vis une porte qui était la seule que les ennemis n'avaient point murée. Pour lui, à la tête de sa gendarmerie qu'il avait fait mettre à pied, il se plaça dans l'espace de terrain qui était entre le château et la ville. Il fit alors publier une défense, sous peine de la vie, de courir au pillage, avant que les ennemis ne fussent entièrement défaits et chassés de la place. Après une précaution si sage, il donna lui-même le signal de l'attaque. Les Français gagnèrent presque aussitôt le pied de la muraille, comblèrent le fossé avec des fascines, et se présentèrent aux brèches que le canon du château avait faites. Le chevalier Bayard eut alors la cuisse percée d'une lance dont le fer resta dans la plaie. Gaston, qui le voit tomber à ses côtés, crie aux soldats : *Amis, vengeons le bon chevalier!* Il saute un des premiers dans le retranchement, et poursuit les fuyards avec tant de vivacité, qu'ils n'eurent pas le temps de lever ou de rompre le pont qui communiquait à la ville. Gaston, ne voulant pas donner à l'ennemi le temps de revenir de sa frayeur, divise ses troupes en plusieurs corps qui, traversant des rues différentes, au milieu d'une grêle de tuiles, de pierres et d'arquebusades, arrivent presqu'en même temps sur la place publique, où le combat se renouvela avec d'autant plus de fureur, que les assiégés ne s'attendaient à aucun quartier. Les Vénitiens, enfoncés de tous côtés, furent passés au fil de l'épée, ou se rendirent prisonniers de guerre. Ceux qui voulurent gagner la seule porte de la ville qui n'avait point été murée, furent arrêtés par d'Alègre, et taillés en pièces par ses gendarmes. André Gritti, général vénitien, fut fait prisonnier de guerre. Louis, comte d'Avogare, auteur de la révolte de Bresse, fut pris avec ses deux fils. On leur fit leur procès : ils furent déclarés coupables de haute trahison, et périrent sur un échafaud. La ville entière, à la réserve des monastères, fut livrée au pillage et à toutes les horreurs de la guerre, pendant sept jours entiers. Les relations ne sont pas d'accord sur le nombre des morts du côté des Vénitiens et des Bressans. Les françaises portent qu'il demeura sur la place plus de vingt mille hommes, et les italiennes n'en comptent que six ou huit mille au plus. Si l'on fait attention qu'il y avait dans Bresse plus de vingt mille hommes sous les armes, sans compter la plus grande partie de la bourgeoisie qui n'était pas commandée pour agir; que les Français firent peu de prisonniers, et que la fuite fut fatale à ceux qui voulurent prendre ce parti, on sera presque forcé de convenir que les relations françaises approchent davantage de la vérité. La perte, du côté des Français, ne fut pas considérable; on n'eut à regretter aucun officier de marque. La ville de Bresse rentra sous la domination du roi, le 19 février 1512.

Ce fut à la prise de cette ville que Bayard donna un grand exemple de sa générosité et de son amour pour la vertu. Quoique blessé dangereusement, il donna ses ordres pour qu'on mît à l'abri de toute insulte les filles de la dame dans la maison de laquelle on l'avait transporté. Lorsque la plaie fut fermée et qu'il eut fixé le jour de de son départ, la mère, entrant dans sa chambre, se mit à genoux, et lui dit : « Monseigneur,
« nous vous devons la vie : tous nos biens vous
« appartiennent par le droit de la guerre ; mais
« après tant de preuves de générosité que vous
« nous avez données, nous osons espérer que
« vous daignerez vous contenter de ce faible tri-

« but. » En même temps elle fit déposer sur la table du chevalier un coffre d'acier qui renfermait deux mille cinq cents ducats. Bayard fit semblant de les accepter ; et, ayant fait venir les deux jeunes filles, sous le prétexte de leur faire ses adieux, et de les remercier une dernière fois des soins qu'elles avaient pris de lui pendant sa maladie, il les obligea d'accepter chacune mille ducats, et les chargea de distribuer les cinq cents autres aux couvens de religieuses qui pouvaient avoir été pillés. Les deux jeunes demoiselles tombèrent à ses genoux, versèrent des larmes, et gardèrent le silence. Obligées d'emporter l'argent, elles vinrent présenter au bon chevalier chacune un bracelet tissu de leurs cheveux. Ce don, leur dit-il, je le reçois bien volontiers. Il se les fit attacher au bras, et promit qu'il ne les en ôterait point tant qu'ils dureraient (1).

Pendant que Gaston repoussait avec tant de succès l'armée des alliés, les Pères du concile de Pise, en sûreté à Milan, y tinrent la quatrième session : l'assemblée fut beaucoup plus nombreuse qu'à Pise. Les décrets de cette session ne contiennent presque que des plaintes sur l'inflexibilité du pape, qui ne voulait se prêter à aucun accommodement. Ils lui accordèrent encore le terme de trente jours pour se déterminer sur les propositions qu'ils lui avaient faites de convoquer lui-même un concile libre, ou de reconnaître celui de Milan. On fit afficher ce décret, et on indiqua la cinquième session pour le

---

(1) Hist. du chevalier Bayard.

11 février 1512. Dans cette cinquième session, il ne se passa rien de remarquable.

Le 24 mars, on tint la sixième session. Après les cérémonies accoutumées, les procureurs fiscaux du concile rappelèrent les offres qu'on avait faites au pape, les égards qu'on avait eus pour lui, les délais qu'on lui avait accordés, et son opiniâtreté à rejeter tous les moyens propres à rendre la paix à l'Eglise. Ils demandèrent ensuite qu'on le citât de nouveau au concile, et que, faute par lui de comparaître après la troisième citation, il fût déclaré contumace. Le concile leur accorda leur demande : les évêques de Châlons et de Saint-Flour, revêtus de leurs habits pontificaux, montèrent aussitôt sur les degrés du grand autel de l'église, et dirent par trois fois : *Le pape Jules II est-il ici, ou s'y trouve-t-il quelqu'un de sa part ?* Personne n'ayant comparu, ils vinrent faire leur rapport au président du concile : on accorda encore à Jules vingt-quatre jours, et on décida qu'après ce délai il serait procédé contre lui.

Après les brillans avantages que Gaston venait d'obtenir, on était généralement persuadé que ce ne serait plus qu'un jeu pour lui d'achever de ruiner les confédérés. Louis écrivit à son général de poursuivre l'ennemi sans relâche, et de tâcher d'amener les Espagnols à une action générale. Rien en effet n'était plus urgent que de pousser vivement la guerre : les Florentins venaient de renoncer à l'alliance de la France ; le roi d'Angleterre avait non-seulement adhéré à la sainte union, mais il venait d'assembler un parlement où la guerre contre la France avait été résolue ; les Suisses menaçaient le Milanais d'une prochaine irruption ; enfin l'empereur donnait tant de sujet de se méfier de lui, qu'il n'y avait que la seule nécessité qui obligeât le roi à lui marquer quelque confiance. Maximilien ne cherchait en effet qu'un prétexte pour rompre avec la France. Les avantages considérables que la ligue lui faisait entrevoir dans sa réunion avec elle, déterminèrent ce prince, toujours inconstant, à faire naître une occasion de rupture avec Louis. Il la trouva dans la dureté des conditions qu'il voulait imposer. Il exigeait que le roi fit à ses frais la conquête de Padoue, de Trévise et d'autres places qui devaient être réunies à l'Empire ; que Louis accordât madame Renée, sa seconde fille, qui avait à peine deux ans, à l'infant Ferdinand, son petit-fils, et frère puîné du jeune roi de Castille ; qu'il donnât en dot à la princesse la Bourgogne. Des propositions si injustes, et qu'on savait bien qu'on n'accueillerait pas, ne prouvaient que trop le désir qu'avait l'empereur de rompre avec la France. Le roi, pour ne pas favoriser le prétexte que cherchait Maximilien, lui envoya 50,000 écus, et renforça les garnisons des places qu'il tenait en Terre-Ferme.

Tous ces motifs, qui devaient engager Louis à risquer le sort des armes, étaient pour Ferdinand autant de raisons de différer le combat. Ce prince, qui prévoyait que le roi de France serait obligé d'affaiblir son armée d'Italie, ou même de la rappeler pour l'opposer aux efforts du roi d'Angleterre, manda à Cardonne d'éviter d'en venir aux mains jusqu'au moment où il apprendrait que les Anglais seraient descendus dans quelque province de France. En vain le pape, dont le génie impétueux ne pouvait s'accommoder de tant de lenteurs, se plaignait-il dans ses lettres du général espagnol, qu'il nommait par dérision *madame Cardonne* ; en vain le cardinal de Médicis, légat dans l'armée de l'union, lui reprochait-il de chercher à prolonger la durée de son généralat aux dépens des alliés, qu'il épuisait en pure perte : *Monsieur le légat*, lui répondait Cardonne, *priez Dieu pour le salut de l'armée, et laissez aux généraux le soin de la conduire.* C'était donc à Gaston à engager par ses manœuvres les Espagnols à une bataille : il en sentait d'autant plus la nécessité, qu'il venait d'apprendre que Maximilien avait conclu une trève de huit mois avec les Vénitiens. Dans un conseil de guerre qu'il convoqua, il fut décidé qu'on irait faire le siège de Ravenne, comme l'unique moyen d'attirer les ennemis en rase campagne. Les généraux des alliés devinèrent aussitôt le projet de Gaston : voyant l'impossibilité de l'empêcher sans risquer une bataille, parce que les Français se trouvaient entre Ravenne et leur camp, ils se déterminèrent à jeter un renfort dans la place. L'entreprise était audacieuse ; mais Marc-Antoine Colonne consentit de s'en charger, sous la promesse qu'on lui fit que, s'il était assiégé par les Français, l'armée entière viendrait à son secours. Il partit avec soixante hommes d'armes, cent chevau-légers, et six cents hommes d'infanterie ; et, marchant par des sentiers détournés, il entra heureusement dans Ravenne. Gaston, voulant livrer un assaut à la place avant l'arrivée des nouveaux secours qu'elle attendait, excitait le zèle de ses troupes, et se portait sur tous les points pour enflammer leur courage. Son artillerie avait fait en vingt-quatre heures une brèche de vingt toises, mais elle avait plus de six pieds d'élévation, et il fallait des échelles pour y monter. La disette qui commençait à se faire sentir dans le camp, et l'avis que reçut Gaston que Maximilien avait donné ordre aux Allemands de quitter l'armée et de revenir sur-le-champ dans leur patrie, déterminèrent le général français à livrer l'assaut. On se battit avec acharnement pendant trois heures, au bout desquelles il fallut songer à la retraite : les Français avaient perdu dans cette attaque plus de trois cents hommes.

Les assiégés, de leur côté, avaient beaucoup souffert, et craignaient de ne pouvoir résister à une seconde attaque. L'exemple tout récent du sac de Bresse les détermina à envoyer des députés dans le camp des Français pour capituler. Tandis qu'on délibérait dans la ville sur les articles de la capitulation, on vint annoncer que l'armée des alliés paraissait s'avancer au secours de la place. Cette nouvelle rompit les négociations, et on ne pensa plus de part et d'autre qu'à combattre.

Gaston, au comble de ses vœux, fit cesser toutes les opérations du siége, et ne s'occupa plus qu'à se préparer au combat, qu'il voulait livrer dès le lendemain. Il voulut cependant faire reconnaître la position de l'armée ennemie, et détacha Bayard pour aller à la découverte. Ce brave guerrier s'acquitta de sa mission avec tout le succès qu'on pouvait désirer. Il donna l'alarme à plusieurs quartiers du camp ennemi, renversa plusieurs tentes, tua quelques soldats, et fit plusieurs prisonniers. On apprit de lui que les alliés avaient assis leur camp à quelque distance du Ronco, sur un terrain élevé, où ils avaient formé à la hâte des retranchemens.

L'armée de Gaston était à peu près égale pour le nombre à celle des alliés; elle était composée de dix-huit mille hommes de pied, de quinze cents hommes d'armes, et de quatre mille de cavalerie légère. Le jour de Pâques, dès la pointe du jour, il fit passer le Ronco à toute son armée, la rangea en ordre de bataille, et marcha avec assurance à l'ennemi. Le duc de Ferrare, avec La Palisse, grand-maître de la maison du roi, commandait l'aile droite, appuyée à la rivière; Louis de Brézé, grand-sénéchal de Normandie, et le cardinal de Saint-Séverin, légat du concile de Pise, étaient au corps de bataille, et Frédéric de Bozzolo avait le commandement de l'aile gauche. L'ordonnance de l'armée était en forme de croissant, dont la cavalerie formait les pointes, et l'infanterie le corps. Pour prévenir toute attaque du côté de la garnison de Ravenne, Gaston avait eu la précaution d'y laisser un corps d'observation de quatre cents lances sous la conduite d'Yves d'Alègre. Gaston se mit au corps de réserve avec l'élite de la cavalerie, pour avoir la liberté de se porter partout où sa présence serait nécessaire. Les ennemis, de leur côté, formèrent leur ordre de bataille sur celui des Français. Cardonne, vice-roi de Naples, se réserva le corps de bataille; Pierre de Navarre avait le commandement de l'aile droite, toute composée de vieux guerriers espagnols; Fabrice Colonne et le marquis de Pescaire étaient à l'aile gauche.

Dès que les François se furent approchés des retranchemens ennemis, on se canonna des deux côtés. Pierre de Navarre, pour mettre son infanterie à l'abri du feu de l'artillerie française, la fit mettre ventre à terre, pendant qu'il foudroyait celle des ennemis, qui était à découvert. D'un autre côté, Gaston fit avancer la meilleure partie de son artillerie, et la pointa contre l'aile gauche des ennemis. La première décharge éclaircit tellement les rangs de la cavalerie légère de Pescaire et les gendarmes de Colonne, que l'un et l'autre envoyèrent courriers sur courriers à Cardonne pour lui déclarer qu'ils ne pouvaient plus tenir dans leur poste, et lui demander la permission d'aller en avant. Le général espagnol, livré entièrement aux conseils de Pierre de Navarre, leur ordonna de demeurer dans leur position.

Fabrice Colonne et Pescaire, furieux de se voir assommés sans pouvoir se défendre, sortent des retranchemens, entraînent avec eux la gendarmerie espagnole et napolitaine, et, malgré les ordres de leur général, vont fondre sur un petit détachement de gendarmerie, où étaient Gaston et Bayard. Ce fut alors que commença la mêlée. Le choc dura près d'une demi-heure, et on se battait de part et d'autre avec beaucoup d'acharnement, lorsqu'enfin Colonne et Pescaire furent repoussés, après avoir perdu plus de trois cents hommes d'armes.

Cardonne, voyant le combat engagé, s'ébranla enfin, et sortit de ses retranchemens. L'action devint alors générale : on combattait des deux côtés avec une égale fureur, et la victoire ne s'était encore déclarée pour aucun des deux partis, lorsque la cavalerie française la fixa de son côté ; elle enveloppa celle des ennemis, la fit plier et la mit en pleine déroute. Cependant l'infanterie espagnole, commandée par Pierre de Navarre, n'était point encore entamée : les Français avaient brisé à coups de canon les chariots qui lui servaient de remparts ; mais lorsqu'ils voulurent franchir le fossé, ils le trouvèrent bordé de plusieurs rangs de piquiers espagnols, qui présentaient un front menaçant et impénétrable. Le capitaine Fabian, l'un des hommes les plus forts et les plus grands que l'on connût en Europe, tenant une longue pique en travers, sauta au milieu des ennemis, et la baissa avec tant de force sur la file des piques espagnoles, qu'il ouvrit une brèche à ses camarades, qui s'élancèrent dans les retranchemens, et se battirent corps-à-corps. Les Espagnols se défendaient avec avantage, lorsque la cavalerie française, qui venait de triompher de celle des ennemis, apercevant leur résistance opiniâtre, pénétra par différens endroits dans leurs retranchemens, et foula aux pieds des chevaux tout ce qui lui résista.

D'un autre côté, d'Alègre, qui s'était ennuyé du rôle de simple spectateur, alla fondre sur un corps d'Italiens qui n'avait point encore combattu. Dès le commencement de l'attaque, il eut la douleur de voir tomber, mort à ses côtés, Viveros, son fils aîné : dans son désespoir, il se précipite dans les rangs ennemis, jonche la terre de morts, et tombe lui-même percé de mille coups.

Cardonne, voyant les Français pénétrer de toutes parts dans son camp, et perdant tout-à-fait la tête, ne vit sa sûreté que dans une prompte fuite. Il était accompagné de Carvajal et d'Antoine de Lève, celui qui, dans la suite, parvint sous Charles-Quint à une si haute réputation, et était suivi de tout ce qui restait encore de gendarmerie espagnole et italienne. La plupart de ses principaux officiers furent faits prisonniers : on remarquait parmi eux le célèbre Pierre de Navarre, qui avait été cause de la longue résistance de l'infanterie espagnole, le marquis de Pescaire, qui n'avait encore que vingt ans, et qui commandait déjà la cavalerie légère, don Jean de Cardonne, le marquis de Bitonte, Fabrice Colonne, et le cardinal de Médicis, qui devint pape sous le nom de Léon X, et était alors légat du souverain pontife dans l'armée des alliés.

Le nombre de ceux qui restèrent étendus sur le champ de bataille s'éleva à plus de quinze mille, dont les deux tiers étaient Italiens ou Espagnols. Le champ de bataille, l'artillerie des confédérés, leurs enseignes et leurs bagages, demeurèrent aux vainqueurs.

La victoire était complète, et Gaston s'était déjà acquis une réputation qui l'égalait aux plus grands capitaines. Il était encore au milieu du champ de bataille avec vingt des compagnons qu'il s'était choisis avant la mêlée, lorsqu'on vint lui dire qu'un corps d'Espagnols se retirait en bon ordre le long d'une chaussée étroite qui bordait le Ronco et culbutait tout ce qui s'opposait à son passage. Ce jeune guerrier, ne se croyant pas pleinement vainqueur tant qu'il resterait des ennemis à combattre, et ne songeant pas que la témérité est tôt ou tard malheureuse, n'écoute que son courage, et court à bride abattue avec sa petite troupe se poster sur la chaussée en face des Espagnols. Il est bientôt enveloppé par l'ennemi, qui veut s'ouvrir un passage : son cheval, devenu furieux par la multitude des coups qu'il reçoit, se cabre et tombe sur son maître. Dans ce moment, un Espagnol, que le général français venait de blesser, le perce d'un coup de pique au côté droit, et le tue. Telle fut la fin de ce jeune héros, à qui on ne peut faire d'autre reproche que d'avoir sacrifié sans nécessité une vie qu'il aurait dû ménager pour le service de son roi et de sa patrie.

Les Français cherchaient partout leur général, et le demandaient à grands cris, lorsque la nouvelle se répandit qu'il était mort. On courut en foule du côté de la chaussée, et on le trouva, sans vie, percé de quatorze coups de lances : Lautrec, qui l'avait accompagné, était auprès de lui, couvert de blessures, dont aucune heureusement ne se trouva mortelle. Les soldats, inconsolables de la perte de leur général, et ne respirant que la vengeance, demandèrent avec instance qu'on les menât à Ravenne. La Palisse, qui était devenu leur chef, profitant de leur ardeur, les conduit à la brèche que Gaston avait faite, et que les assiégés avaient négligé de réparer. Marc-Antoine Colonne, qui commandait dans la place, perdit courage à l'approche des Français, et envoya à La Palisse des députés pour capituler. Pendant qu'on réglait les articles de la capitulation, un capitaine nommé Jacquin, et quelques autres chefs d'aventuriers, s'approchèrent de la brèche, et s'élancèrent dans la place, suivis des lansquenets et d'une partie de l'infanterie. Transportés de rage, ils massacrèrent impitoyablement une partie des habitans, violèrent les femmes, commirent les excès les plus épouvantables, et allaient mettre le feu à la ville, lorsque La Palisse parut avec la gendarmerie pour arrêter le désordre. Ce général ne trouva d'autre moyen pour se faire obéir, que d'arrêter les plus mutins, et de les faire pendre à l'instant. De ce nombre fut Jacquin, qui s'était comporté plus en brigand qu'en soldat.

Les villes d'Imola, de Forli, de Cesène, de Rimini, craignant d'éprouver un sort semblable à celui de Ravenne, s'empressèrent de faire leurs soumissions. Le coup terrible que les Français venaient de porter aux alliés, jeta la consternation dans Rome, où l'on s'attendait à chaque instant à les voir paraître. A la première nouvelle qu'en eut le pape, il ne put cacher son désespoir: il craignait surtout de tomber au pouvoir de ses ennemis, et d'être traîné ensuite comme prisonnier devant le concile de Pise, où il aurait eu la honte de paraître devant les cardinaux qu'il avait dégradés, et qui seraient devenus ses juges. Il ne vit dans le moment d'autre parti à prendre que de s'enfermer dans le château Saint-Ange, avec quelques cardinaux qui lui étaient entièrement dévoués.

On jugeait à Rome de ce que ferait La Palisse, par ce qu'il aurait dû faire. La consternation était en effet si grande dans cette ville, que ce général n'aurait eu qu'à se présenter pour la soumettre. Mais la Palisse, à qui Louis n'avait point communiqué ses projets, et à qui Trivulce avait recommandé de ne point s'éloigner du duché de Milan, retint son armée dans l'inaction, jusqu'à ce qu'il eût reçu de nouveaux ordres. Ce général, d'ailleurs brave et habile, sachant qu'il avait un ennemi à réduire, n'aurait pas dû craindre qu'on lui reprochât les mesures qu'il aurait prises pour y parvenir.

La nouvelle de la cruelle journée de Ravenne fit, dans les diverses cours de l'Europe, différentes impressions sur les esprits. Elle jeta l'empereur dans ses irrésolutions ordinaires. Ferdinand en fut d'autant plus consterné, que, d'après les ordres qu'il avait donnés, il ne s'était pas attendu à une bataille décisive. A Venise, l'alarme y fut si grande, qu'on avait presque résolu, dans le sénat, de se réconcilier avec la France. Mais aucun prince ne parut plus affligé de cette victoire, que celui qui aurait dû s'en réjouir. Louis, en lisant la lettre de la Palisse, qui lui annonçait la victoire de Ravenne et la mort de Gaston, s'écria : *Je voudrais n'avoir plus un pouce de terre en Italie, et pouvoir, à ce prix, faire revivre mon neveu et tous les braves hommes qui ont péri avec lui. Dieu nous garde de remporter jamais de telles victoires !*

Jules, revenu de sa première frayeur, vit sans émotion tous les maux qu'il avait causés. Le sang de tant de victimes immolées à sa politique et à son ambition, ne fut pas capable de le faire revenir à des sentimens plus humains. Il chercha au contraire à soulever tous les princes de l'Europe contre la France, et parvint, à force d'intrigues, à engager l'empereur à séparer entièrement ses intérêts de ceux de Louis, et à joindre ses forces à celles de la ligue. Il faut cependant convenir que tout intrépide qu'il affectât de paraître, il fut vivement alarmé des succès des Français, et de la vigueur avec laquelle le concile de Pise agissait contre lui.

Les Pères de Pise, après avoir sommé inutilement le pape de comparaître en personne, ou par procureur, après lui avoir accordé plusieurs mois de délai, voyant qu'il ne répondait à leurs sommations que par des monitoires, où il les déclarait schismatiques et excommuniés ; qu'il les déposait de leurs dignités, et s'emportait contre eux aux dernières menaces, s'étaient enfin déterminés à le déclarer lui-même *auteur du schisme, artisan de trouble et de discorde, homme pervers, endurci dans le crime, et incorrigible* : ils l'avaient en conséquence suspendu de toute fonction, de toute autorité spirituelle et temporelle.

Le décret du concile, qui vint, pour ainsi dire, comme à l'appui de la bataille de Ravenne, jeta le souverain pontife dans l'inquiétude la plus cruelle. Il parut un moment ébranlé, et allait se rendre aux prières des cardinaux, qui ne cessaient de le conjurer de faire sa paix avec la France, lorsque les ambassadeurs d'Espagne et de Venise lui représentèrent que « le mal n'é-
« tait pas irréparable, ni même si grand que le
« faisait la renommée ; qu'il y avait en marche
« plus de Suisses qu'il n'en fallait pour remplir

« le vide des soldats qui avaient péri à Ravenne ;
« que la victoire des Français serait bientôt ba-
« lancée par la déclaration du roi d'Angleterre
« en faveur de la ligue ; qu'enfin l'armée fran-
« çaise était demeurée comme un corps sans âme,
« depuis la mort de son général. » Toutes ces
raisons, exposées avec un air d'assurance, firent
revenir le pape de sa première frayeur, et relevèrent son courage, sans néanmoins le tranquil-
liser entièrement. Pour sortir de l'embarras où il
se trouvait, il ne vit, pour le moment, d'autre
expédient que d'avoir recours à ses artifices ordinaires.

Jules, qui n'ignorait pas que le roi de France
désirait toujours ardemment la paix, profita des
dispositions de Louis, pour l'arrêter au milieu
de ses succès. Ce pape feignit de se rendre aux
vives instances des cardinaux, et manda Robert
de Guibé, cardinal de Nantes, qu'Anne de Bretagne, en qualité de souveraine, tenait à la cour
de Rome. Après avoir exalté la piété de cette
reine, qu'aucune considération n'avait pu détourner d'une entière soumission au vicaire de
Jésus-Christ, il témoigna les plus vifs regrets de
n'avoir pas encore prouvé à cette princesse tout
le cas qu'il faisait de sa médiation : il parla du roi
en termes respectueux, attribua la mésintelligence qui était survenue entre eux, à la perfidie
de leurs agens, et plaignit le malheur des princes
qui n'avaient pas, comme les particuliers, la liberté de s'expliquer directement. Après ce beau
début, il fit connaître les dernières conditions
que le roi lui avait offertes, pria les cardinaux
de rédiger eux-mêmes les articles de sa réconci-

liation avec la France, et les signa avec eux. Le jour même, Jules eut une conférence avec les ambassadeurs d'Espagne et de Venise, dans laquelle il les assura qu'il n'avait eu d'autre intention que de donner une espèce de satisfaction aux cardinaux, qui le tourmentaient pour la paix, de tromper le roi de France, de le désarmer entièrement, et se procurer, et à lui-même et à ses alliés, le temps nécessaire pour rétablir leurs affaires. Sa conduite ne démentit point ses discours; car, tandis qu'en apparence il se prêtait à un accommodement, il y apportait secrètement des obstacles insurmontables.

Cependant le sacré Collége pressait Jules d'envoyer à la cour de France un nonce, pour faire ratifier à Louis les articles du traité qu'il venait de signer à Rome. Ce pontife, pour les tromper plus adroitement, députa l'évêque de Tivoli, légat d'Avignon, au roi de France; mais il affecta de ne donner à cet agent ni pouvoirs pour conclure, ni même une simple lettre de créance. Louis, malgré ce manque essentiel de formalités, voulut prouver à toute l'Europe qu'il ne tenait pas à lui que la paix ne fût rétablie en Italie, et signa le projet de paix. Par ce traité, Louis consentait à restituer Bologne au Saint-Siége, à engager le duc de Ferrare à donner une entière satisfaction au pape, et à dissoudre le concile de Pise.

On s'attendait que Jules, dont toutes les prétentions paraissaient satisfaites, allait mettre le sceau à la paix par une ratification authentique des articles du traité; mais on reconnut bientôt qu'il n'avait cherché qu'à gagner du temps pour se concerter avec les ennemis de la France. La Palisse, sur la foi du traité signé à Paris, avait laissé au cardinal Saint-Séverin trois cents lances et six mille hommes d'infanterie pour garder, au nom du concile de Pise, les places de l'Eglise dont on s'était emparé, et avait repris, avec la plus grande partie de ses troupes, la route de Milan. Ce fut dans cette marche que les soldats, qui n'avaient point voulu se séparer du corps de Gaston, leur général, lui décernèrent une pompe funèbre qui avait plutôt l'air d'un triomphe. Le char qui le portait précédait l'armée : il était orné, sur le devant, des enseignes de France et de Foix; sur les cotés et le derrière, des drapeaux ennemis renversés, et traînant dans la poussière. Le cardinal de Médicis, Pierre de Navarre, le marquis de Pescaire et les autres généraux prisonniers, suivaient à pied le char du vainqueur. Ce cortége entra dans la ville de Milan, et se rendit dans la cathédrale, où on déposa le corps de Gaston, après lui avoir érigé un trophée des armes des vaincus.

Dès que Jules vit l'armée française s'éloigner, il crut que c'était le moment de manifester ses véritables dispositions. Il ne voulut plus de paix qu'à des conditions qu'on ne pouvait accepter. Il déclara qu'il ne se détacherait point de la ligue, fit de nouvelles levées, et se prépara à recommencer la guerre. L'arrivée du cardinal d'Yorck, muni de pleins pouvoirs pour accéder à la ligue, au nom du roi d'Angleterre, et la certitude que le roi d'Espagne était résolu à ne rien épargner pour le soutenir, le mirent au comble de ses désirs. Ces événemens produisirent un grand changement dans les affaires de Louis en Italie. Les seigneurs italiens, qui étaient presque tous dévoués à la France, se voyant abandonnés, crurent pouvoir impunément lui manquer de fidélité. Le duc d'Urbin, Pompée Colonne, Robert des Ursins, et tous les barons romains, se réconcilièrent avec Jules, entrèrent à son service, et employèrent l'argent qu'ils avaient touché du roi à lever des troupes contre lui. Pierre Margano fut le seul qui eut la bonne foi, en changeant de parti, de renvoyer toutes les sommes qu'il avait reçues.

Louis s'aperçut alors, mais trop tard, qu'il était la dupe de la droiture de son cœur, de la perfidie de Jules, et des scrupules de la reine. Cette princesse, en effet, entretenue dans des idées contraires au bien de l'Etat, par les émissaires que le pape avait à la cour de France, importunait continuellement le roi, et cherchait, par des motifs de conscience mal fondés, à le désarmer, dans des momens où il aurait dû agir avec plus de vigueur. Cependant ce prince, pour se venger en quelque sorte de la perfidie de Jules, refusa de rendre la liberté au cardinal de Médicis qui avait été fait prisonnier à la journée de Ravenne. Il aurait été à souhaiter pour le bien de la France, ou que le roi eût renvoyé cet illustre prisonnier, ou qu'il l'eût enfermé dans une étroite prison. Ce cardinal, ayant obtenu du cardinal Saint-Séverin la liberté de correspondre avec sa famille, en profita pour informer le pape de la situation où se trouvait l'armée française, du découragement qu'avait produit la mort de Gaston, et de l'embarras et de l'inquiétude que causait l'armement des Suisses, dont on avait reçu des avis certains. Il profitait d'ailleurs de l'influence que lui donnait son titre de légat, pour détourner les soldats de faire leur devoir, et les exciter à la désertion.

Louis, qui n'ignorait pas que le concile de Pise causait toujours beaucoup d'inquiétude au souverain pontife, députa vers les rois du Nord pour les engager à reconnaître l'autorité de cette assemblée. Pierre Cordier, docteur de l'université de Paris, fut choisi par le roi pour remplir cette importante mission. L'envoyé se rendit d'abord en Écosse auprès de Jacques IV. Ce prince écouta favorablement Cordier, et lui témoigna tout le désir qu'il avait de partager la bonne ou la mauvaise fortune de son maître. Cependant, pour ne rien faire témérairement, il convoqua les évêques et les grands de ses Etats, qui s'assemblèrent à Edimbourg. Les prélats, imbus des maximes ultramontaines, et surtout de celle qui établit l'autorité du pape supérieure à celle des conciles généraux, répugnaient à reconnaître le concile de Pise. Cordier, qui était élevé dans de meilleurs principes, et en état de les faire valoir par son éloquence, résolut les doutes des évêques, et prouva avec tant de force et de solidité la supériorité des conciles généraux, que le roi d'Ecosse lui promit de faire ce que Louis demandait. Cordier se rendit ensuite en Danemarck, où il reçut d'aussi belles promesses qu'en Ecosse ; mais elles furent également sans effet. Malgré le peu de succès de cette négociation, on reçut en France le décret qui suspendait le pape de toute fonction. Le roi en ordonna l'exécution dans toute l'étendue de son royaume, avec défense à ses sujets d'impétrer aucunes provisions du pape, et d'avoir égard aux bulles qu'il pourrait expédier.

Jules, irrité plus que jamais, donna une nouvelle bulle par laquelle il prétendait annuler tout ce qui avait été fait au concile de Pise, et traitait les cardinaux qui y avaient assisté de schismatiques et d'hérétiques. Comme cette bulle donnait encore des bornes trop étroites à sa colère, il l'étendit sur le royaume de France. Il excommunia Louis, mit son royaume en interdit, et dispensa tous ses sujets du serment de fidélité. Le roi, malgré le mauvais état de ses affaires, protesta contre cette bulle; et, comme le dit M. de Thou : « Il passa si avant, que, sans écouter les avis de « ceux qu'il avait coutume de consulter, il ré- « pliqua avec hauteur aux vaines imprécations « d'un vieillard moribond, par une excommuni- « cation contraire qu'il fit porter contre lui. » Il fit même frapper des pièces de monnaie qui, d'un côté, représentaient son image, avec les titres de roi de France et de Naples, et de l'autre les armes de France avec ces mots : *Perdam Babylonis nomen.* (Je détruirai jusqu'au nom de Babylone).

Cependant Jules ne tarda pas à recueillir le fruit de ses perfides intrigues. Déjà le roi d'Angleterre était d'accord avec le roi d'Espagne pour attaquer la France et pénétrer dans la Guienne. D'un autre côté, le cardinal d'Evora avait engagé l'empereur à accéder à la sainte union, et à conclure une trêve avec la république de Venise. Ces nouvelles rendirent le pape encore plus entreprenant. Comme il ne savait pas mieux se modérer dans la prospérité que dans l'adversité, il dressa un monitoire contre Louis, par lequel il enjoignait à ce prince de relâcher le cardinal de Médicis, son légat, et le frappait, en cas de refus, des censures les plus sévères. Il n'osa cependant point faire usage de cette pièce sans l'avis des cardinaux. Ceux-ci, moins passionnés que Jules, lui remontrèrent qu'avant de se porter à une telle extrémité, il convenait d'épuiser tous les moyens d'engager ce prince à se laisser fléchir.

Maximilien, qui avait déjà des intelligences avec les Suisses, rappela brusquement son ambassadeur de la cour de France. Surpris que ses Allemands n'eussent pas encore quitté l'Italie, il leur ordonna de nouveau de rentrer dans leur patrie. C'était une perte irréparable dans les circonstances où l'on se trouvait. L'infanterie française avait beaucoup souffert à la journée de Ravenne; les aventuriers qu'on avait levés et disciplinés, avaient abandonné l'armée, après s'être enrichis des pillages de Bresse et de Ravenne; les bandes italiennes, composées de Valésans et de Grisons, avaient été autorisées par le trésorier de l'armée à se retirer dans leurs foyers. Louis faisait de nouvelles levées en France pour réparer toutes ces pertes. La nouvelle qu'il reçut que les Anglais étaient débarqués du côté de Fontarabie pour se jeter dans la Guienne, rompit toutes ses mesures. Loin d'envoyer de nouvelles recrues en Italie, il rappela de cette contrée deux cents gentilshommes de sa maison, et quelques compagnies d'ordonnance, pour couvrir les frontières de la Gascogne.

10.

L'armée de La Palisse se trouvait alors réduite à treize cents hommes d'armes, et à dix mille fantassins ; forces qui n'étaient sûrement pas suffisantes pour résister long-temps aux attaques des confédérés. Ce général retira aussitôt les troupes qu'il avait dans la Romagne. Le cardinal de Saint-Séverin, qui en avait le commandement, jeta une garnison dans Ravenne; mais, dès qu'il fut parti, toutes les autres villes de la Romagne, qu'il avait évacuées sans y laisser de troupes, rentrèrent, quoique malgré elles, sous l'obéissance du pape.

L'affaiblissement de l'armée française en Italie, l'embarras de La Palisse, pour résister aux Suisses qui venaient de passer les monts, la trêve de l'empereur avec Venise, l'arrivée de nouvelles troupes d'Espagne, enfin la guerre que le roi d'Angleterre faisait déjà aux Français, relevèrent infiniment les espérances de Jules. Ce fut alors qu'il chercha à décréditer le concile de Pise, en convoquant celui qu'il avait indiqué à Rome, dans le palais de Latran. Il en fit l'ouverture le troisième jour de mai 1512. La cérémonie en fut auguste, et les *démonstrations de piété*, dit un auteur contemporain (1), *auraient été capables de toucher les cœurs les plus endurcis, si l'on eût été moins prévenu contre le pape.*

Pendant que Jules tenait le concile, l'armée des confédérés pressait les Français de tous côtés. Les habitans de Ravenne ouvrirent leurs portes à Antoine Colonne, et réunirent leurs forces

---

(1) Guicchardin.

aux siennes pour investir la citadelle où les Français s'étaient retirés. Comme la garnison n'était pas considérable, elle fut bientôt réduite à faire sa capitulation. Il était juste de la faire jouir des mêmes avantages que La Palisse avait accordés à Colonne, dans une même circonstance. Colonne n'osa s'y refuser; mais ce ne fut que pour commettre plus sûrement des cruautés dont des barbares sont seuls capables. Dès que la garnison fut sortie de la citadelle, sur la foi du traité, Colonne l'enveloppa avec ses troupes : il fit passer les simples soldats par les armes, et leurs chefs furent enterrés tout vifs jusqu'à la tête, et exposés, dans ce pitoyable état, aux insultes d'une vile populace.

L'invasion des Suisses, qui étaient sortis de leurs montagnes au nombre d'environ dix-huit mille, était d'autant plus à redouter, qu'elle était mieux concertée que les précédentes, et que les Vénitiens venaient de leur fournir huit cents lances, autant de chevau-légers, un train d'artillerie, des pontons pour traverser les rivières, des vivres, et toutes sortes de munitions. Les historiens de cette nation disent que les Suisses prirent les armes, moins pour remplir leurs engagemens avec la sainte union, que pour se venger des mauvais traitemens que les Français avaient fait éprouver aux courriers de Berne, de Fribourg et de Schéweitz, et dont ils n'avaient pu avoir aucune satisfaction ni de Gaston de Foix, ni du roi. Quoi qu'il en soit de ce déni de justice, au premier bruit de l'arrivée des Suisses, La Palisse s'avança jusqu'à l'extrémité du Milanais, au devant de l'ennemi, évacuant les places faibles, ou d'une trop grande étendue, et jetant des renforts et des munitions dans la ville de Bresse, dans le château de Crémone, et les autres forteresses qui pouvaient se défendre avec peu de troupes. Après avoir distribué environ quatre mille hommes dans ces différentes forteresses, il se proposa de disputer aux Suisses le passage des rivières, et de les battre en détail, s'ils prenaient le parti de se séparer; mais malheureusement il n'avait sous ses ordres que des soldats épuisés de fatigue, entièrement découragés, et qui n'aspiraient qu'au moment de jouir d'un repos qu'ils croyaient avoir bien acheté. Dans cette circonstance, La Palisse écrivit au trésorier de l'armée pour obtenir de lui l'argent nécessaire pour attirer, sous ses enseignes, six mille Italiens qu'on lui promettait. Dans sa lettre, qui était en chiffres, il lui marquait le mauvais état de son armée, et l'impossibilité où l'on se trouverait de conserver le Milanais, si les Suisses entreprenaient d'y pénétrer. Cette lettre fut interceptée par un parti d'Albanais au service des Vénitiens, et fut aussitôt déchiffrée. On tint sur-le-champ, dans l'armée des confédérés, un conseil pour délibérer sur les opérations de la guerre. Leur premier dessein avait été d'entrer dans le Ferrarais, pour se conformer aux intentions du pape qui voulait qu'on commençât la campagne par le siége de Ferrare. Ce projet laissait aux Français le temps de se fortifier; mais la lettre de La Palisse le fit changer promptement. Ils marchèrent droit à Milan. La Palisse, informé de cette contre-marche dont il ignorait le motif, quoiqu'il l'eût fourni lui-même, alla les attendre à Pontévigo, pour les arrêter au passage de l'Oglio. Il n'était pas déjà trop en forces ; et ce fut dans cette circonstance décisive qu'il vit sa petite armée s'affaiblir de près de la moitié par le départ des Allemands auxquels l'empereur avait ordonné, sous des peines très-sévères, de quitter le service de France.

La Palisse, réduit à sa gendarmerie et à deux ou trois mille hommes d'infanterie, ne crut pas devoir tenter le sort des armes ; il abandonna la campagne aux confédérés, et se retira dans Pavie, où il fut rejoint par le maréchal de Trivulce. Ce dernier, après avoir jeté quelques troupes dans le château de Milan, avait emmené avec lui les prisonniers faits à Ravenne et les Pères du concile de Pise. Dans le tumulte qu'occasionaient ces marches forcées, le cardinal de Médicis parvint à s'échapper des mains de ses gardes, et alla porter lui-même au pape la nouvelle de sa délivrance et de la retraite des Français.

A la nouvelle de l'éloignement de la Palisse et de Trivulce, toutes les villes du duché s'empressèrent d'ouvrir leurs portes aux alliés, et de les recevoir dans leur enceinte. La Palisse aurait bien voulu mettre Pavie en état de soutenir un siége. Les Suisses ne lui en donnèrent pas le temps : ils arrivèrent, deux jours après, sous les murailles de la ville, qu'ils tentèrent d'escalader ; tandis que des corps de leur armée passaient successivement le Tésin, pour couper aux Français le chemin de la retraite. La Palisse fait jeter promptement un pont de bois sur le Tésin, partage sa petite armée en trois corps, et se met en mesure de forcer le passage. L'avant-garde, composée de sa gendarmerie et de mille fantassins, à la tête de laquelle il était, passa le pont sans aucun obstacle ; elle fut suivie de l'artillerie et des bagages. L'arrière-garde, où étaient Louis d'Ars et le chevalier Bayard, ne passa pas si tranquillement. Les alliés tombèrent avec fureur sur ce détachement, dans le moment qu'il défilait par la rue qui conduisait au pont. Il y eut là un sanglant combat. Bayard, qui y fut blessé à l'épaule, arrêta, avec trente hommes d'armes, l'impétuosité des Suisses, et donna le temps aux troupes de se retirer. Trois cents Allemands, qui n'avaient point abandonné les Français, firent dans cette circonstance des prodiges de valeur, et périrent presque tous par un événement imprévu. Dès que Bayard avec ses gendarmes eût passé le pont, une des barques s'enfonça sous le poids d'une grosse pièce d'artillerie, et laissa ces braves Allemands, qui gardaient la pointe du pont, à la merci des Suisses. Ils vendirent chèrement leur vie, et périrent par le fer des ennemis, ou furent engloutis dans les eaux du Tésin. Les confédérés cessèrent alors de poursuivre les Français.

La Palisse se rendit à Ast, en Piémont, où le maréchal de Trivulce l'avait devancé. Ne se croyant pas assez forts pour défendre cette place, ils prirent le parti de l'abandonner, et de se retirer en France. Cette révolution, qui fit perdre au roi, en assez peu de temps, tout ce qu'il avait au delà des Alpes, arriva dans le cours du mois de juin de l'an 1512. Malgré ces revers, on doit dire, à la gloire de La Palisse, qu'il est de tous les officiers français celui dont les étrangers ont dit le plus de bien. Cependant, si l'on voulait rechercher la cause d'un événement aussi triste pour la France, on serait assez porté à l'attribuer à celui qui commandait les troupes du roi en Italie. La première faute de La Palisse fut de n'avoir pas mené ses troupes victorieuses contre Rome, après la bataille de Ravenne; la seconde, de n'avoir pas tenu les troupes en haleine pendant le court intervalle qui s'était écoulé depuis le 2 d'avril, jour de la bataille, jusqu'au mois de juin suivant, époque de l'invasion des Suisses. Depuis la victoire de Ravenne, les troupes avaient vécu sans frein, sans discipline, et la désertion avait fort affaibli l'armée. Il est vrai que, pendant cet espace de temps, il y eut des négociations qui semblaient devoir conduire à une paix sincère; mais était-ce là un motif suffisant pour laisser l'armée s'affaiblir? Jules, instruit du relâchement de la discipline dans l'armée française, en était devenu plus intraitable, parce qu'il avait prévu ce qui devait en arriver. Enfin, dès les premiers momens du danger, La Palisse aurait pu réunir tout ce qu'il avait de troupes dans le Bolonais, le Ferrarais, le Milanais, et dans les places où il y avait de fortes garnisons, et former une armée redoutable, contre laquelle tous les efforts des ennemis auraient pu se briser. Mais l'envie de garder tout, fit perdre tout.

Après la retraite des Français, le duché de Milan fut pour les alliés une source de divisions: chacun d'eux aurait voulu l'avoir pour soi, ou du moins s'en approprier quelque portion. L'empereur et le roi d'Espagne s'accordaient entre eux pour investir de ce duché ou Charles, prince de Castille, ou le jeune Ferdinand, son frère : cet arrangement ne pouvait convenir ni au pape, ni aux Vénitiens, ni aux Suisses, qui redoutaient des voisins aussi puissans. Ces derniers voulaient qu'on rétablît la maison de Sforce dans ce duché, et que l'empereur en donnât l'investiture à Maximilien Sforce, fils aîné de Ludovic, que les Français avaient dépouillé. La discussion fut longue et vive; mais enfin les Suisses, qui, véritablement, avaient fait eux seuls la conquête du Milanais, et dont les forces s'augmentaient tous les jours en Italie, parvinrent à faire reconnaître Maximilien Sforce pour duc de Milan et de ses dépendances. Le pape, cependant, fort de l'appui des Suisses, voulut alors réunir au patrimoine de saint Pierre Parme et Plaisance, qui avaient fait partie, disait-il, de la donation de Charlemagne. Les Suisses conservèrent Bellinzonne, et se ménagèrent ainsi une entrée facile dans le duché : par cet arrangement ces peuples tenaient le nouveau duc sous leur dépendance, en le prenant sous leur protection, et le Milanais devenait pour eux une mine dont ils tiraient plus d'argent que le duc lui-même. Maximilien Sforce, qui s'était retiré en Allemagne, fut rappelé dans ses états, et reçu dans sa capitale, au bruit des acclamations du peuple, qui souhaitait d'avoir, comme autrefois, son prince particulier.

Pendant ces négociations les troupes des confédérés ne restaient pas oisives : elles allèrent investir les places qui étaient restées aux Français. La ville de Lemnia, située dans l'Etat de terre ferme, fut attaquée une des premières. La garnison se défendit avec beaucoup de courage, mais le manque de vivres la força à capituler. Le commandant remit la place entre les mains de l'évêque de Gurk, ambassadeur et lieutenant-général de l'empereur en Italie. Les Vénitiens, irrités de ce que les Français avaient remis la place aux Allemands, allèrent les attendre au premier défilé, et leur enlevèrent argent, armes et bagages. Toutes les autres places subirent le même sort, et il ne resta plus aux Français, dans tout le duché, que les châteaux de Crémone et de Milan.

L'esprit de révolte, comme un mal contagieux, ne tarda pas de se communiquer aux Génois : c'eût été un prodige qu'ils eussent persévéré dans la fidélité au roi, à une époque où tous ses autres états d'Italie se révoltaient impunément contre lui. L'inconstance était si naturelle à ce peuple, qu'il ne pouvait s'accommoder d'aucune espèce de gouvernement : dans l'espace de moins de cent ans, il avait essayé de plus de douze manières de se gouverner, sans être ni plus libre ni plus heureux. Louis XI, fatigué d'être le roi d'un peuple toujours rebelle, et toujours châtié sans devenir plus sage, avait cédé la seigneurie de Gênes au duc de Milan, sous la condition qu'il lui en ferait hommage. Les Génois se soumirent à ce nouvel arrangement, mais ils se lassèrent bientôt du gouvernement du duc; ils envoyèrent des députés à Louis XI pour lui dire qu'ils se donnaient à lui. Le roi, piqué et lassé de leur légèreté, leur répondit : *Vous vous donnez à moi, et moi je vous donne au diable.*

Il n'est donc pas étonnant que les Génois

aient suivi, dans la conjoncture présente, l'exemple de rébellion donné dans le Milanais. Il faut pourtant avouer qu'ils s'y portèrent moins de leur propre mouvement qu'à la sollicitation du pape. Jules avait tenté plusieurs fois de soustraire cette seigneurie, sa patrie, à la domination du roi de France, mais il avait toujours échoué dans ses projets. Dans la fermentation générale, il ménagea avec les mécontens de Gênes des intelligences qui furent tenues si secrètes, qu'il n'en transpira rien qu'au moment où la révolte éclata. Janus Frégose, ennemi déclaré des Français, était à la tête des rebelles ; soutenu d'un corps de Suisses et de Vénitiens, il s'approcha de la ville, et y fut introduit par la faction du pape. Les Français, dispersés dans Gênes, n'eurent que le temps de se retirer dans les forts de la Lanterne et du Châtelet. Une flotte partie de France, et chargée de munitions de toute espèce pour les forts, s'approcha dans ce moment du Châtelet; mais elle trouva les Suisses, les Vénitiens et les Génois si avantageusement retranchés sur le port, qu'elle se retira. L'accès de la Lanterne lui étant plus facile, elle la pourvut abondamment de munitions de guerre et de bouche, changea la garnison, et fit voile vers la France. La citadelle, qu'on appelait le Châtelet, ne fut pas en état de soutenir un long siége, mais on se maintint dans l'autre fort. Par cette révolution si générale, le souverain pontife touchait presque au terme de ses espérances. Il ne lui restait plus, pour le parfait accomplissement de ses vœux, que de chasser de l'Italie les Espagnols et les Allemands, qu'il désignait sous le nom de

Barbares, mais c'était une entreprise au-dessus de ses forces.

Il y avait long-temps que Jules travaillait à réconcilier la république de Venise avec l'empereur ; mais Maximilien avait mis son amitié à un si haut prix, que la fière république n'avait point voulu accéder aux conditions qu'il voulait imposer. Le pape renoua alors les négociations. L'évêque de Gurk, ministre plénipotentiaire de l'empereur, se rendit à Rome avec un train magnifique, et accompagné de trois cents gentilshommes. La république, de son côté, y envoya aussi des ambassadeurs. Jules, qui connaissait la fierté du prélat allemand, et qui avait besoin de sa médiation auprès de l'empereur, lui décerna des honneurs extraordinaires, et lui donna le chapeau de cardinal, qui lui avait été offert quelque temps auparavant à des conditions que l'honneur ne lui avait pas permis d'accepter. On s'occupa ensuite de l'objet du congrès. Mathieu Lang mit en avant les conditions auxquelles son maître voulait rendre son amitié aux Vénitiens. Loin de remplir à leur égard le traité de l'union, Maximilien exigeait ou qu'ils lui cédassent leurs Etats de terre ferme, ou qu'ils les rachetassent et s'avouassent ses tributaires. Les ambassadeurs de la république se récrièrent contre ces propositions déshonorantes, se plaignirent de la partialité de Jules, et rompirent les conférences. Le pape, désespérant de pouvoir réunir ces deux puissances, examina, selon sa coutume, laquelle il devait sacrifier à ses intérêts, et se détermina à abandonner les Vénitiens. Il conclut, avec l'évêque de Gurk, un traité par lequel ces infortunés républicains furent déclarés infracteurs de la sainte union, ennemis du pape, de l'empereur et du roi d'Aragon. Le ministre espagnol fut invité à reconnaître la nouvelle ligue, au nom de Ferdinand. L'ambassadeur s'en défendit, en disant qu'*il ne convenait pas au roi son maître de prendre si promptement un parti dans une affaire de cette conséquence.*

Les maladies contagieuses qui avaient affligé la ville de Rome, pendant une partie de l'été et de l'automne, avaient interrompu le concile de Latran. Le retour de l'hiver ayant fait cesser la contagion, on tint, le 3 décembre 1512, la troisième session, où se trouva le pape. Ce fut dans cette session que l'évêque de Gurk adhéra au nom de l'empereur au concile de Latran, et déclara, au milieu de cette assemblée, que Maximilien n'avait jamais approuvé le conciliabule de Pise, et qu'il désavouait tous ceux qui s'étaient servis de son nom. Mathieu Lang ne pouvait pas cependant faire oublier à toute l'Europe que c'était lui-même qui avait expédié, au nom de son maître, les lettres de convocation d'un concile qu'il désignait maintenant sous le nom de conciliabule. On lut ensuite la bulle de Jules II, qui mettait le royaume de France en interdit. Dans la quatrième session, qui eut lieu le 10 du même mois, le pape fit lire un décret confirmatif de la bulle, qui dispensait les sujets du roi du serment de fidélité, et qui ajournait ce prince et les parlemens, les prélats et les chapitres du royaume à comparaître au concile dans l'espace de soixante jours, pour y expliquer les raisons qu'ils prétendaient avoir pour s'opposer à l'abrogation de la pragmatique.

Pendant que Jules se livrait à toute la fougue
de son caractère violent, Ferdinand cherchait
dans sa politique les moyens d'agrandir ses
Etats en Espagne. Les rois d'Aragon et de Castille avaient, depuis des siècles, le projet de réunir à leurs Etats le royaume de Navarre; mais ils
avaient échoué dans toutes les tentatives qu'ils
avaient faites. Ferdinand le Catholique, aussi
ambitieux que ses prédécesseurs, et moins déli-
cat sur le choix des moyens pour le succès de ses
vues, entreprit d'exécuter ce projet; *car*, dit
un auteur espagnol (1), *Ferdinand avait envie
de la Navarre, à tort ou à droit, parce qu'elle
tordait le nez à l'Espagne, et qu'elle lui faisait grincer les dents de colère.* D'autres historiens de ce pays ont cependant cherché à justifier
l'entreprise de Ferdinand. Ils ont établi ses droits
sur une bulle du pape, qui aurait déposé Jean
d'Albret, roi de Navarre, comme schismatique
et adhérent au roi Louis XII; sur le droit de
conquête; enfin sur une donation que Blanche
d'Evreux, femme de Henri IV, roi de Castille,
avait faite à son mari, de ses droits au royaume
de Navarre. Ces trois motifs sont également fri-
voles. D'abord, la prétendue bulle était de l'invention de Ferdinand; et, quand cette pièce aurait même existé, elle ne pouvait lui donner aucun droit à une couronne indépendante de l'autorité temporelle des papes. Quant au droit de
conquête, il était aussi peu solide que le premier,
puisque Ferdinand n'avait eu aucun motif légi-

---

(1) Antoine Nebrissensis.

time de déclarer la guerre à son voisin. Enfin la translation que Blanche d'Evreux avait faite de ses droits sur la Navarre aux rois de Castille, était nulle. Blanche, il est vrai, avait succédé au Prince de Viane, son frère, mort sans enfans; mais elle avait une sœur, nommée Eléonore, mariée au comte de Foix, qu'elle ne pouvait frustrer de ses droits à la couronne de Navarre. On avait si bien jugé, en Espagne, que cette donation ne devait produire aucun effet, que Gaston Phébus de Foix succéda à Eléonore, sa mère, sans aucune opposition de la part des rois d'Aragon. François Phébus de Foix succéda tranquillement à son père, et laissa, pour héritière, Catherine, sa sœur, qui épousa Jean d'Albret, et qui lui apporta la couronne de Navarre en dot. Il est donc évident que Ferdinand n'avait aucun droit sur la Navarre, et qu'il n'avait cherché qu'un prétexte apparent pour diminuer le blâme que méritait une injuste aggression.

Ce prince, après avoir fait tous les préparatifs nécessaires pour l'invasion qu'il méditait, ne s'occupa plus que des moyens de priver le roi de Navarre des secours qu'il aurait pu tirer de France. Il engagea Henri VIII, roi d'Angleterre, à déclarer la guerre à Louis. L'appât dont il se servit pour leurrer l'Anglais, fut la conquête de la Guienne qu'il voulait, lui disait-il, faire de concert avec lui, sans autre avantage que d'obliger un gendre qu'il aimait. Henri VIII avait épousé Catherine d'Aragon, fille de Ferdinand et d'Elisabeth de Castille. Ce prince qui était jeune, sans expérience, et qui voulait d'ailleurs signaler le commencement de son règne par quelque expédition d'éclat, donna facilement dans le piége de l'artificieux Espagnol. Il se ligue aussitôt avec Ferdinand, rompt la trève qu'il venait de renouveler avec la France, et obtient de son parlement autant d'argent et de troupes qu'il en pouvait désirer pour faire la guerre à la France.

Ferdinand, informé des dispositions favorables de son allié, s'empressa de lui envoyer un grand nombre de vaisseaux pour faciliter le transport de ses troupes. Le marquis de Dorset commandait cette flotte, qui portait dix mille hommes de débarquement. Les Anglais se rendirent du côté de Fontarabie, où ils assirent leur camp pour y attendre l'armée espagnole qui devait se réunir à eux, pour faire le siége de Bayonne. Le roi d'Espagne, qui avait d'autres projets, eut recours alors à la ruse pour amuser le général anglais. Il lui fit entendre que Jean d'Albret étant allié de la France, il serait dangereux de laisser la Navarre derrière eux; qu'il fallait commencer par mettre ce prince dans leurs intérêts. Ces raisons parurent plausibles au général anglais, et le déterminèrent à patienter dans son camp. Ferdinand, en effet, avait déjà envoyé deux de ses conseillers à Jean d'Albret, pour lui annoncer que « les Espagnols et les Anglais, dans
« la seule vue d'empêcher que la France ne
« fît un schisme éclatant avec la cour de
« Rome, avaient résolu d'attaquer la Guienne
« avec toutes leurs forces ; que la Navarre
« ne pouvait convenablement refuser de don-
« ner passage à ses troupes ; et de garder la
« neutralité, au cas qu'elle ne voulût point
« entrer dans la ligue. » Les députés ajoutèrent

« que Sa Majesté navarroise, pour assurance de
« la neutralité, enverrait à la cour d'Aragon son
« fils aîné, dom Henri, prince de Navarre; ou
« bien qu'elle mettrait en dépôt, entre les mains
« de leur maître, six de ses places-frontières. »
Le roi de Navarre ne fut pas la dupe de la demande artificieuse du roi d'Espagne, et informa promptement le roi de France du danger où il était de perdre son royaume.

Louis avertissait depuis long-temps le roi de Navarre de se précautionner contre les entreprises d'un voisin ambitieux; mais Jean d'Albret n'avait pas tenu compte d'un conseil aussi sage. L'armée française ne pouvait alors s'éloigner de la frontière : forcée de couvrir Bayonne, et de faire face aux Anglais, elle était, pour comble de malheur, en proie à la division. Le duc de Longueville, en qualité de gouverneur de la Guienne, voulait la commander : Charles de Bourbon-Montpensier soutenait que cet honneur le regardait comme prince du sang, et tenant dans l'état un rang supérieur aux bâtards de la maison d'Orléans. Pour les accorder, on fut obligé d'envoyer promptement à l'armée, en qualité de généralissime, le jeune duc de Valois, héritier présomptif du trône.

Ferdinand sut tirer parti de toutes ces circonstances. Il ordonna au duc d'Albe de marcher droit avec son armée à Pampelune. Le duc obéit sur-le-champ, dans l'espérance de surprendre le roi dans sa capitale; mais Jean d'Albret, qui était attentif aux moindres mouvemens de l'ennemi, eut le temps d'en sortir, de se sauver à Lombière, et d'envoyer dans le Béarn sa famille et son fils. La princesse aurait voulu défendre la place jusqu'à la dernière extrémité : il n'y eut rien qu'elle ne tentât pour engager le roi à prendre ce généreux parti ; mais il n'était pas capable d'une si noble résolution. Jean d'Albret était un prince doux, enjoué et libéral, mais frivole et insouciant : il entendait deux ou trois messes chaque jour ; il allait ensuite dîner, sans cérémonie, chez tous ceux qui l'invitaient. Sans aucun égard pour sa dignité, il assistait à tous les divertissemens publics, se mêlait dans la foule, dansait familièrement avec les paysanes ou de simples bourgeoises, souvent sur les places publiques, ou même au milieu des rues. La reine, voyant qu'elle ne pouvait l'engager à la défense de ses Etats, lui dit: *Vous quittez un royaume où vous ne rentrerez jamais, et vous serez toute votre vie Jean d'Albret.* Elle lui prédit vrai. Après la perte du royaume, la princesse disait au roi son mari : *Dom Juan, si nous fussions nés, vous Catherine, et moi dom Juan, nous n'aurions jamais perdu la Navarre.*

Cependant Ferdinand pressait le marquis de Dorset de joindre son armée à celle du duc d'Albe. Le général, qui n'avait pas tardé à s'apercevoir que les intérêts du roi d'Angleterre étaient fort négligés par les Espagnols, répondait « qu'il était prêt à attaquer Bayonne,
« mais que son maître n'ayant rien à démêler
« avec le roi de Navarre, il ne pouvait rien
« entreprendre contre ce prince. » Ferdinand n'eut pas lieu d'être satisfait de la réponse de Dorset ; mais comme il avait besoin de lui pour tenir les Français en haleine, il dissimula son

mécontentement, et se borna à l'amuser par de belles promesses.

Dès que les généraux espagnols furent maîtres de Pampelune, ils dépeignirent Jean d'Albret comme un excommunié, un schismatique, privé justement de ses Etats par le pape. Ils ajoutaient à ces fanatiques discours, que « tous ceux qui « lui garderaient la fidélité seraient schismati- « ques comme lui, et soumis aux mêmes cen- « sures. » Cet artifice, tout grossier qu'il était, fit impression sur un peuple peu instruit. Le roi de Navarre, comprenant alors qu'il n'y avait point de sûreté pour lui dans son royaume, se sauva en France. Après sa retraite, toutes les places et forteresses qui avaient fait mine de vouloir se défendre, se rendirent au duc d'Albe. Cette révolution générale arriva sur la fin de juillet et vers le commencement du mois d'août de l'an 1512. C'est ainsi que la Navarre fut envahie et réunie pour toujours à la couronne d'Espagne. L'usurpation de ce royaume était si manifeste, que Mariana, auteur espagnol, n'a pu s'empêcher de la représenter comme l'injustice la plus criante.

Le général anglais, convaincu plus que jamais de la mauvaise foi de Ferdinand, et voyant qu'après la conquête de la Navarre les Espagnols prenaient le chemin du Béarn, qu'on le laissait manquer de tout dans ses quartiers, et que la disette et la maladie consumaient son armée, demanda avec instance des vaisseaux pour s'en retourner. Ferdinand, pour prévenir les plaintes de Dorset, avait eu la précaution de dépêcher à la cour d'Angleterre un courrier, pour y rendre compte à son avantage de l'état des affaires. Cette ruse lui réussit. Dorset, au moment de s'embarquer, reçut un ordre de son maître d'obéir en tout au roi catholique. Mais l'armée s'étant mutinée à cette nouvelle, il ne fut pas possible de la retenir plus long-temps : il fallut céder, et s'embarquer. Le roi d'Espagne, qui en avait tiré tout le secours dont il avait eu besoin, la vit partir sans chagrin.

Louis XII, indigné de la conduite violente et injuste de Ferdinand, forma aussitôt le dessein de rétablir Jean d'Albret dans ses Etats. Le roi de France avait sur pied une nombreuse infanterie, et un corps de huit cents lances. Le roi de Navarre était à la tête de deux mille Allemands, de quatre mille Gascons, et de mille hommes d'armes. François de Valois commandait les troupes du roi. Charles de Bourbon, comte de Montpensier, avait aussi sous ses ordres un corps de troupes : le vicomte de Lautrec, Odet de Foix, La Palisse, le chevalier Bayard, et plusieurs autres seigneurs qui s'étaient signalés en Italie, les accompagnaient en qualité d'officiers subalternes. Tant de forces auraient dû suffire pour le succès de l'entreprise.

A peine cette armée s'était-elle mise en mouvement pour se porter en avant, qu'elle se trouva arrêtée tout court par le duc d'Albe, qui avait assis son camp à l'entrée d'un défilé, dans une position presque inexpugnable. Comme il fallait forcer les Espagnols dans leurs retranchemens, pour pénétrer dans la Navarre, Jean d'Albret crut qu'il serait plus facile de les affamer que de les réduire par la force. Dans cette vue, il part avec La Palisse, à la tête de ses quatre mille Gascons, ses deux mille Allemands, et ses mille hommes d'armes, pour s'emparer du Pas de Roncevaux, par lequel seul il pouvait arriver des vivres au camp des Espagnols. Ce prince, pour cacher sa marche au duc d'Albe, conduit ses troupes par l'endroit des Pyrénées qui paraissait le moins accessible, et arrive, après mille difficultés, au Bourghet. Sans perdre un moment, il attaque la place, et s'en empare après un assaut de huit heures, où il perdit plus de mille de ses soldats. La prise du Bourghet fut bientôt suivie de la soumission de plusieurs villes. Tout jusqu'alors avait bien réussi; mais ce succès fut pernicieux au roi de Navarre, parce qu'il lui fit oublier son premier projet. Au lieu de tourner au plus vite du côté de Roncevaux, pour enfermer le duc d'Albe entre lui et les troupes de François de Valois, il marcha droit à Pampelune pour assiéger cette capitale.

Le duc d'Albe, ayant été informé à temps du péril de la capitale, décampe au plus vite, gagne la plaine, et entre dans Pampelune. Jean d'Albret, se voyant prévenu par l'ennemi, n'en persévéra pas moins dans le dessein de faire le siége d'une ville qui était bien fournie de tout au dedans, et secourue au dehors par l'armée du duc d'Albe, qui avait assis son camp sous le canon de la place. Son artillerie ayant fait une brèche considérable à la muraille, les Français livrèrent l'assaut; mais ils y perdirent tant de monde, qu'ils renoncèrent à une seconde attaque. Jean d'Albret présenta alors la bataille au duc d'Albe; mais celui-ci, sûr de faire échouer le projet des enne-

mis en restant dans son poste, ne voulut point
hasarder un combat dont le mauvais succès aurait
pu entraîner pour son maître la perte de la Navarre. Comme on était alors au mois de novembre, et que les vivres commençaient à manquer,
il fallut abandonner l'entreprise, et penser aux
moyens de se retirer en sûreté, et de s'ouvrir un
chemin au travers des Pyrénées. L'avant-garde
et le corps du milieu se retirèrent en assez bon
ordre; mais l'arrière-garde n'eut pas le même
bonheur: les montagnards l'ayant attaquée, la
chargèrent avec un tel avantage, qu'ils la taillèrent en pièces presque toute entière. L'inexpérience des chefs, leur mésintelligence, et la
dureté de la saison, contribuèrent, encore plus
que les armes des Espagnols, à faire manquer
une expédition qui semblait d'abord si bien concertée.

Depuis que les Français avaient été chassés de
l'Italie, on croyait généralement que Jules travaillerait à rétablir la paix entre les princes chrétiens. On se trompait: jamais ce vieillard ambitieux n'avait formé tant de projets. Le duc de
Ferrare, ancien allié de la France, fut le premier sur qui il voulut faire retomber son ressentiment. Les républiques de Lucques et de Florence étaient menacées aussi de son indignation.
Ferdinand n'était pas mieux dans son esprit que
les autres princes. Jules était continuellement
occupé des moyens de forcer les Espagnols à
quitter l'Italie, afin d'y dominer seul et sans rival. Pour le succès de ce projet, il avait détourné
les Suisses de renouveler l'alliance avec le roi
catholique. Constant dans sa haine contre la

France, il voulait que le roi d'Angleterre déclarât la guerre à Louis; et, pour y déterminer ce prince, il se proposait de lui transférer le titre de *roi très-chrétien*, et de *fils aîné de l'Eglise*, comme s'il eût dépendu de lui de faire un pareil changement.

L'année 1512, qui venait de s'écouler, avait été remarquable par les diverses révolutions qu'éprouva l'Italie, et plus encore par les rôles que jouèrent les princes intéressés. Louis XII fut la dupe de ses scrupules, ou plutôt de ceux de sa femme. Cette princesse, ne voulant pas comprendre que Jules était l'auteur du schisme qui existait, et négligeait lui-même les intérêts de la religion, fit perdre au roi l'occasion de le mettre hors d'état de lui nuire, et fut cause de la perte du Milanais. Jules II fit servir la religion à son ambition immodérée. Après avoir formé une ligue pour remettre les Vénitiens en possession de leurs Etats, et pour la gloire de Dieu, il en conclut une autre, sous le même prétexte, pour les dépouiller de ce qu'ils avaient recouvré. Ferdinand avait engagé Henri VIII dans une guerre pour la défense du pape, en le leurrant de la conquête de la Guienne; mais il la fit entièrement tourner à son profit, en s'emparant de la Navarre. L'empereur Maximilien n'agit pas avec plus de bonne foi. Sa conduite parut d'autant plus extraordinaire, que c'était à Louis qu'il était redevable de tout ce qu'il avait acquis en Italie depuis la ligue de Cambrai. Cependant, dès qu'il vit que la fortune abandonnait ce prince, il eut l'ingratitude de se réunir à ses ennemis, et ne craignit pas de publier que tous les ménagemens qu'il avait eus pour les Français, n'avaient eu d'autre but que de les mieux tromper. Quant à Henri VIII, il fut certainement la dupe de Ferdinand et de Jules, qui l'oublièrent dès qu'ils n'eurent plus besoin de lui.

Un grand événement fit croire, pendant quelque temps, que l'Europe allait enfin jouir des bienfaits de la paix. Jules se disposait à réaliser le vaste projet qu'il avait formé d'étendre sa domination sur toute l'Italie, et d'en chasser tous les princes étrangers, lorsqu'il tomba malade au commencement de l'année 1513. Il fut atteint d'une fièvre lente, occasionnée, dit-on, par le chagrin du mauvais succès de quelques intrigues, *tant ses passions*, remarque un historien (1), *étaient furieuses, et plus convenables à un sultan des Turcs, qu'au père commun des Chrétiens*. Ce pape, que l'approche de la mort ne put détacher un instant des affaires de ce monde, expira le 21 février, dans la soixante-onzième année de son âge, et la dixième de son pontificat. Il confirma, dans ses derniers momens, une bulle qu'il avait déjà publiée contre ceux qui achèteraient le souverain pontificat. Voulant prévenir toute contestation entre le concile de Latran et le collége des cardinaux, sur le droit de nommer un souverain pontife, il décida la question en faveur des cardinaux; mais il défendit en même temps l'entrée du conclave à ceux qui avaient adhéré au Concile de Pise. Il déclara cepenpant que, comme Julien de la Rovère, il leur pardonnait ses injures personnelles; mais

---

(1) Mézerai.

que, comme pape, il jugeait qu'il fallait que la justice se fît. On dit qu'il éprouva, dans sa maladie, quelques remords, et qu'il s'écria : *Plût à Dieu que je n'eusse point été pape, ou que j'eusse employé, contre les Infidèles, les armes que j'ai tournées contre les Chrétiens !* Reprenons maintenant quelques faits qui précédèrent la mort de Jules II.

Un politique aussi rusé que l'était Ferdinand, ne tarda pas à découvrir les desseins de Jules. Pour n'être pas forcé de rappeler son armée d'Italie, comme le pape l'aurait désiré, et pour éloigner le théâtre de la guerre de la Navarre, il chercha à se rapprocher de la France, et conclut avec le roi une trève d'un an pour tous les Etats des deux couronnes. Le désir qu'avait Louis de reconquérir le duché de Milan, et de n'être point traversé dans cette entreprise, l'avait disposé à écouter favorablement les propositions de Ferdinand. La trève était cependant tout à l'avantage du roi catholique ; car elle lui donnait le temps d'affermir solidement son autorité dans la Navarre ; elle le maintenait dans le gouvernement de la Castille, et le dispensait des soins et des dépenses de la guerre qu'il était hors d'état de soutenir long-temps.

Louis, sachant que le roi d'Angleterre ne cessait de se plaindre de la conduite de Ferdidinand qui l'avait si indignement trompé dans l'entreprise de la conquête de la Guienne, crut ce moment favorable pour lui faire proposer un renouvellement d'alliance. Le succès de cette négociation eût sans doute été bien autrement important pour la France, que la trève qu'elle venait de conclure avec l'Espagne; mais Henri VIII, qui avait encore plus le désir de faire des conquêtes en France, que de mécontentement contre son beau-père, ne parut nullement disposé à entrer dans les vues de Louis. Ce prince voulut alors essayer s'il ne serait pas plus heureux à la cour de Rome. Anne de Bretagne, qui avait toujours été bien disposée pour le Saint-Siége, écrivit à Jules pour le porter à la paix; mais ce pape demeura inflexible dans sa haine contre la France. Les négociations que Louis fit entamer avec les Suisses, n'eurent pas un plus heureux résultat. Ces peuples, fiers de leurs derniers succès, et enivrés par les flatteries et les complaisances du pape, de l'empereur et du roi d'Espagne, voulurent faire sentir au roi le tort qu'il avait eu de les mépriser, et dictèrent des conditions qu'il aurait été honteux d'accepter.

Louis XII, rebuté de presque toutes les puissances de l'Europe, porta ses vues du côté de l'empereur. Il s'adressa directement à l'évêque de Gurk, son conseiller intime. Le prélat n'eût garde de rejeter l'offre d'une alliance qui ne pouvait qu'être avantageuse à son maître; mais comme il se voyait recherché, il voulut prescrire les conditions du nouveau traité. Il demandait que les deux couronnes fissent de concert la conquête des places qui devaient leur revenir d'après le partage fait à Cambrai, avec cette clause que le Crémonois serait ajouté au lot de l'empereur, avec les villes situées sur l'Adda; que l'archiduc Charles épouserait la princesse Renée, seconde fille de France, à qui le roi donnerait en dot le duché de Milan, et céderait ses droits sur le royaume de Naples ; enfin, que la princesse serait remise incessamment entre les mains de l'empereur, pour être élevée à sa cour. On devait s'étonner que l'empereur, qui venait de contribuer au rétablissement de Maximilien Sforce, demandât, en faveur de ce mariage, le duché de Milan ; mais, comme il avait jusqu'alors constamment refusé au nouveau duc l'investiture de cet Etat, et qu'il ne s'était lié envers lui par aucun acte public, il paraissait s'être réservé la faculté de l'en dépouiller lorsque ses intérêts, ou ceux de sa maison, le demanderaient.

Dès que le roi eut connaissance de ces propositions, il voulut avoir l'avis de son conseil, et examiner avec lui, s'il ne serait pas plus avantageux pour la France de préférer l'alliance des Vénitiens à celle de l'empereur. La reine, qui désirait passionnément le mariage de sa fille avec l'archiduc, appuyait de tout son crédit la demande de l'empereur. Son avis l'aurait peut-être emporté sur les meilleures raisons, si Maximilien eût voulu consentir qu'elle gardât sa fille auprès d'elle jusqu'à ce qu'elle eût atteint l'âge nubile. Cette seule raison fit abandonner ce projet, et on prit la résolution de s'assurer des dispositions du sénat de Venise.

La rupture du feu pape avec les Vénitiens, et dans laquelle son successeur persista, ne contribua pas peu à faciliter les négociations. Les Vénitiens, abandonnés à eux-mêmes, n'avaient rien de mieux à faire que de se rapprocher de la France qui était la seule puissance qui pût les aider à rétablir leurs affaires. Il y avait cependant des obstacles à surmonter avant de parvenir à la conclusion du traité. Ces fiers républicains, tout vaincus qu'ils étaient, voulaient faire acheter leur amitié au roi, par la cession du Crémonois et des villes situées sur l'Adda. Louis, de son côté, ne voulait rien céder des dépendances du duché de Milan. Il y avait donc apparence que les négociations se termineraient sans succès, lorsque le roi chargea le provéditeur André Gritti, resté prisonnier en France, depuis la prise de Bresse, d'employer son crédit auprès de ses maîtres, pour les engager à se relâcher sur l'article qui empêchait la réconciliation. Gritti se rendit à Venise, et représenta avec tant de force, au sénat, la nécessité et les avantages de cette alliance, que son avis fut partagé par ceux qui s'y étaient d'abord le plus fortement opposés. Le traité de la ligue offensive et défensive fut en conséquence conclu à Blois, le 14 mars 1513.

Jules II était mort durant le cours de ces négociations; les cardinaux s'assemblèrent aussitôt au nombre de vingt-quatre, et entrèrent au conclave. Les jeunes cardinaux qui avaient été scandalisés des emportemens et des violences de Jules, voulurent essayer s'ils ne trouveraient pas parmi eux quelqu'un de plus modéré et de plus doux. Dans cette vue, ils prirent des mesures si justes que tous les suffrages se réunirent en faveur du cardinal de Médicis, qui n'était âgé que de trente-sept ans. Le nouveau pape fit son entrée à Rome, le 11 avril 1513, un mois après son élection, et le même jour qu'il avait été fait prisonnier à Ravenne, l'année précédente, et étant monté sur le même cheval.

A la nouvelle de la mort de Jules, les cardi-

naux dissidens qui s'étaient réfugiés à Lyon, prirent la route de l'Italie pour se trouver au conclave ; mais avant qu'ils fussent arrivés, ils reçurent la nouvelle que le cardinal de Médicis avait été proclamé sous le nom de Léon X. Claude de Seissel, évêque de Marseille, qui les avait accompagnés, fut chargé par le roi d'exposer à Léon « que les papes tenant de la libéralité des
« rois de France toute leur puissance tempo-
« relle, avaient toujours traité ces monarques
« avec les égards les plus distingués ; qu'ayant
« conféré plus de biens et de puissance au Saint-
« Siège qu'aucun de ses prédécesseurs depuis
« Charlemagne, il devait naturellement s'atten-
« dre à quelque retour de la part du souverain
« pontife ; que cependant Jules, au grand scan-
« dale du monde chrétien, ne s'était prévalu de
« tant de bienfaits, que pour perdre plus sûre-
« ment son bienfaiteur ; qu'abjurant tout senti-
« ment de pasteur et de père, il s'était montré
« à l'égard de la France, un tyran impitoyable,
« un loup ravissant ; qu'obligé de faire usage des
« armes que la Providence lui avait mises en
« main pour repousser les attaques d'un furieux,
« le roi très-chrétien, de l'avis des prélats de
« son royaume, des docteurs et des plus célèbres
« jurisconsultes, avait convoqué un concile à
« Pise, dont les principaux membres étaient
« encore assemblés à Lyon ; que, fils aîné de l'E-
« glise, ennemi de tout schisme et de toute divi-
« sion, il était prêt à renvoyer tous ces prélats
« dans leurs diocèses, dès que le saint-père l'au-
« rait assuré que la cause qui les avait fait assem-
« bler ne subsistait plus ; que par la mort de

« Jules il ne se croyait pas encore délivré de
« tous ses ennemis; que ce pontife, tout entre-
« prenant, tout opiniâtre qu'il paraissait, n'était
« le plus souvent qu'un instrument entre leurs
« mains; qu'ils ne manqueraient pas de conti-
« nuer leurs pratiques auprès de Léon; que
« pour l'encourager à imiter la conduite de son
« prédécesseur, ils lui feraient entendre que la
« France, épuisée d'hommes et d'argent, était
« réduite aux dernières extrémités; que le saint-
« père se gardât bien de les croire; qu'il allait bien-
« tôt voir ces mêmes Français, qu'on lui peignait
« abattus et tremblans pour leurs foyers, dé-
« ployer leurs enseignes au delà des Alpes; que,
« bien différent en cela de ses ennemis, il ne
« demandait au saint-père ni argent, ni secours
« pour verser le sang des Chrétiens; qu'il n'avait
« besoin que de ses propres forces pour venger
« sa querelle et pour défendre les princes et les
« républiques qui réclameraient son appui ;
« qu'enfin il lui suffisait que Léon le traitât
« comme le pape Clément V avait traité Philippe-
« le-Bel, en révoquant *de son propre mouve-*
« *ment* les injustes censures de son prédéces-
« seur; qu'alors il le trouverait *son bon, dévot et*
« *obéissant fils.* »

Léon ne croyant pas sa puissance solidement établie, tant que durerait le concile de Pise, ne put s'empêcher dans le moment de donner des éloges à la piété de Louis, promit de travailler sans relâche à établir la concorde entre tous les princes chrétiens, et finit par supplier le roi de vouloir bien suspendre l'exécution des projets qu'il pouvait avoir formés sur l'Italie, afin de lui laisser le temps d'essayer toutes les voies de la conciliation.

Louis comprit aussitôt que le nouveau pape ne serait pas plus favorablement disposé pour la France que son prédécesseur; mais comme il savait qu'il était hors d'état de traverser ses desseins, il voulut mettre à profit le temps de la trêve qu'il avait avec Ferdinand pour les exécuter. Les habitans de Milan avaient, comme nous l'avons dit, témoigné une grande joie à l'arrivée de Maximilien Sforce; mais, alors accablés d'impôts, livrés à l'avidité des Suisses, et ruinés par le séjour des Espagnols, ils envoyèrent secrètement des députés au roi pour lui annoncer que toutes les portes des villes du duché lui seraient ouvertes s'il voulait se rendre en Italie, ou y envoyer un de ses généraux. Louis serait parti à l'heure même de Lyon, où il était alors, et aurait traversé les Alpes, s'il n'avait pas reçu l'avis que le roi d'Angleterre se disposait à faire une descente dans la Normandie. Jugeant plus convenable de rester dans ses Etats pour les défendre lui-même, il confia le commandement de l'armée qu'il envoya en Italie, à la Trémouille, l'un de ses meilleurs généraux.

Le maréchal de Trivulce, qui avait pris les devants, et qui commandait l'avant-garde de l'armée, s'empara, sans beaucoup de difficultés, de la ville d'Ast et d'Alexandrie, et profita habilement de la terreur qu'une irruption aussi soudaine avait causée en Italie, pour rafraîchir les garnisons des châteaux de Gênes, de Milan et de Crémone. A l'arrivée de la Trémouille, toutes les places du duché de Milan se soulevèrent, et il ne resta plus à Maximilien Sforce que Côme et Novarre. Le nouveau duc ne se croyant pas en sûreté dans sa capitale, en sortit avec précipitation et se retira à Novarre, où les Suisses étaient résolus de se défendre jusqu'à la dernière extrémité. A peine ce prince avait-il quitté Milan, que ses habitans députèrent vers la Trémouille pour le prier de venir prendre possession de leur ville, au nom du roi son maître. Les Vénitiens, sous la conduite de l'Alviane, leur général, n'agissaient pas de leur côté avec moins de succès : ils réduisirent sous l'obéissance du roi les villes de Pescaire, Bresse, Crémone et plusieurs autres.

Une armée navale, commandée par Préjean de Bidoux, parut dans le même temps à la rade de Gênes pour soutenir une révolution qui se préparait en faveur de la France. Il y avait dans Gênes deux puissantes maisons, les Fiesques et les Frégoses, entre lesquelles régnait une haine irréconciliable depuis plusieurs siècles. La première tenait le parti de la France, et l'autre lui avait toujours été opposée. Celle-ci était parvenue à supplanter la maison des Fiesques et à la faire chasser de Gênes dans la dernière révolution en faveur de Maximilien Sforce. Dans la conjoncture présente, les Fiesques ne manquèrent pas de ranimer leur parti : ils levèrent, avec l'argent que le roi leur avait fait toucher, une armée de quatre mille hommes de pied et de trois mille chevaux, et sortirent de leur retraite. Après avoir défait un corps de troupes que les Frégoses avaient placé sur les montagnes voisines de Gênes, ils se présentèrent aux portes de la ville, et y furent introduits par leurs partisans. Janus Frégose, duc de Gênes, perdant toute espérance de pouvoir se défendre, ne songea qu'à mettre sa vie en sûreté. Après avoir jeté quelques troupes dans une des citadelles qui défendaient la ville, il s'embarqua, et fut assez heureux pour passer à travers la flotte ennemie sans être arrêté. Les victorieux n'immolèrent à leur ressentiment qu'une seule victime. Zacharie Frégose, frère du duc, ayant été trouvé endormi dans son lit, fut attaché à la queue d'un cheval indompté, et traîné par toutes les rues de Gênes. Les Fiesques, contens d'avoir remis leur république sous l'obéissance du roi, ne voulurent d'autre récompense que la gloire d'avoir servi leur maître.

Cette nouvelle révolution jeta sur le bord du précipice le nouveau duc de Milan, qui commençait à peine à goûter les premières douceurs de la souveraineté. Chassé de sa ville capitale, réduit à la merci des Suisses, il se croyait perdu sans ressource. Le souvenir du malheur de son père, qui, dans des circonstances semblables, avait été livré aux Français, lui faisait craindre le même sort. On en jugea ainsi à la cour d'Espagne et à Rome. Comme Léon et Ferdinand avaient un égal intérêt d'arrêter les progrès de la Trémouille, et de ne pas souffrir que les Français s'établissent en Italie, ils résolurent de faire un dernier effort pour sauver Maximilien Sforce. Plusieurs obstacles devaient s'opposer au secours qu'on voulait donner au malheureux duc. Le roi catholique était lié par une trève nouvellement conclue avec la France. Il s'agissait de trouver un expédient qui sauvât les apparences de la bonne foi. Ce prince le trouva dans une équivoque qu'il avait insérée à dessein dans le dernier traité. Comme il était porté dans ce traité que Louis ne pourrait faire la guerre au Saint-Siége, Ferdinand voulut alors comprendre, sous ce mot, les Etats sur lesquels les papes avaient des prétentions. Ainsi, à l'aide de cette extension favorable du mot de *Saint-Siége*, ce prince se trouva débarrassé de son scrupule, rompit la trève avec Louis, et ordonna à Cardonne, vice-roi de Naples, de s'avancer avec ses troupes jusque dans le centre de l'Italie.

Le pape était dans une position encore plus embarrassante que Ferdinand; car, indépendamment de la promesse qu'il avait faite à Louis, de garder une parfaite neutralité, il n'avait ni troupes, ni argent. Comme il était urgent de secourir le duc de Milan, il eut recours à des banquiers pour se procurer de l'argent, et s'adressa aux Suisses pour avoir des troupes. Il fit toucher à ces derniers vingt mille ducats, sous le prétexte d'acquitter la pension que son prédécesseur leur devait, et vingt-deux mille autres, comme une récompense des services que cette nation avait rendus au Saint-Siége, en lui faisant recouvrer les villes de Parme et de Plaisance. Avec cet argent, on leva de suite un corps de cinq mille Suisses, qui, sans différer, se mirent en marche pour pénétrer dans le Milanais.

La Trémouille, informé de tous ces mouvemens, ne crut pas prudent d'attendre que les confédérés eussent rassemblé leurs troupes. Il voulut s'emparer de Novarre, et terminer la guerre par ce dernier coup. Il n'avait avec lui que douze cents lances, sept mille Allemands et quatre mille Français ; forces qui ne paraissaient pas suffisantes pour réduire une place aussi bien fortifiée que Novarre, et défendue par cinq mille Suisses. Le maréchal de Trivulce lui représenta la témérité de cette entreprise, et lui conseillait d'attendre un secours de troupes de six mille Lansquenets qui venaient de France sous la conduite de Tavannes, et de donner le temps à l'Alviane de les joindre avec son armée. Cet avis, tout sage qu'il était, ne fut pas goûté du général français, qui crut y entrevoir de la faiblesse. Il est vrai que tout semblait parler en faveur de la Trémouille : ses succès passés et récens, la timidité des ennemis qui n'osaient se montrer en campagne ; la même Novarre, où il avait autrefois fait prisonnier Ludovic, père de Maximilien ; enfin les mêmes généraux français qui devaient agir contre les Suisses, qu'on avait soupçonné de leur avoir livré Ludovic ; toutes ces circonstances ne firent que fortifier la Trémouille dans sa résolution. Ce général se croyait si assuré du succès, qu'il écrivit au roi « qu'il lui « amènerait bientôt le fils prisonnier en France, « comme il lui avait amené autrefois le père. »

La Trémouille part de Milan comme un trait, et va mettre le siége devant Novarre. Son artillerie, nombreuse et bien fournie, ayant fait en peu de temps une brèche considérable à la place, il ordonne l'assaut. Les Suisses le soutiennent avec vigueur, et forcent les Français à rentrer dans leur camp. La vive résistance des Suisses fit bientôt comprendre au général français que son expédition ne serait ni si prompte, ni si facile qu'il se l'était imaginé. Les choses n'étaient plus les mêmes depuis la première réduction de Novarre. Les Suisses, alors, étaient très-bien disposés pour la France, et au moment actuel, ils montraient beaucoup d'animosité contre elle. C'est à quoi la Trémouille aurait dû songer avant que de s'engager dans une entreprise aussi hasardeuse.

Ce général, perdant toute espérance de forcer une place si bien défendue, et d'ailleurs informé qu'il venait à Novarre, par deux routes différentes, un secours de Suisses au nombre de dix mille, assembla un conseil de guerre. Il y mit en délibération si on discontinuerait le siége pour aller au-devant du général Motin qui s'avançait à la tête de quatre mille Suisses. Trivulce était d'avis d'attendre dans le camp le renfort que conduisait Tavannes; mais la plupart des autres officiers s'étant rangés de l'avis de la Trémouille, on décida qu'on se rendrait à Trécaro. Comme Trivulce connaissait le pays, on s'en rapporta à lui pour le choix de la route qu'on devait prendre. Le maréchal, piqué, dit-on, du mépris que la Trémouille avait pour ses avis, voulut s'en venger, en lui préparant la honte d'une défaite. D'autres relations prétendent qu'un sordide et bas intérêt fut le motif de la conduite du maréchal. Comme il avait de belles possessions sur la route de Novarre à Trécaro, il voulut faire prendre à l'armée un long circuit pour empêcher le dégât de ses terres. Quoi qu'il en soit de ces vues basses qu'on prête au maréchal, il est certain qu'au lieu de mener l'armée à Trécaro, comme il en avait reçu l'ordre, il la conduisit à la Riota. La Trémouille, qui le suivait avec le corps de bataille et l'arrière-garde, lui reprocha vivement, et avec aigreur, d'avoir choisi un poste si incommode, qu'on pouvait le soupçonner d'avoir voulu livrer les Français à leurs ennemis. En effet, le poste n'était point tenable pour une armée dont la cavalerie faisait la principale force. La Riota est un lieu marécageux, entrecoupé de fossés et de canaux, et plein de boue. La Trémouille voulait déloger, et prendre la route de Trécaro ; mais par malheur, ou par la faute de Trivulce, les chevaux qui devaient servir à tirer l'artillerie avaient été envoyés dans un pâturage si éloigné, que l'on aurait perdu ce qui restait de jour à les aller chercher. Ce général se vit donc réduit malgré lui, et malgré les précautions qu'il avait prises, à camper à la Riota. La nouvelle qu'il reçut que les Suisses, qu'il cherchait, étaient passés à Trécaro, le mit au désespoir. Il ne pouvait se consoler d'avoir perdu, par la faute de son lieutenant, une occasion si belle de combattre et de vaincre.

Le général Motin, de son côté, ayant été informé de la marche des Français, évita avec soin leur rencontre, et conduisit avec tant de bonheur sa petite armée, qu'il entra à Novarre le soir même du jour où la Trémouille avait décampé. Dès que ce brave guerrier se vit en sûreté dans la place, il assembla ses compatriotes, leur prouva la facilité qu'on aurait de surprendre et d'écraser l'armée ennemie dans une position où leur cavalerie leur devenait inutile, leur fit envisager la gloire dont ils se couvriraient aux yeux de toute l'Europe, et sut si bien leur inspirer son ardeur, que l'expédition fut résolue. On laissa, pour la garde de la ville, ceux que les marches forcées avaient exténués; et, à l'heure de minuit, Motin se mit en marche à la tête de dix mille Suisses, et de quatre cents chevaux de Sforce. Il partagea ses troupes en deux corps, dont l'un, composé de six mille hommes, devait se battre contre les lansquenets; et l'autre, composé de quatre mille, devait arrêter la gendarmerie, lorsqu'elle viendrait au secours de l'infanterie. La Trémouille, dans la crainte de quelque surprise, avait eu la précaution de détacher différens partis de cavalerie, et de placer autour du camp plusieurs corps-de-garde avancés. Averti à temps de l'approche des ennemis, il rangea en un moment son armée en bataille, et opposa d'abord ses sept mille Allemands aux six mille Suisses. Ces braves Allemands avaient à leur tête Fleuranges et Jamets, tous deux fils de Robert de la Mark, prince de Sédan. Beaumont commandait quatre mille Français qui servaient comme d'arrière-garde. La gendarmerie était disposée de manière à pouvoir soutenir l'infanterie, si le terrain, entrecoupé de fossés, et bourbeux, lui en eût laissé la liberté.

L'artillerie des Français fut si bien servie, que les boulets emportaient des files entières de Suisses; mais ce vide était aussitôt rempli par un pareil nombre de soldats, marchant toujours également serrés et en bon ordre. Le carnage horrible que faisait le canon, loin de ralentir leur fureur, ne fit que les irriter davantage. Ils avan-

cèrent jusqu'à l'artillerie, qu'ils attaquèrent en
désespérés. Après un combat de deux heures,
ils firent un effort si prodigieux, qu'ils renver-
sèrent les Allemands, s'emparèrent de l'artillerie
et la tournèrent contre les Français. Dès que
l'artillerie fut prise, tout plia. L'infanterie, ne
tirant aucun secours de la gendarmerie, prit ouvertement la fuite, et abandonna aux ennemis le
champ de bataille.

Robert de la Mark, capitaine de cent hommes d'armes, apprend alors que ses deux fils
étaient restés au milieu des ennemis. N'écoutant
que son amour paternel, et faisant le sacrifice de
sa vie, il traverse le marais à la tête de sa compagnie, s'ouvre à la pointe de la lance un chemin
jusqu'au champ de bataille, et reconnaît ses deux
fils déjà étendus par terre, et couverts de blessures. Il charge Fleuranges sur son cheval, met Jamets sur celui d'un de ses gendarmes, renverse
tout ce qui s'oppose à son retour, et a le bonheur de les rappeler l'un et l'autre à la vie.

La Trémouille, qui avait été blessé à la jambe,
pendant l'action, ne voyant aucun moyen de rétablir le combat, se retira à la tête de la gendarmerie. Il fit sa retraite en si bon ordre, que les
Suisses n'osèrent se livrer au pillage, que lorsqu'ils furent assurés que ce général ne pensait
qu'à s'éloigner d'eux. Tout le bagage et l'artillerie, au nombre de vingt-deux pièces de canon,
restèrent au pouvoir du vainqueur; mais la caisse
militaire fut sauvée par l'intrépidité du comte de
la Mark qui l'arracha des mains des Suisses.

Les historiens ne sont point d'accord sur la
perte que firent les Français à la Riota. Guicchar-

din la fait monter jusqu'à dix mille hommes : mais il se trompe visiblement, car il convient avec tous les autres historiens que la gendarmerie ne combattit pas, et que les lansquenets furent ceux qui souffrirent davantage. Le maréchal de Fleuranges, qui était présent, assure, dans ses mémoires, qu'il n'y eut de tués que deux mille lansquenets, et un petit nombre de Français. Les Suisses laissèrent quinze cents hommes des leurs sur le champ de bataille, parmi lesquels était le général Motin, l'auteur d'une entreprise aussi hardie. Cette action se donna le 6 juin 1513.

La consternation fut si grande dans l'armée française, qu'elle ne crut pouvoir trouver de sûreté qu'en mettant les Alpes entre elle et les ennemis. La conduite de la Trémouille paraît inconcevable. Il lui restait une nombreuse gendarmerie, avec les débris considérables de son infanterie, et il savait que Tavannes s'avançait avec un renfort considérable : ces troupes réunies auraient pu suffire pour se maintenir en Italie. C'était encore l'avis du maréchal de Trivulce ; mais, soit opposition, comme on le veut, aux vues du maréchal, soit découragement, la Trémouille abandonna la partie, et repassa les Alpes, sans songer à ses ressources. On a blâmé ce général d'avoir choisi la Riota pour son champ de bataille, faute qui ne le regarde pas, et on n'a presque rien dit de sa retraite précipitée, qui entraîna encore une fois la perte entière du Milanais.

Après la victoire que les Suisses venaient de remporter, Milan et toutes les autres villes du duché rentrèrent sous l'obéissance de Maximilien

Sforce. Les Suisses, qui étaient les seuls qui avaient garanti le duché de Milan des armes de la France, prétendirent recueillir seuls tout le fruit de cette expédition. Ils taxèrent la capitale à la somme de deux cent mille ducats, et les autres villes, chacune à proportion de ses facultés. Les sommes immenses que ces peuples avaient levées sur les Milanais ne purent satisfaire leur avidité. Ils firent un crime aux Piémontais et aux habitans du Montferrat de ce qu'ils avaient donné passage aux Français par leurs terres; et, sans vouloir entendre aucune raison, ils entrèrent dans leur pays, le pillèrent et le ravagèrent.

La nouvelle de la défaite des Français à la Riota, et celle de leur retraite d'Italie, étant parvenues à Gênes, y causa une nouvelle révolution. Antoine Adorne, qui y commandait pour le roi, en qualité de duc, voyant l'impossibilité de pouvoir résister aux efforts des alliés, n'attendit pas qu'on le déposât de sa dignité, et demanda la liberté de se retirer. Les Frégoses n'avaient pas plutôt été informés de la retraite des Français, qu'ils allèrent trouver Cardonne dans son camp, et lui proposèrent quarante mille ducats s'il voulait les rétablir dans Gênes. Le général espagnol, qui n'avait eu aucune part au danger de la dernière révolution, ne fut pas fâché d'avoir part au profit. Il envoya à Gênes des troupes sous la conduite du marquis de Pescaire, et força la république à changer encore une fois la forme de son gouvernement en faveur de l'un des Frégoses.

Cependant l'Alviane, général des Vénitiens, s'avançait à grandes journées pour joindre son

armée à celle des Français, lorsqu'il reçut la
nouvelle de leur défaite. Il en fut d'autant plus
affligé, qu'il voyait que tout le poids de la guerre
allait retomber sur sa patrie ; mais, à Venise, on
ne perdit pas courage. Le sénat, jugeant qu'il
lui serait impossible de faire face à tous les ennemis ligués contre la république, et de conserver toutes les places qu'elle avait en terre ferme,
se réduisit sagement à n'en garder que trois des
plus importantes, Crème, Trévise, et Padoue.
Il ordonna à l'Alviane d'évacuer toutes les autres,
et d'en transporter les garnisons avec les troupes
de son armée dans les trois villes qu'on avait résolu de défendre jusqu'à la dernière extrémité.
Ce parti sauva la république. Les forces des confédérés vinrent se briser contre les murailles de
Padoue, comme avaient fait celles des Allemands
après la bataille d'Agnadel.

Louis XII, irrité du mauvais succès de ses
armes en Italie, ne pouvait dissimuler son ressentiment de ce que le pape y avait contribué en
armant un grand nombre de Suisses. Léon, qui
en fut instruit, en conçut de vives alarmes. Il n'i-
gnorait pas qu'en France on était fort aigri contre
la cour de Rome, et que les corps du royaume étaient
disposés à faire valoir l'autorité du concile de Pise.
Pour calmer les esprits, il manda à l'agent qu'il avait
à la cour de France, de nier tous les faits, et de
colorer de son mieux tout ce dont on serait forcé
de convenir. Ce désaveu ne fit que confirmer le
roi dans l'idée où il était, que le pape ne cherchait qu'à le tromper : mais comme ce prince désirait sincèrement la paix, il écouta tranquille-

ment les propositions qu'on lui fit à ce sujet. Léon exigeait, avant tout, que le roi renonçât au concile de Pise, et reconnût celui de Latran; et, pour mieux parvenir à son but, il eut recours à la reine, dont il connaissait les préventions en faveur des papes. Cette princesse, qui avait toujours vu avec chagrin les démêlés du roi son mari avec le Saint-Siége, fit tant d'instances auprès de lui, qu'elle l'engagea à donner cette satisfaction au souverain pontife. On décida dans le conseil de Louis qu'on terminerait au plus tôt les différends touchant le concile de Pise, et qu'on enverrait à cet effet des ambassadeurs à Rome. Il faut convenir, cependant, que le roi ne s'était déterminé à cette démarche, que parce qu'il espérait que Léon, entièrement satisfait, lui faciliterait les moyens de rentrer dans ses Etats d'Italie.

Malgré les avances que le roi faisait pour se réconcilier avec la cour de Rome, Léon mettait tout en œuvre pour le desservir et pour liguer les puissances de l'Europe contre lui. Il chercha les moyens de détacher les Vénitiens de son alliance, et de les réconcilier avec l'empereur. Pour y parvenir, il déclara à l'ambassadeur de la république que ses maîtres ne devaient plus compter sur la protection du Saint-Siége qu'à cette condition. La république de Venise, qui redoutait le courroux du souverain pontife, fut obligée d'entamer de nouvelles négociations. Pour mettre fin à la cruelle guerre qu'elle soutenait depuis tant d'années, elle était déterminée à faire les plus grands sacrifices; mais l'empereur s'étant obstiné à vouloir garder Vicence et Verone, elle rentra dans ses anciennes appréhensions. Le sénat voyant clairement qu'en abandonnant ces deux places, tout leur Etat de terre ferme serait à la discrétion de l'empereur, ne voulut entendre à aucune proposition. Il était d'autant plus ferme dans sa résolution qu'il savait que les Suisses, auxquels il avait fait toucher secrètement la somme de quarante mille ducats, n'entreprendraient rien contre la république. Les Suisses, en effet, restèrent tranquilles dans le duché de Milan, et rien ne put les faire sortir de l'inaction à laquelle l'argent de Venise les avait condamnés.

Durant le cours des guerres d'Italie, il s'était formé à Malines, contre le roi de France, une ligue dont les suites pouvaient entraîner la ruine du royaume. Le pape, l'empereur, le roi d'Angleterre, le roi d'Espagne et les Suisses étaient entrés dans cette ligue par la médiation de Marguerite d'Autriche, gouvernante des Pays-Bas : elle avait été conclue à Malines, le 5 avril 1513. Chacun des confédérés devait, trente jours après la signature du traité, déclarer la guerre à Louis, et la lui faire en France : le pape en Provence ou en Dauphiné ; l'empereur et les Suisses en Bourgogne ; l'Anglais en Picardie ou en Normandie ; et le roi d'Espagne en Béarn ou en Guienne. Henri VIII s'engageait à faire compter à l'empereur cent mille écus d'or pour les frais de la guerre ; et le pape devait faire usage de ses armes spirituelles contre tous ceux qui s'opposeraient à la nouvelle ligue. Il est à remarquer que, dans les préambules du traité, les princes ligués protestaient n'avoir d'autre vue que de *faire la guerre aux infidèles et aux ennemis de Jésus-Christ.*

Louis ne négligea rien pour s'opposer vigoureusement aux efforts de tant d'ennemis. Malgré son économie et l'espèce d'engagement qu'il avait pris avec lui-même de ne point augmenter les impôts, il se vit dans la nécessité de demander des emprunts ou dons gratuits à toutes les villes du royaume. Voulant ménager ses peuples, il se décida à engager une portion de ses domaines jusqu'à la concurrence de quatre cents mille livres. Louis Mallet, seigneur de Graville, amiral de France, acheta pour la somme de quatre-vingt mille livres les terres et seigneuries de Melun, Corbeil et Dourdan. Charles de Rohan, chevalier de l'ordre du roi, eut pour vingt mille écus la terre de Baugé. Avec ces secours, le roi leva de nouvelles troupes, et équipa ses flottes. Voulant s'assurer des dispositions où se trouvaient, à son égard, les Suisses, il leur fit proposer de prendre à son service un corps de six mille hommes. La Trémouille se rendit à Lucerne, et parla dans l'assemblée des cantons avec tant de force et d'éloquence qu'il aurait peut-être réussi dans sa négociation si les choses n'eussent pas été trop avancées. Les Suisses avaient pris des engagemens contre lesquels ils ne pouvaient pas revenir, et lui montrèrent un rôle de vingt-cinq mille hommes qui devaient pénétrer en France par la Bourgogne.

Pendant que le roi d'Angleterre faisait ses dispositions pour passer en France, il y eut sur mer une action assez importante pour mériter d'être rapportée. L'amiral anglais Howard croisait sur les côtes de la Bretagne avec une flotte de trente-deux vaisseaux de guerre, tandis que la flotte française se tenait à Brest, où elle attendait le commandant Préjean de Bidoux, qui avait ordre de passer de la Méditerranée dans l'Océan avec six galères. Howard s'étant approché de Brest, et ayant appris que Préjean était arrivé au Conquet avec ses six galères, voulut se rendre maître de sa petite flotte. Préjean, malgré l'infériorité de ses forces, repoussait avec avantage l'attaque des ennemis, lorsque la galère qu'il montait fut accrochée par le vaisseau amiral anglais. Howard entra l'épée à la main dans la galère, et il s'y livra un combat sanglant qui devait, selon les apparences, décider l'action en faveur des ennemis ; mais la galère s'étant heureusement dégagée, l'amiral anglais y demeura accompagné d'un petit nombre des siens. Comme on ne le connaissait point, il fut jeté à la mer à coups de spontons : échappé comme par miracle à ce premier danger, il mourut, peu de jours après, de ses blessures. La flotte anglaise, n'osant continuer le combat, se retira dans un des ports d'Angleterre. Peu de temps après, une flotte anglaise de quatre-vingts vaisseaux parut à la hauteur de Saint-Mahé et attaqua les Français qui n'en avaient que vingt. On se canonna vivement de part et d'autre. Après plusieurs heures d'un cruel combat, le capitaine Primauget, qui commandait le vaisseau appelé la *Cordelière* (1), se voyant enveloppé par dix

---

(1) C'était un vaisseau d'une grandeur extraordinaire. Il portait douze cents hommes, sans compter l'équipage. La reine, Anne de Bretagne, l'avait fait construire à ses frais, et lui avait donné le nom de son ordre de chevalerie.

ou douze vaisseaux ennemis, et perdant toute espérance de pouvoir se sauver, ne chercha plus qu'à vendre chèrement sa vie. Il accrocha le vaisseau la *Régente d'Angleterre*, mit le feu aux poudres du sien qui sauta en l'air, et brisa dans l'explosion le vaisseau amiral anglais. Après ce coup hardi les deux flottes se séparèrent. Cette action se passa le 10 du mois d'août 1513.

Dès que Henri VIII eut fait tous ses préparatifs pour passer en France, il s'adressa à l'empereur pour obtenir des vaisseaux de transport et un renfort de cavalerie. Maximilien manda à la gouvernante des Pays-Bas d'accorder à l'Anglais tout ce qu'il demandait. La princesse obéit sur-le-champ, et le roi d'Angleterre fut fourni de bateaux, de cavalerie, et même de vivres qu'on tira des Etats de l'archiduc Charles, sujet et vassal du roi de France, en sa qualité de comte de Flandre. Louis n'en fut pas plutôt informé, qu'il s'en plaignit assez vivement à la princesse gouvernante. Celle-ci, fort embarrassée pour répondre au roi d'une manière satisfaisante, eut recours à l'artifice et à la dissimulation. Elle répondit : « Qu'il était vrai que plu-
« sieurs des sujets de son neveu étaient passés
« au service du roi d'Angleterre, mais qu'ils y
« étaient attirés par l'espérance d'y trouver un
« avantage personnel ; que d'autres lui avaient
« vendu ou loué des bateaux sans en avoir reçu
« l'ordre de sa part, et dans le seul but de ga-
« gner de l'argent ; enfin, qu'elle ne pensait pas
« que ces sortes de choses, qu'il était impossible,
« quelque attention qu'on eût d'empêcher, pus-
« sent altérer la bonne harmonie entre les sujets

« du roi et ceux du jeune Charles. » Louis ne fut pas satisfait de cette réponse ; mais, soit excès de bonté pour le jeune prince de Castille, soit impuissance de faire mieux, il ne s'occupa plus de cette affaire.

Déjà le roi d'Angleterre avait fait passer la mer à une partie de ses troupes. Elles avaient pris terre à Calais, dans le courant du mois de mai ; et il ne s'agissait plus que d'indiquer la place contre laquelle on les emploierait. Henri, jeune et sans expérience, laissa Maximilien entièrement maître des opérations de la guerre. Il aurait été de l'intérêt de Henri de faire le siége de Boulogne, ou de s'avancer du côté d'Abbeville, afin de couvrir sa ville de Calais ; mais ce n'était pas celui de l'empereur. La ville de Térouenne, en Artois, parut à ce prince un objet plus digne d'occuper les forces des confédérés, parce qu'il espérait la retirer facilement des mains des Anglais pour la réunir aux domaines du prince de Castille, son petit-fils. Craignant cependant que le roi d'Angleterre ne découvrît ses intentions, il lui fit envisager cette entreprise comme le coup unique qu'il aurait à frapper avant que de pénétrer dans la Normandie. Henri fut la dupe de Maximilien, comme il l'avait été de Ferdinand. Il n'arriva en France qu'après le départ de ses troupes, pour le siége de Térouenne, et se tint à Calais avec un corps de neuf mille hommes, prêts à marcher au premier besoin. En effet, dès qu'il apprit que le duc de Longueville s'approchait pour secourir la place assiégée, il rejoignit promptement son armée.

L'empereur montra en cette circonstance une

exactitude qui ne lui était pas ordinaire. Le désir de faire la guerre à la France l'emporta sur son inconstance naturelle. Il se rendit à jour fixe dans les Pays-Bas avec un corps d'infanterie suisse et huit mille hommes de cavalerie. Il alla ensuite s'aboucher avec Henri, entre Aire et Térouenne; et, trois jours après, il se rendit au camp de l'Anglais en qualité de volontaire à la solde de l'Angleterre. Il montra si peu de délicatesse, qu'il se faisait donner cent ducats par jour pour sa table. Il est vrai, remarque un de nos historiens (1), que ce n'était point uniquement à la soif de l'or, à un gain sordide qu'il prostitua son rang. Des motifs moins vils le déterminèrent; il ne voulait point commander l'armée des Suisses, car, bien qu'il les eût levés et soudoyés au nom du roi d'Angleterre, il craignait que, si les paiemens n'arrivaient pas à temps, ces guerriers mercenaires et mutins ne s'en prissent à lui, et n'attentassent à sa liberté: d'ailleurs, il pouvait diriger leurs opérations par ses lieutenans, au lieu que sa présence était absolument nécessaire pour faire perdre de vue aux Anglais le véritable objet de leur armement, et les engager dans des entreprises dont il devait retirer tout le profit.

L'armée du roi d'Angleterre, réunie aux troupes de l'empereur, était au moins de cinquante-cinq mille hommes; celle du roi de France ne passait pas trente mille, et il n'était pas possible à ce prince d'en augmenter le nom-

---

(1) M. Garnier.

bre sans dégarnir la Bourgogne et les Pays-Bas. Antoine de Créqui, seigneur de Pont-de-Remy, commandait dans Térouenne, et n'avait avec lui que deux cent cinquante lances et deux mille hommes d'infanterie. Avec cette faible garnison il se défendit si bien, que les ennemis n'osèrent risquer un seul assaut, et même perdirent assez de monde. Le grand-chambellan du roi d'Angleterre fut tué d'un coup de canon, et Talbot, gouverneur de Calais, eut une jambe emportée. Le siége durait depuis plus d'un mois, lorsque Créqui fit passer au roi un état du peu de vivres et de munitions qui restaient encore dans la place, en lui marquant que, si on n'y faisait pas entrer de nouvelles provisions, il serait réduit à capituler ou à mourir de faim. Louis, qu'une violente attaque de goutte empêchait d'aller se mettre à la tête de ses troupes, se fit transporter à Amiens, envoya ordre à François Halluin de Piennes, gouverneur de Picardie, de prendre le commandement de l'armée, et de faire tout ce qui dépendrait de lui pour jeter des provisions dans la place, mais surtout d'éviter d'en venir à une action générale.

De Piennes se mit en devoir de justifier le choix de son maître. Par malheur pour ce général, et plus encore pour la France, on n'avait pas dans l'armée une grande idée de ses talens militaires. Le duc de Longueville et La Palisse qui, dans les guerres précédentes, avaient eu de Piennes sous leurs ordres, ne faisaient aucun cas du nouveau général, et les autres officiers ne lui obéissaient qu'à regret. Il est assez surprenant que le roi, dans des circonstances aussi critiques, n'eût pas fait choix d'un général qui eût déjà acquis la confiance des troupes. Ce prince, dit-on, par un trop grand attachement à l'ordre qu'il avait établi dans les provinces, ne voulut point faire un passe-droit à de Piennes. Comme la guerre se faisait dans la Picardie, dont il était gouverneur, il craignit de le rendre méprisable, s'il confiait à un autre le commandement de l'armée qui devait agir dans sa province.

Dès que de Piennes eut rassemblé les provisions, il donna ordre à Fontrailles de se mettre à la tête de huit cents cavaliers, qui prirent chacun sur leur cheval un sac de poudre, sur lequel était attachée la moitié d'un porc salé, et de pénétrer jusqu'aux fossés de la ville, par le côté que les assiégeans gardaient avec moins de précaution. Fontrailles réussit complétement dans une tentative aussi hardie, et son action l'aurait couvert de gloire s'il fût retourné promptement auprès de son général; mais ce premier succès lui devint funeste par la négligence qu'il lui inspira : la chaleur était si forte ce jour-là, que les hommes les plus vigoureux avaient beaucoup de peine à la supporter. Les cavaliers, pleins de mépris pour un ennemi qui, quoiqu'infiniment supérieur en nombre, n'avait pu les empêcher de ravitailler une place qu'il tenait assiégée, se désarmèrent, et ne gardèrent dans leur marche ni ordre ni discipline. Comme ils n'avaient aucune déférence aux ordres du général, au lieu de suivre la route qu'il leur avait marquée, ils en prirent une autre, par la seule raison qu'elle était plus couverte et moins exposée aux incommodités de la saison.

 Le roi d'Angleterre, qui n'avait pas été averti à temps de la marche des Français vers Térouenne, se promit bien de les enlever dans leur retraite. Tout contribua au succès de son projet, ses propres fautes, même ; car, au lieu d'aller les attendre par le chemin de Blangi qu'ils auraient dû prendre pour aller à Guinegaste, il suivit la route de Hamon qu'il était naturel que les Français ne prissent point. L'apparition subite de l'ennemi déconcerta tellement les mêmes hommes qui venaient quelques instants auparavant de hasarder leur vie pour sauver Térouenne, qu'ils ne virent leur salut que dans une prompte fuite. Il est vrai, et il est nécessaire de le dire pour l'honneur de ces gendarmes, qu'ils avaient reçu l'ordre d'éviter d'en venir aux mains. Si on ne peut les blâmer jusqu'ici, on doit leur reprocher avec raison de s'être précipités dans leur fuite avec tant de violence sur les troupes que commandaient Longueville et La Palisse, qu'ils mirent tout en désordre, et firent prendre ouvertement la fuite aux Français sans qu'on pût jamais les rallier. Les principaux officiers et les plus braves voulurent se défendre et préférèrent une mort glorieuse, ou une prison, à une honteuse fuite. Le duc de Longueville, le chevalier Bayard, Clermont d'Anjou et Bussi d'Amboise, restèrent au pouvoir de l'ennemi. Bayard n'ayant pu résister au nombre, attaqua brusquement un gendarme de l'armée ennemie, le força à se rendre, et se rendit aussitôt à lui.

Quelques jours après, il demanda sa liberté. *Et votre rançon ?* dit le gendarme. *Et la vôtre ?* répondit Bayard ; *car je vous ai fait mon prisonnier.* Henri VIII et Maximilien, qui eurent connaissance de cette dispute, la décidèrent en faveur du héros français. Ce combat se donna le 18 août 1513, près de Guinegaste. On le nomma *la Journée des Eperons, parce que les Français, en cette occasion,* dit Mézerai, *s'en servirent mieux que de leurs épées.* La perte que firent les Français dans cette déroute ne fut pas considérable. Guicchardin, que l'on peut croire lorsqu'il s'agit de quelque événement au désavantage de la France, ne la fait monter qu'à trois cents hommes d'armes, tant tués que prisonniers. Le roi d'Angleterre traita les prisonniers avec beaucoup d'humanité. Le duc de Longueville se rendit si agréable à ce prince, que, dès le premier jour qu'il lui fut présenté, il lui ôta ses gardes, et le laissa libre sur sa parole.

Le roi reconnut, trop tard, que rien ne contribue davantage au salut des troupes, dans des occasions périlleuses, que l'opinion qu'elles ont de l'expérience et de la capacité de leur général. Il remplaça de Piennes, dans le commandement, par le jeune comte d'Angoulême, auquel il donna l'ordre de n'agir que par le conseil des capitaines les plus expérimentés, et de ménager sa personne et la sûreté du royaume. Cette précaution, prise plutôt, aurait sans doute prévenu l'échec de Guinegaste, et conservé Térouenne. Cette place fit une capitulation honorable, quatre jours après la déroute des Français. Les gendarmes sortirent l'armet en tête, et la lance en arrêt; l'infanterie, la pique sur l'épaule, tambours battans et enseignes déployées. L'article de la capitulation, qui regardait la sûreté des habitans, ne fut point observé. Une contestation, qui s'éleva entre l'empereur et le roi d'Angleterre, sur celui des deux à qui demeurerait la conquète, fut cause de la ruine de la ville. Les deux princes, ne pouvant s'accorder sur ce point, s'accordèrent pour la détruire: ils la brulèrent entièrement (1), à l'exception des églises et du cloître des chanoines.

Une victoire si pleine, et gagnée si facilement, aurait eu de terribles suites pour la France, si elle eût été poursuivie. Les vainqueurs n'avaient plus rien qui les empêchât de marcher sur la capitale, où l'on n'était pas en état de se défendre. La cour en était si persuadée, que le roi en partit dès qu'il fut informé du mauvais succès du dernier combat, et se rendit à Blois, et de là à Amboise. Le roi d'Angleterre était en effet d'avis de marcher sur Paris; mais, comme il ne croyait pas ses seules forces suffisantes pour une entreprise de cette importance, il désirait que Maximilien l'accompagnât avec ses troupes. L'empereur, qui avait des vues bien différentes de celles de l'Anglais, ne partagea pas son sentiment. Son intention était de faire des conquêtes dans les pays voisins des siens, qui, tôt ou tard, devaient lui revenir; au lieu qu'il

―――――――――――――――――――

(1) La ville de Térouenne fut rétablie en peu de temps; mais, sous le règne de François Ier, Charles-Quint s'en étant rendu maître, la détruisit de fond en comble.

n'avait rien à retirer de la conquête de Paris et des provinces en deçà de la Loire. Il fit donc entrevoir à Henri tant de difficultés dans cette entreprise, qu'il lui persuada de l'abandonner, et le détermina à aller faire le siége de Tournai. Pendant qu'on faisait les préparatifs du siège, Henri alla voir Marguerite d'Autriche, gouvernante des Pays-Bas, qui s'était rendue à Lille avec une cour fort brillante. Après que ce prince se fut délassé des fatigues du siège de Térouenne, il prit congé de la princesse, et se rendit sous les murs de Tournai. Ce fut alors que l'empereur, rebuté apparemment du rôle indécent qu'il jouait à la cour de Henri, le quitta brusquement, et se retira en Allemagne. Les habitans de Tournai n'avaient résisté aux entreprises des derniers ducs de Bourgogne, et n'étaient restés sous la domination du roi de France, que par un courage et un amour de la patrie bien dignes d'éloge. Accoutumés à se défendre eux-mêmes, ils jouissaient du privilége de ne point loger de garnison. Le comte d'Angoulême, instruit des projets de l'ennemi sur cette ville, y envoya un officier pour offrir aux habitans des troupes et des munitions de guerre. Ils répondirent *que Tournai n'avait jamais tourné, et qu'encore ne tournerait; et que, si les Anglais venaient, ils trouveraient à qui parler*. Leur conduite démentit bientôt ce langage. A peine les Anglais étaient-ils devant leurs murailles, qu'effrayés du sort de Térouenne, ils commencèrent à parlementer. Après huit jours de siège, ils firent leur capitulation, et rachetèrent le pillage de leurs maisons, et la conservation de leurs priviléges, pour la somme de quarante mille ducats. On lisait sur les portes de leur ville cette glorieuse inscription : *Tu n'as jamais perdu ta virginité.* Henri entra dans la place le 24 septembre 1513, y fit bâtir une citadelle, et y mit une forte garnison. Sur le refus que fit l'évêque de Tournai de lui prêter serment de fidélité, il donna à Volsey, son premier ministre, l'administration des revenus de l'évêché, et de ceux de l'abbaye de Saint-Amand qui étaient considérables.

Pendant que ces événemens se passaient en France, le roi d'Ecosse, Jacques IV, le seul allié qui fût resté au roi, entra avec son armée dans le pays de l'Anglais, pour y faire une puissante diversion : il pénétra fort avant dans les provinces du nord de l'Angleterre, et s'empara de quelques places. Ces succès furent la cause de sa perte. Les Ecossais, pauvres, et mal disciplinés, s'étant enrichis des dépouilles de l'ennemi, et ne songeant qu'à les mettre en sûreté, désertèrent en grand nombre. L'armée de Jacques IV se trouvait considérablement réduite lorsque le comte de Surrey vint à sa rencontre, à la tête de plus de vingt-cinq mille hommes. Malgré l'inégalité des forces, il y eut entre eux une bataille sanglante où Catherine d'Aragon, femme de Henri VIII, se trouva en personne. Le roi d'Ecosse fut tué sur le champ de bataille, et sa mort fixa la victoire du côté des Anglais. Cependant, comme la nuit seule avait séparé les combattans, ce ne fut que le lendemain que les Anglais, voyant le camp des ennemis abandonné avec toute l'artillerie, reconnurent qu'ils étaient vainqueurs. La victoire, de leur aveu, leur avait coûté cinq mille hommes de leurs meilleures troupes ; les Ecossais en perdirent dix mille, au nombre desquelles étaient un archevêque, deux évêques, quatre abbés, douze comtes et dix-sept barons. Le corps du roi Jacques ayant été reconnu parmi les morts, les Anglais le déposèrent dans un cerceuil de plomb, et n'osèrent pas lui accorder les honneurs de la sépulture, parce qu'ils le regardaient comme excommunié, à cause de son alliance avec le roi de France. Henri lui-même crut devoir réclamer l'autorisation du Saint-Siége, pour rendre les derniers devoirs à un prince qui était son beau-frère.

La nouvelle de cette victoire ne fit que confirmer Henri dans le dessein où il était de continuer la guerre qu'il faisait à la France. Il retourna à Lille rendre visite à la gouvernante et au prince de Castille, son neveu, qui lui prodiguèrent tous les honneurs et toutes les caresses qu'on peut imaginer. Ils signèrent, le 17 octobre 1513, un traité par lequel Henri s'engageait à porter, la campagne prochaine, la guerre en Guienne ou en Normandie, tandis que l'empereur attaquerait la France d'un autre côté. Il fut aussi arrêté qu'avant le 15 du mois de mai, le roi et la reine d'Angleterre se rendraient à Calais pour y célébrer le mariage de l'archiduc, prince de Castille, avec la princesse Marie, sœur du roi d'Angleterre. Après la ratification de ce traité, Henri partit de Lille pour se rendre dans son royaume, où il arriva dans le mois d'octobre, après avoir été la dupe du pape, du roi d'Espagne et de l'empereur.

Les revers que la France venait d'éprouver,

n'étaient rien en comparaison des maux dont elle était menacée du côté de la Bourgogne. Les Suisses, dont le courage s'était enflé depuis la victoire de la Riota, s'imaginèrent que le moment était favorable pour ravager impunément la France. Ces peuples, appelés par l'empereur, et surtout par le roi d'Angleterre qui passait alors pour le souverain de l'Europe le plus riche et le plus libéral, s'assemblèrent au nombre de vingt-cinq mille, et pénétrèrent, au mois de septembre 1513, dans la Franche-Comté, où Maximilien avait promis de les aller joindre avec six mille chevaux. Il n'y trouvèrent qu'Ulric, duc de Wirtemberg, avec deux mille hommes de cavalerie allemande. Ce prince excusa l'empereur d'avoir manqué au rendez-vous, sur la nécessité où il s'était trouvé d'accompagner le roi d'Angleterre au siége de Tournai. La haine des Suisses, jointe à l'avidité qu'ils avaient de s'enrichir des dépouilles de la France, les empêcha de s'apercevoir qu'on les avait trompés. Comme ils ne trouvèrent sur leur route aucune armée qui leur disputât le terrain, ils s'avancèrent jusque dans l'intérieur du duché de Bourgogne.

La Trémouille, gouverneur de cette province, n'avait, pour s'opposer à leur invasion que les débris de l'armée d'Italie, c'est-à-dire mille lances, et environ six mille hommes d'infanterie. Il prévit que s'il distribuait sa petite armée dans plusieurs places, elle y serait enlevée, et qu'alors les Suisses n'ayant plus rien à craindre derrière eux, s'avanceraient vers Paris, et répareraient la faute de l'empereur et du roi d'Angleterre. Il prit donc la résolution d'abandonner une grande partie de la Bourgogne, et d'en défendre la capitale. Il força les paysans de se renfermer dans les places fortes, dévasta la campagne, et distribua des gendarmes dans les places de Beaune, d'Aussone, et dans le château de Talant, avec ordre d'intercepter tous les convois qu'on tenterait d'amener au camp des ennemis. Après toutes ces précautions, il approvisionna Dijon, fit travailler aux fortifications, et excita, par son exemple et ses discours, les officiers, les bourgeois, le clergé, les femmes mêmes et les enfans, à aider les travailleurs.

Ulric, informé des travaux que la Trémouille faisait à Dijon, et craignant que le siége ne traînât en longueur, proposa aux Suisses de laisser cette ville derrière eux, et de marcher droit à Paris. Il leur représenta que c'était le seul coup qu'ils auraient à porter pour renverser une monarchie qui ne subsistait depuis si long-temps que parce qu'aucun de ses ennemis ne s'était avisé de la frapper au cœur. Les Suisses sentaient la force du raisonnement d'Ulric; mais, comme ils n'avaient à leur tête aucun général de réputation, ils se contentèrent d'admirer son beau projet, sans vouloir y entrer. Ulric s'offrit en vain de les conduire : sa qualité de prince allemand fit rejeter ses offres. Ils répondirent qu'ils étaient entrés en Bourgogne pour accompagner l'empereur, et qu'ils avaient résolu de l'attendre pour aller à Paris avec lui; qu'en attendant son arrivée, ils feraient le siége de Dijon.

Les Suisses investirent en effet la place et creusèrent des lignes avec assez d'exactitude. La Trémouille soutint le siége avec la valeur qui lui était naturelle, et sa longue expérience lui fourit mille moyens pour amuser les Suisses devant 1 place. Un mois s'était déja écoulé, depuis les premières attaques, lorsqu'enfin l'artillerie des ennemis fit aux murailles une brèche assez considérable pour permettre l'assaut : à l'heure même il fut résolu, et les meilleures troupes eurent ordre d'y monter les premières. La Trémouille, qui s'y attendait, avait disposé ses troupes de manière à les faire repentir de leur entreprise. Lorsque les plus déterminés furent sur la brèche, ils aperçurent au bas des murailles un retranchement large et profond, bordé de six mille fantassins, qui paraissaient déterminés à vaincre ou à mourir dans leur poste. Ils étaient soutenus de mille hommes d'armes avec leurs archers, qui avaient mis pied à terre et s'étaient fait un rempart de leurs chevaux. La contenance fière des Français, le silence profond qui régnait dans leurs rangs, intimidèrent les Suisses. Ils rentrèrent dans leurs lignes et remirent l'assaut au moment où leur artillerie aurait entièrement abattu le mur, et comblé le retranchement qui était derrière.

Cependant les Suisses apprirent que l'empereur, loin de venir les joindre en Bourgogne, comme il leur avait promis, s'était retiré dans le fond de l'Allemagne. Cette nouvelle surprit également les Suisses et les Allemands, et ralentit leur ardeur. La Trémouille, qui fut informé aussitôt qu'eux de la désertion de l'empereur, voulut profiter de cette conjoncture pour négocier à force d'argent une paix ou une trève avec les Suisses. Ce général, aussi bon politique que brave guerrier, avait toujours conservé des amis dans les cantons suisses; et parmi ceux qui étaient au siége de Dijon, il y en avait plusieurs qui ne désiraient que l'occasion de le servir. Par leur moyen, et à la faveur de quelqu'argent qu'il fit toucher aux principaux officiers, il entama une négociation avec eux. Les Suisses, voyant que la plupart de leurs convois étaient enlevés; que les vivres commençaient à leur manquer; et n'entendant plus parler ni de l'empereur ni de l'argent qu'on leur avait promis de la part du roi d'Angleterre, ne furent pas fâchés qu'on leur ouvrît une voie pour pouvoir se retirer dans leur pays avec honneur et avantage. Ulric voulut en vain s'opposer au projet d'accommodement; les officiers suisses, qui n'avaient que du mépris pour lui, lui déclarèrent qu'il pouvait prendre à part les mesures qui lui convenaient.

Une suspension d'hostilités fut le premier fruit de l'adroite politique de la Trémouille. On entama ensuite le fond de la négociation, dont le premier article débattu fut l'argent. Il fut arrêté que l'on paierait aux Suisses, en deux termes, la somme de quatre cent mille ducats, et celle de vingt mille, le jour même de la levée du siége. Le deuxième article souffrit plus de difficultés. Il était si honteux pour la France, qu'il était à présumer qu'il ne serait point agréé. Les Suisses exigeaient que le roi renonçât à tous ses droits sur le duché de Milan, la seigneurie de Gênes et le comté d'Ast, et qu'il les transportât à Maximilien Sforce, alors en possession de tous ces domaines. La Trémouille n'avait aucun pouvoir pour traiter, et il est étonnant que les Suisses supposassent que le roi eût donné à son général la liberté de renoncer, pour lui, à ses droits sur l'Italie. La Trémouille n'eut garde de les détromper ; il profita de leur erreur pour débattre cet article autant qu'il lui fut possible : mais quand il les vit déterminés à ne rien céder, il l'accorda dans toute son étendue. Le troisième fut celui qui arrêta le moins. Les Suisses demandaient que le roi désavouât le concile de Pise, et reconnût celui de Latran. La Trémouille y consentit sans beaucoup de difficultés, car il n'ignorait pas les avances que la cour de France avait déjà faites pour se réconcilier avec le Saint-Siége. Quand tout fut arrêté, on signa de part et d'autre le traité. La Trémouille compta vingt mille ducats ; leur livra six ôtages pour la garantie du traité, et le siége de Dijon fut levé. Les Suisses repassèrent leurs montagnes, emmenant avec eux pour otages, Louis d'Anjou-Mezières, neveu de la Trémouille, François de Rochefort, bailli de Dijon et quatre des principaux bourgeois de cette ville. Le traité de Dijon était si humiliant pour la France, qu'on doit penser que jamais la Trémouille ne l'aurait signé s'il n'avait pas été persuadé que le roi le désavouerait. Il n'y avait en effet qu'une ignorance grossière, ou un aveuglement volontaire de la part des Suisses, qui pût leur persuader que le gouverneur de Bourgogne fût autorisé à signer un traité que le roi lui-même n'aurait pu signer sans violer les lois fondamentales de la monarchie.

Quand le roi, qui était alors à Blois, fut informé de l'accord que la Trémouille venait de conclure avec les Suisses, il en témoigna publiquement son mécontentement, mais, dans le fond de l'âme, il fut très-aise que son gouverneur de Bourgogne eût détourné un orage qui menaçait la France entière. Il sentait toute l'importance du service ; mais il convenait à sa dignité et à celle de la monarchie de condamner hautement le parti qu'avait pris la Trémouille. *Sire*, lui écrivait à ce sujet ce général, *j'ai vu les lettres qu'il vous a plu m'écrire, par lesquelles je vois que vous trouvez le traité conclu avec messieurs des ligues merveilleusement étrange : par ma foi, Sire, aussi est-il : mais par la mauvaise provision qui étoit par de çà, et pour conserver votre pays, j'ai été contraint de le faire. Sire,* ajoutait-il, *vous m'écrivez que vous voulez assembler messieurs de votre sang et le parlement de votre royaume, avant que d'accorder le traité : la chose est bien longue ; mais je voudrois bien que vous l'eussiez fait ; car je suis sûr qu'il n'y a celui qui ne die que je vous ai loyaument servi, et je crois, Sire, que bien le connoissez.*

Louis publia un manifeste dans lequel il déclarait à toute l'Europe « qu'il n'avait donné aucun
« pouvoir au gouverneur de Bourgogne de trai-
« ter avec l'armée des Suisses ; que, quand même
« il voudrait céder ses droits sur le Milanais, il
« ne pouvait violer les lois les plus constantes de
« son royaume ; que le duché de Milan ayant
« été réuni à la couronne de France depuis plus
« de dix ans, il ne pouvait l'en détacher :
« qu'il était donc déterminé à s'exposer aux der-
« nières extrémités, plutôt que de céder ses

« prétentions sur un pays qui lui était double-
« ment acquis par le droit d'héritage et celui
« de conquête. »

Ce manifeste n'eut pas le don de persuader les Suisses. Les plus modérés d'entre eux auraient voulu qu'on arrangeât cette affaire, et qu'on cherchât des moyens de conciliation ; mais, loin de les écouter, on les traita comme des rebelles et des traîtres à leur patrie ; on les insulta et on alla jusqu'à abattre leurs maisons. Louis, qui connaissait le caractère dur de ces peuples, craignait qu'ils ne se portassent à quelque excès contre les otages qui s'étaient exposés si généreusement pour ses intérêts. Il offrit, pour les racheter, la somme de quatre cent mille ducats, dont la Trémouille était convenu ; et promit, de plus, de payer à la nation deux cent mille écus d'or comptant; de lui en faire toucher trois cent mille autres en différens temps, et d'accorder une trève de trois ans pour le Milanais.

Il y avait lieu de penser que les Suisses accepteraient des propositions si avantageuses, et qu'ils aimeraient mieux mettre dans leur trésor une somme aussi considérable, que de tremper inutilement leurs mains dans le sang de six innocentes victimes. On fut trompé : Mezières et Rochefort furent condamnés à perdre la tête, et les quatre bourgeois à être pendus. Les amis de la Trémouille, qui étaient tous pensionnaires de la France, eurent cependant assez de crédit pour faire différer l'exécution de cette cruelle sentence. On fit si bien qu'ils s'évadèrent de leur prison. Les Suisses, qui étaient à la tête d'un parti aussi violent, furent frustrés tout à la fois, et de l'argent de France, et du plaisir d'assouvir leur brutale vengeance. Ils en furent si irrités, qu'au même instant ils firent de nouveaux préparatifs pour retourner dans la Bourgogne, au nombre de plus de cinquante mille. Le pape, heureusement, avait besoin de la France, pour l'établissement de sa famille dans la souveraineté de Florence; il employa dans cette circonstance sa médiation auprès des cantons Suisses et parvint à calmer l'animosité de ces peuples.

Louis XII profita du répit que lui donnaient ses ennemis pendant la saison de l'hiver pour chercher à désunir les confédérés. Il s'adressa d'abord à l'empereur dont le caractère inconstant faisait espérer qu'il pourrait abandonner ses engagemens pour en prendre de nouveaux dès qu'il y trouverait son avantage. Le mariage de madame Renée, seconde fille du roi, avec le prince de Castille, était un puissant attrait pour l'empereur. On lui fit, à ce sujet, de nouvelles propositions; mais il exigea que le roi donnât en dot à la princesse le duché de Milan, avec tous ses droits sur l'Italie, et qu'on remît entre ses mains la princesse pour être élevée à sa cour. Ces deux conditions n'ayant point été acceptées, Maximilien ne voulut plus entendre parler ni de paix ni de trêve avec la France.

Louis fut plus favorablement écouté à la cour d'Espagne. Ferdinand, ne voyant aucun avantage dans la guerre qu'il ferait à la France, soit en Béarn, soit en Guienne, par la difficulté de conserver ces provinces, quand même il en ferait la conquête, se détacha facilement de la ligue, et conclut une trêve d'un an avec le roi de France, aux mêmes conditions que celle de l'année précédente. On y en ajouta une secrète, qui portait que Louis ne pourrait, pendant le temps de la trève, rien entreprendre contre le duché de Milan. Louis tenait cachée cette clause; mais Ferdinand la faisait publier solennellement dans toute l'étendue de ses Etats; de sorte qu'en Europe on ne savait trop ce qu'on devait croire.

Le pape, de son côté, était inquiet des mouvemens qu'on se donnait en France, en Espagne et en Allemagne pour la réunion de ces trois puissances. Il prévoyait que l'Etat de Milan ne pouvait manquer de changer encore une fois de maître, et craignait que le voisinage d'un prince trop puissant ne nuisît au dessein qu'il avait d'établir sa famille à Florence. Il agit donc si puissamment auprès de l'empereur, qu'il le détourna des projets d'union avec les rois de France et d'Espagne.

Malgré tous les maux dont la France avait été accablée, Louis se soutenait toujours avec dignité. Il espérait même se rendre dans peu de temps supérieur à ses ennemis. L'Ecosse l'avait fait avertir par des agens secrets de ne se point mettre en peine de résister aux Anglais, la campagne suivante; qu'elle opposerait tant de forces à Henri, qu'elle lui ferait perdre le désir de repasser la mer. Cette promesse rassura beaucoup Louis, et le confirma dans le dessein de ne rien faire au préjudice de son honneur et de la monarchie. Le comte de Carpi, ayant voulu insinuer au roi de ratifier le traité de Dijon, en lui faisant entendre qu'il lui serait libre de revenir dans la suite sur des engagemens qu'il n'aurait

pris que forcément, Louis lui répondit « que son
« expédient lui serait très-avantageux, mais
« qu'il était contre la sincérité dont il faisait
« profession. » Il ajouta : « Qu'il ne pouvait se
« résoudre d'abandonner le duché de Milan, ni
« même d'en faire semblant; et qu'il deviendrait
« insupportable à lui-même, s'il se sentait cou-
« pable d'une telle lâcheté. »

Il aurait été à souhaiter que Louis eût toujours
montré la même fermeté; mais malheureusement il suivait avec trop de complaisance les
conseils d'Anne de Bretagne. Cette princesse,
d'ailleurs sage et raisonnable, avait une dévotion
si peu éclairée, que les démêlés de son mari avec
les papes lui causaient beaucoup d'inquiétude et
de scrupule. Comme elle avait toujours confondu le ministre de la religion avec la religion même,
elle ne cessait de tourmenter le roi son mari pour
l'engager à renoncer au concile de Pise, et à se
réconcilier entièrement avec le pape. Louis résista long-temps aux importunités de sa femme.
Un jour même, il lui dit d'un ton assez vif : *Hé
quoi! madame, pensez vous être plus savante
que tant d'universités qui ont approuvé le
concile de Pise? Vos confesseurs ne vous ont-
ils point dit que les femmes n'ont point de voix
dans l'Eglise?* La reine n'en continua pas moins
ses instances. Elle revint si souvent à la charge,
qu'enfin le roi, vaincu par ses caresses et par les remontrances de plusieurs de ses courtisans, qu'elle
faisait agir à propos, envoya pour ambassadeurs
au concile de Latran, Claude Seissel, évêque
de Marseille, et Louis de Forbin, seigneur
de Solières. Ces envoyés se présentèrent au

concile, le 18 décembre 1513, et délivrèrent l'acte par lequel le roi de France adhérait au concile de Latran. Cet acte portait : « Que le roi avait cru avoir de bonnes raisons pour in-
« diquer et soutenir le concile de Pise ; mais
« qu'attendu que le pape Jules étant mort, tout
« sujet de haine et de défiance avait cessé ; que
« l'empereur et quelques cardinaux qui avaient
« soutenu le concile de Pise, y avaient re-
« noncé ; que le pape Léon X ne l'approu-
« vait pas ; ils renonçaient de même, au nom
« du roi, au concile de Pise, et adhéraient
« à celui de Latran. » Les ambassadeurs annoncèrent que six prélats et quatre docteurs, pris parmi ceux qui avaient assisté au concile de Pise, viendraient demander au pape l'absolution pour eux et pour ceux qui y avaient adhéré.

Le pape, au comble de ses vœux de voir la France soumise, accorda volontiers l'absolution d'une censure qu'elle n'avait point encourue. Il rétablit dans toutes leurs dignités les cardinaux qui avaient tenu le concile de Pise, et voulant se piquer de reconnaissance, il chercha sérieusement à détacher les Suisses des confédérés, et à les réconcilier avec la France. Comme les Suisses exigeaient toujours que Louis renonçât à ses droits sur le Milanais, les démarches du pape n'eurent aucun succès. On fut alors surpris de voir le roi de France renoncer si facilement au concile de Pise, après en avoir été le promoteur, et s'en être déclaré si hautement le défenseur. Le roi, comme le remarque M. de Thou, aurait mieux fait de persévérer plutôt dans le louable dessein qu'il avait conçu de réformer la discipline ecclésiastique, que dans la haine constante envers les Suisses qui furent pour lui de redoutables ennemis. Le caractère opiniâtre de la reine, qu'il nommait en plaisantant *sa Bretonne*, avait contribué à lui faire prendre un parti qu'il croyait d'ailleurs favorable à ses intérêts. Il espérait que le pape, dont les prétentions seraient satisfaites, se liguerait avec lui pour l'aider à recouvrer ses domaines d'Italie. Ce prince se trompait dans ses conjectures. On fut charmé à Rome de sa démarche, mais on refusa constamment de seconder ses vues.

Anne de Bretagne ne survécut pas long-temps à cette espèce de réconciliation du roi avec le souverain pontife. Elle tomba malade à Blois, le 2 janvier 1514, et mourut le 9 du même mois, à l'âge de trente-sept ans. Louis XII fut si sensible à cette perte, qu'il se renferma pendant plusieurs jours dans son cabinet pour se livrer à sa douleur. Il porta le deuil de la reine, en noir, comme elle-même avait porté celui de Charles VIII, quoique les reines eussent toujours pris la couleur blanche.

La reine était morte avec le chagrin de prévoir que François de Valois, fils de Louise de Savoie, comtesse d'Angoulême, sa plus grande ennemie, succéderait au duché de Bretagne. Ces deux princesses avaient dans le caractère une si grande conformité, qu'il aurait été bien difficile qu'elles se fussent accordées. Elles avaient la même fierté, fondée sur le même mérite, les mêmes prétentions, la même ambition, et elles étaient aussi vindicatives l'une que l'autre. Anne de Bretagne était reine; mais

ANNE DE BRETAGNE.

comme elle n'avait point d'enfans mâles, elle pouvait descendre du trône. Louise de Savoie n'était que comtesse, mais elle avait un fils qui faisait concevoir les plus belles espérances, et qui pouvait un jour porter la couronne. Tous ces motifs avaient porté la reine à s'opposer au mariage de la princesse Claude, sa fille, avec François de Valois; elle n'y avait consenti qu'après que les Etats du royaume eussent conjuré le roi de conclure cette alliance. Par le même dépit qu'elle avait de voir François héritier présomptif de la couronne, elle avait tâché d'empêcher qu'il n'eût encore le duché de Milan, qu'elle aurait voulu faire passer à la maison d'Autriche par le mariage de Renée, sa seconde fille, avec l'archiduc Charles ou Ferdinand son frère.

Anne de Bretagne fut une des plus belles femmes de son temps. Elle avait un front grand et élevé, le tour du visage un peu long, le nez bien fait, la bouche dans une belle proportion. Sa taille était moyenne et noble, et elle n'avait d'autre défaut que d'être un peu boiteuse; mais à peine s'en apercevait-on, par le soin qu'elle avait pris de le corriger. Outre ces avantages, elle avait de l'esprit, de la grandeur d'âme et de la piété, qui aurait été plus solide, si elle avait été plus éclairée. Elle gouverna sagement le royaume pendant le voyage que Charles VIII, son premier mari, fit en Italie, et son duché de Bretagne dont elle s'était réservé l'administration. Elle employait la plus grande partie de ses immenses revenus à soulager les malheureux et à récompenser les services rendus à l'Etat. Il y eut peu d'officiers de son temps à qui elle ne donnât des pensions, ou ne fît des présens considérables, suppléant en cela à l'impossibilité où se trouvait le roi, de faire lui-même de grandes largesses.

Cette princesse sut faire respecter la vertu dans son palais. Elle donna à sa cour un éclat que celle de nos reines n'avait point encore eu, par le grand nombre de demoiselles de la première qualité, qu'elle avait toujours auprès de sa personne. Elle veillait sur leur éducation avec tant de soin, que les plus grands seigneurs se faisaient un plaisir et un honneur d'épouser une demoiselle élevée sous ses yeux. Elle établit en faveur des dames l'ordre de *la Cordelière*, dont le cordon n'était donné qu'à celles qui avaient conservé leur honneur exempt de tout soupçon. Le collier était le cordon de saint François, qui couronna depuis l'écusson de ses armes, avec deux hermines pour supports. (1) Cet ordre n'a pas subsisté plus long-temps que la vie de la reine.

Elle laissa des marques de sa piété dans quelques fondations. A Paris, elle donna son ancien hôtel de Bretagne, qu'on appelait le château de Nigeon, près de Chaillot, à François de Paule, qui y établit une maison de son ordre. Comme on donnait communément, depuis Louis XI, le nom de bonhomme à François, les religieux dont il est le père conservèrent le nom de *Bons-Hommes*. A Lyon, elle fit bâtir le couvent des Cordeliers de l'Obser-

___

(1) C'est de cette origine que viennent les *cordelières*, autour des armes des veuves.

vance ; et ce fut par attachement pour cet ordre qu'elle avait imaginé son ordre pour les dames.

Cette princesse encourageait les savans par ses bienfaits, et leur accordait une bienveillance particulière. Elle distinguait parmi eux Pierre Le Bault, son aumônier, auteur d'une Histoire de Bretagne, qu'il avait dédiée à la reine, et Jean Marot (1), fameux poète de son temps. Elle se piquait de répondre savamment à ceux qui la haranguaient ; et, pour se faire estimer des étrangers, elle mêlait dans ses discours quelques phrases, quelques mots de leur langue, comme si elle l'eût entendue. Elle était d'ailleurs naturellement éloquente, et s'exprimait avec beaucoup de grâce et de dignité.

Après avoir rapporté les titres qu'Anne de Bretagne avait à l'estime et à l'attachement du roi, au respect des grands et à l'amour de ses peuples, il faut convenir qu'elle ne fut pas entièrement à l'abri de tout reproche. On l'accuse d'avoir été haute, impérieuse et vindicative. Autant l'oubli des injures était naturel à Louis XII, autant la vengeance avait de charmes pour elle. On la vit persévérer constamment dans sa haine contre la comtesse d'Angoulême, et en étendre les effets jusqu'à François son fils. La persécution qu'elle fit éprouver au maréchal de Gié en est encore une preuve. Ce seigneur avait été l'un des favoris de Charles VIII ; il commandait l'avant-garde à la bataille de Fornoue, et avait été accusé

---

(1) Jean Marot, père de Clément, prenait la qualité de poète de *la magnanime reine Anne de Bretagne*.

d'y avoir fort mal fait son devoir, n'ayant pas donné un coup d'épée, et ayant devancé le roi de deux journées. Quoique cette circonstance eût fait tort à sa réputation, il s'était maintenu dans les bonnes grâces de son successeur. Le roi étant tombé dangereusement malade à Blois, au commencement de 1505, on ne tarda pas à désespérer de sa vie. La reine, malgré le grand accablement où elle était, s'occupait des moyens de se retirer en Bretagne, pour ne pas être témoin du triomphe de la comtesse d'Angoulême, qu'elle avait éloignée de la cour, et qui pouvait y reparaître comme mère du nouveau roi. Elle fit embarquer sur la Loire ses pierreries, ses trésors et ses meubles les plus précieux, et disposa tout pour enlever sa fille, dès que Louis aurait les yeux fermés. Le maréchal de Gié prit, soit de son propre mouvement, soit par des instigations étrangères, des mesures propres à déjouer les projets de la reine. Il distribua des gendarmes sur les bords de la Loire, et leur ordonna d'arrêter tous les effets de cette princesse qui descendraient cette rivière (1). Le roi ayant recouvré la santé, ces précautions devinrent inutiles ; mais malheureusement pour le maréchal, les gendarmes avaient exécuté à Saumur les ordres qu'il leur avait donnés. La reine, indignée de cet affront, résolut de perdre le maréchal. Elle commença par le chasser de la cour, et par lui défendre

---

(1) Varillas dit qu'il fit arrêter la reine même, qui avait quitté Blois pour passer en Bretagne ; mais ni Brantôme, ni Saint-Gelais, ni Mézerai, etc., ne le disent.

d'en approcher. Le roi fit d'abord tout ce qu'il put pour apaiser le courroux de la princesse ; mais cédant enfin à ses importunités, il permit qu'on fît le procès au maréchal, promettant de l'abandonner à la rigueur des lois, s'il était coupable. Après une très-longue procédure, Anne de Bretagne obtint qu'on renvoyât l'affaire au parlement de Toulouse, par la raison qu'étant en pays de droit écrit, il devait conformer son jugement aux lois romaines, plus précises sur la nature du crime qu'on imputait au maréchal, que nos coutumes et les ordonnances de nos rois. Ce parlement était peu nombreux, et comptait autant de juges ecclésiastiques que de laïques. Comme les premiers ne pouvaient opiner dans une affaire criminelle, ils furent remplacés par des magistrats désignés par le roi. Les accusations contre le maréchal se réduisaient, en dernière analyse, à des imprudences qui ne pouvaient former un corps de délit. On l'accusait « d'avoir révélé que
« le roi avait un flux de sang qui le conduirait
« dans peu au tombeau ; d'avoir pris des mesures
« pour empêcher, lorsque ce malheur arrive-
« rait, qu'Anne et la princesse sa fille se reti-
« rassent en Bretagne ; de s'être imprudemment
« vanté que la reine ne l'aimait pas, mais qu'il
« s'en souciait fort peu ; d'avoir secoué la tête
« lorsqu'on disait du bien de cette princesse ;
« d'avoir dit que le roi lui parlait d'une façon
« lorsque la reine était présente, et d'une autre
« façon lorsqu'ils se trouvaient seuls ; d'avoir
« connivé au brigandage de ses hommes d'armes
« en ne les punissant point, et en prenant soin
« de les soustraire à la justice ordinaire ; de

« s'être emparé, à main armée, de la terre de
« Maillé, au préjudice des héritiers naturels, et
« d'avoir fait maltraiter les officiers de justice qui
« venaient pour l'en déposséder ; enfin, d'avoir
« tiré du Château-Trompette quinze soldats
« entretenus des deniers publics, pour les éta-
« blir dans son château de Fronsac, qu'il aurait
« dû garder à ses frais. » Ces trois derniers faits,
étrangers à la procédure, et sur lesquels le maréchal se défendit faiblement, déterminèrent le
parlement à le condamner, non pour crime de
lèse-majesté, mais *pour réparation de quelques
excès et défauts, et pour certaines causes et
considérations*, à perdre l'état et le titre de gouverneur du comté d'Angoulême, les gouverne-
mens d'Amboise et d'Angers, sa compagnie de
cent lances ; à être privé pendant cinq ans de
l'exercice de ses fonctions de maréchal de France,
avec défense de s'approcher de la cour de plus
de dix lieues ; enfin, à restituer au trésor royal
la solde des hommes qu'il avait employée pour
son service particulier. Le maréchal, enrichi des
bienfaits de ses maîtres, pouvait vivre heureux,
malgré la perte de ses emplois. Il se retira dans
sa superbe maison du Verger, près d'Angers,
sur laquelle il avait fait mettre en forme de devise ces mots : *A bonne heure m'a pris la
pluye; Dieu garde de mal le pèlerin!* Il se fixa
dans cet agréable séjour, et ne le quitta qu'à la
mort de la reine.

Le corps d'Anne de Bretagne demeura déposé
à Blois jusqu'à ce que François I*er* eût fait élever à Saint-Denis un superbe mausolée pour
Louis XII, son prédécesseur, auprès duquel il

plaça le cercueil de la reine. Le cœur de cette princesse, comme elle l'avait ordonné par son testament, fut porté dans l'église des Chartreux à Nantes, pour y être réuni à ceux de ses ancêtres. On mit ce précieux reste de la princesse dans un vase d'or fait en forme de cœur couronné (1).

Louis s'empressa de terminer, aussitôt que les bienséances le permirent, un arrangement ardemment désiré par la nation. François d'Angoulême, duc de Valois, avait été fiancé depuis plusieurs années à Madame Claude de France, fille aînée du roi ; mais Anne de Bretagne avait eu assez de crédit pour différer la consommation de ce mariage. La mort de cette princesse leva tous les obstacles. Les noces se célébrèrent le 18 mai 1514, en habits de deuil (2),

---

(1) On avait mis sur la couronne ces deux petits vers :

CŒUR DE VERTUS ORNÉ,
DIGNEMENT COURONNÉ.

Sur le vase étaient les vers suivans :

En ce petit vaisseau de fin or, pur et munde,
Repose un plus grand cœur qu'oncques dame eût au monde.
Anne fut le nom d'elle, en France deux fois roine,
Duchesse des Bretons royale et souveraine.
Le cœur fut si très-haut, que, de la terre ès cieux,
Sa vertu libérale croissoit de mieux en mieux.
Mais le Ciel en a pris la portion meilleure ;
Et cette part en terre, à grand deuil, nous demeure.

(*Voy.* d'Argentré, *Hist. de Bret.*, p. 1165.)

(2) Brantôme dit que, le jour même du mariage, les époux ne furent habillés que *de drap noir honnêtement et en forme de deuil.*

Louis l'ayant exigé pour satisfaire à la douleur qu'il conservait de la perte d'Anne de Bretagne. Ce mariage avait donné quelque inquiétude au roi. Il chérissait le comte d'Angoulême, comme s'il eût été son fils; mais les prodigalités de ce jeune prince, son goût excessif pour les plaisirs, lui faisaient craindre qu'il ne détruisît un jour tout ce qu'il avait fait de bien pour ses peuples. Il disait quelquefois en soupirant: *Hélas! nous travaillons en vain; ce gros garçon gâtera tout.* La raison d'état et le bien public l'emportèrent sur toute autre considération. François d'Angoulême devait, d'après les lois du royaume, hériter de la couronne, et Louis ne pouvait procurer à sa fille un plus bel établissement que de la faire reine de France. Cette princesse, née à Blois le 13 octobre 1499, était alors dans sa quinzième année. Une piété sincère, un esprit toujours égal, une grande douceur, formaient son caractère; aussi les historiens de son temps l'appelaient-ils communément *la bonne reine*. Elle n'était pas si bien partagée du côté des qualités du corps; elle était un peu boiteuse, comme la reine sa mère; sa taille était médiocre, et les traits de son visage n'avaient rien qui pût fixer agréablement les yeux. Le roi répondit un jour à Anne de Bretagne, qui cherchait à le détourner de la donner pour femme au comte d'Angoulême, sous le prétexte qu'il ne la rendrait pas heureuse, et qu'il ne s'y attacherait pas: *Vous vous trompez; elle n'est pas belle, mais sa vertu touchera le comte, et il ne pourra s'empêcher de lui rendre justice.* Quoique Louis eût le droit de conserver pendant sa vie la jouissance pleine et entière de la Bretagne, il la céda, en faveur de ce mariage, au comte d'Angoulême, ne réservant que les droits de suzeraineté, qu'il ne pouvait aliéner, et ceux de Renée, sa seconde fille.

Louis, tranquille du côté du pape, ne songeait qu'aux moyens de recouvrer ses états d'Italie; mais prévoyant que cette entreprise serait difficile tant que la ligue formée contre lui subsisterait, il employa toute sa politique à diviser les alliés. Le peu de bonne foi des princes ligués, et la diversité de leurs intérêts, lui firent concevoir l'espérance de les détacher les uns des autres. Il remit en négociation le mariage de sa seconde fille, Renée de France. Le roi d'Espagne la demandait pour l'archiduc Charles ou pour le jeune Ferdinand son frère, et se contentait que Louis, pour sûreté du mariage, cédât tous ses droits sur le duché de Milan et la seigneurie de Gênes. La négociation était déjà bien avancée, lorsqu'Anne de Bretagne, qui en désirait si ardemment la fin, vint à mourir. Cet évènement, loin de diminuer les espérances de Ferdinand, lui fit concevoir l'idée d'un nouveau mariage. Il fit proposer au roi, qui était d'âge à pouvoir encore espérer des enfans, de se marier avec Marguerite, gouvernante des Pays-Bas, ou avec Eléonor, nièce de cette princesse et sœur des archiducs. L'âge de la tante aurait dû porter Louis à la préférer; mais comme ce prince ne pouvait oublier la conduite tortueuse et fausse qu'elle avait tenue précédemment, il se décida en faveur de la nièce. On dressa un projet de traité, dans lequel on stipula d'abord une ligue, confédération, et intelligence perpétuelle et héréditaire entre l'empereur, le roi d'Espagne, le roi d'Angleterre, l'archiduc Charles, prince d'Espagne, d'une part, et le roi de France d'autre part; et, afin de rendre cette alliance plus durable, et d'en resserrer les nœuds par les liens du sang, Louis consentait d'épouser Éléonor d'Autriche, fille de Philippe, et petite-fille de Maximilien et de Ferdinand, et promettait d'unir Renée de France, sa fille, à l'un des frères d'Éléonor, dès que les deux époux auraient atteint l'âge nubile, et de céder à sa fille ses droits sur le duché de Milan et la seigneurie de Gênes, qu'on pourrait aisément recouvrer à la faveur de cette alliance. Maximilien, de son côté, s'engageait à accorder aux deux époux l'investiture du duché de Milan, et Ferdinand, auquel on devait en confier la garde, promettait que, si l'un d'eux venait à mourir avant l'âge nubile ou sans laisser d'enfans, il remettrait au roi de France toutes les places dont il se trouverait en possession. Les confédérés s'engageaient enfin à unir leurs forces pour contenir et réprimer les Suisses, et à obliger, soit par les voies de la persuasion, soit par celles des armes, le roi d'Angleterre à rendre à la France la ville de Tournai. En échange de tous ces bons offices, Ferdinand demandait que Louis renonçât aux droits qu'il s'était réservés sur le royaume de Naples, en cas que Germaine de Foix mourût sans enfans, et surtout qu'il promît bien de ne donner à Jean d'Albret aucun secours pour recouvrer la Navarre.

Comme ce projet renfermait plusieurs clauses sur lesquelles on n'était pas entièrement d'accord, on convint de proroger pour une année la trève conclue l'année précédente entre les deux couronnes. Quintana, ministre de Ferdinand, la signa, non-seulement au nom du roi son maître, mais encore pour l'empereur, l'archiduc Charles, et le roi d'Angleterre, quoiqu'il n'y fût nullement autorisé par ces derniers. Ferdinand ne manqua pas de la ratifier, et de la faire approuver par Maximilien, qui voyait dans le nouveau projet un moyen de faire entrer le Milanais dans sa maison.

Henri VIII, informé de la trève que Ferdinand, son beau-père, venait de conclure avec Louis, en fut extrêmement irrité. Il se plaignait hautement des infidélités de Ferdinand « qui l'a-
« vait, disait-il, trompé trois fois, et qui, après
« l'avoir engagé dans une guerre contre la France,
« et à des frais immenses, l'abandonnait au
« moment où il n'épargnait rien pour se mettre
« en état de reconquérir ce que ses prédéces-
« seurs avaient perdu au delà des mers. Il fit
« appeler l'ambassadeur d'Espagne ; il lui repro-
« cha, en termes durs, les trahisons de son
« maître, et le menaça de prendre avec la
« France des engagemens qui pourraient faire
« repentir ses alliés de leurs infidélités.

Le pape, de son côté, fut extrêmement alarmé de la trève qui venait d'être conclue, et surtout du projet du mariage de la princesse Renée. Craignant de voir le Milanais passer dans la maison d'Autriche, et par là ses projets sur Florence renversés, il entreprit de réconcilier Henri avec Louis. Il s'adressa d'abord au cardinal d'York, ambassadeur du roi d'Angleterre à la cour de

Rome, et lui représenta « qu'il se formerait,
« dans quelques années, en faveur de l'archiduc
« Charles, une monarchie qui assujétirait toutes
« les autres, si la France n'était pas en état
« de s'y opposer; que son maître était aussi
« intéressé que le Saint-Siége à empêcher le
« mariage de madame Renée avec l'archiduc ;
« que, pour y parvenir, il fallait détourner le
« roi d'Angleterre de faire la guerre aux Fran-
« çais, et réunir si étroitement les deux nations
« par une alliance, qu'elles pussent agir de con-
« cert à l'avenir, et tourner leurs armes contre
« l'empereur, le roi catholique et les Suisses. »
Il écrivit ensuite à son nonce à la cour d'Angleterre, et le chargea de jeter les yeux sur
quelqu'un capable de bien conduire une négociation aussi délicate. Le ministre italien, qui
se connaissait en hommes, crut devoir s'a-
dresser au duc de Longueville. Il le pressa de
se servir de la confiance qu'il avait acquise
auprès du monarque anglais, pour lui faire
des propositions de paix, sous prétexte de
l'entretenir du prix de sa rançon. Longueville,
prisonnier en Angleterre depuis la déroute de
Guinegaste, était aussi bon politique que brave
guerrier. Il goûta le projet du nonce, en fit part
à sa cour, et fut autorisé secrètement à agir.

Dès que le duc eut reçu ses instructions, il
commença à entretenir le roi d'Angleterre d'un
projet de réunion avec la France. Il représenta
fortement à ce prince « qu'il flétrissait sa réputa-
« tion dans toute l'Europe en continuant d'être
« la dupe de Ferdinand, qui l'avait engagé dans
« une querelle qui lui était étrangère, et l'avait

« ensuite lâchement abandonné; que la dissimu-
« lation de pareilles offenses dans un prince n'é-
« tait pas regardée comme grandeur d'âme,
« mais comme une insensibilité qui le déshono-
« rait; que le roi d'Angleterre n'avait rien à
« gagner dans l'alliance avec l'Espagne; qu'il
« n'en était pas de même de celle avec la France
« qui était en état de troubler son repos; qu'au
« surplus, dans la guerre qu'il avait faite à la
« France, et qu'il continuerait à lui faire, il
« travaillait plus pour les intérêts de l'archiduc
« que pour les siens propres; que Sa Majesté
« devait prévoir que ce jeune prince, en réunis-
« sant sur sa tête les couronnes d'Espagne, les
« domaines de la maison d'Autriche et les Pays-
« Bas, pourrait faire la loi à toute l'Europe; qu'il
« était donc de la bonne politique et de son inté-
« rêt de travailler, non pas à affaiblir la France,
« mais à former avec elle une alliance qui pût ser-
« vir de contre-poids à une aussi redoutable puissance. » Ce discours fit une vive impression sur
l'esprit de Henri, mais ne put le décider à renoncer
aux prétentions qu'il formait toujours sur la
Guienne et sur la Normandie. Longueville lui fit
alors entrevoir la possibilité du mariage de la princesse Marie, sa sœur, avec Louis XII qui était veuf
depuis quelque temps. Henri, flatté de cette
alliance, parut plus disposé à se rapprocher de
la France, et recommanda au duc d'en conférer
avec Thomas Volsey, évêque de Lincoln, son
ministre de confiance.

Cependant le roi d'Angleterre ne voulut prendre aucun engagement avec la France, sans connaître auparavant les dernières intentions de l'ar-

chiduc et de Marguerite, gouvernante de ses
Etats, touchant le mariage projeté de ce jeune
prince avec Marie d'Angleterre. Il envoya des
députés en Flandre pour s'assurer de leurs dispositions. Le retour de ces députés, qui furent
reçus à Lille avec beaucoup de froideur, et auxquels on avait demandé de nouveaux délais pour
s'expliquer, le confirma dans l'idée que ses infidèles alliés cherchaient à se réconcilier avec la
France, au préjudice de la confédération. Il prit
ces remises pour une rupture, et ne voulut pas
que sa sœur fût plus long-temps le jouet de l'ambition de Ferdinand, et de la légèreté de Maximilien. Il écouta alors sérieusement les propositions de la France au sujet de la paix et du mariage de sa sœur.

Lorsque la négociation fut assez avancée, Longueville informa le roi de ce qui se passait dans
le conseil d'Angleterre, et le pria, s'il approu-
vait le projet de mariage, de lui envoyer des
pouvoirs et des collègues pour terminer cette
grande affaire. Le roi, qui n'avait paru se prêter
aux projets frauduleux et intéressés de Ferdinand, que pour diminuer le nombre de ses ennemis, et qui était encouragé à un second mariage
par quelques-uns de ses courtisans qui voulaient
le tirer de la tristesse où il était plongé depuis la
mort d'Anne de Bretagne, approuva les démarches de Longueville, lui expédia les pouvoirs
qu'il demandait, et lui associa Jean de Selve,
premier président du Parlement de Rouen, et
Thomas Bohier, général des finances de Normandie. Comme il fallait cacher aux cours d'Espagne et d'Allemagne le véritable motif du

voyage de ces deux ambassadeurs, on eut grand soin de faire courir le bruit qu'ils se rendaient à Londres pour traiter de la rançon du duc et des autres prisonniers.

Les députés de France furent à peine arrivés qu'ils entrèrent en conférence avec les ministres anglais. Il s'éleva d'abord quelques difficultés sur les prétentions respectives des deux rois. Louis XII demandait la restitution pure et simple de Tournai. Henri voulait qu'on lui livrât le séditieux Richard de la Pole, de la maison d'York, et chef du parti de la *rose blanche*.

La ville de Tournai, située au milieu des Etats de l'archiduc, ne pouvait être, après la paix, d'aucune utilité au roi d'Angleterre ; mais ce prince, par une vanité bien déplacée, voulait la garder comme un monument de ses exploits. La complaisance qu'il avait pour Volsey, son favori et son premier ministre, à qui il avait donné l'administration des revenus considérables de l'évêché de Tournai, le rendait encore plus difficile sur cet article. Louis voulant prouver qu'il ne tiendrait pas à lui que la paix ne se conclût entre les deux couronnes, consentit, de l'avis de son conseil, qu'on garderait le silence sur la ville de Tournai. Quant à la proposition de livrer Richard de la Pole, le roi de France protesta qu'il aimerait mieux perdre tout ce qu'il avait, que de violer l'hospitalité à l'égard d'un prince malheureux qui était venu chercher un asile dans ses Etats. Il manda à Longueville de rompre la négociation, si le roi d'Angleterre persistait à exiger cette condition. Le duc sut si bien ménager cette affaire, qu'il fit comprendre à

Henri que le roi ne pouvait, sans se déshonorer, accéder à sa demande, et lui donna même à entendre que, si l'on ne s'arrangeait pas, il pourrait bientôt voir au milieu de ses Etats Richard de la Pole à la tête d'une armée.

La crainte d'une guerre civile détermina Henri à se relâcher de ses prétentions, et à se borner à demander que Richard de la Pole quittât la France. Le roi l'envoya à Metz, où il lui assigna une assez forte pension pour soutenir son état. Ce prince revint en France après la mort de Louis, lorsque la guerre recommença entre les deux couronnes, et fut tué à la bataille de Pavie.

Un troisième article, qui concernait les sommes que la France devait à l'Angleterre, fut réglé à l'amiable. Louis s'engagea de payer, en différens termes, toutes les sommes dont la France se trouverait débitrice envers l'Angleterre. Outre celle de sept cent quarante cinq mille ducats, stipulée par le traité d'Etables, les Anglais produisirent une obligation du duc d'Orléans, père de Louis XII, à Marguerite de Sommerset, dont Henri VIII était héritier. Ces deux sommes furent évaluées à un million d'*écus d'or soleil*, qu'on devait acquitter dans l'espace de dix ans. Comme le roi d'Angleterre avait d'abord exigé qu'on lui payât une pension de cent mille écus, en dédommagement des héritages qu'on lui retenait en France, et que Louis XII n'avait garde de s'obliger de payer à l'Angleterre une redevance qui aurait pu servir à constater des droits qu'il était bien éloigné de reconnaître, on eut l'attention d'exprimer, en termes formels, que le million d'écus serait payé, tant pour acquitter les sept cent quarante-cinq mille ducats, qu'*à cause de la bonne affection que Louis avait pour Henri*. Il était en outre stipulé que le duc de Longueville et les autres prisonniers recouvreraient leur liberté, sans payer d'autre rançon.

Il y eut moins de difficulté à régler les articles qui concernaient le mariage de la princesse Marie avec Louis : « Ils portaient que le mariage se fe-
« rait, dix jours après la signature du contrat, par
« procureur ; que dans deux mois la reine se
« rendrait à Abbeville, et que le roi l'épouserait
« quatre jours après ; qu'elle aurait quatre cent
« mille écus pour sa dot, outre les pierreries que
« lui donnerait le roi son frère ; que de ces qua-
« tre cent mille écus, il y en aurait la moitié
« payée par Henri, et l'autre moitié déduite sur
« la dette de la France envers l'Angleterre ; en-
« fin, que si la princesse survivait au roi son
« époux, son douaire serait tel qu'on a coutume
« de le donner aux reines de France. »

Les commissaires des deux rois signèrent les conventions le 7 août 1514. Par un article particulier, les deux princes s'engagèrent non seulement à maintenir la bonne intelligence entre les deux nations, mais encore à se fournir réciproquement un nombre déterminé de troupes auxiliaires, en cas de guerre. Cette alliance devait s'étendre à toute la durée de leur vie, et un an au delà, pendant lequel le successeur de celui des deux princes qui mourrait le premier, devait faire connaître à l'autre s'il voulait observer le traité.

Lorsqu'on fut d'accord sur tous ces points, Marie d'Angleterre, s'étant fait accompagner de deux ducs, trois évêques et deux gentilshommes, déclara, en présence de notaires, « qu'ayant été « promise et fiancée pendant sa minorité à Char-« les, archiduc d'Autriche, souverain des Pays-« Bas, à de certaines conditions que ledit Charles « ne s'était pas mis en peine de remplir; qu'étant « bien informée d'ailleurs que les gouverneurs « et les plus proches parens de ce prince lui ins-« piraient de l'éloignement pour ce mariage, « elle avait résolu, de sa pure volonté, et sans « y être excitée par menaces ni sollicitations, de « rompre des liens mal assortis; qu'en consé-« quence elle avait renoncé, et renonçait par ce « présent acte, à toutes conventions matrimo-« niales, qui avaient été précédemment stipulées « entre Charles et elle. » Quelques jours après, la princesse Marie fut épousée par le duc de Longueville, au nom du roi de France; et, s'il en faut croire Guicchardin, Henri ne voulut pas que l'ambassadeur de Ferdinand assistât à la cérémonie.

La nouvelle reine s'embarqua le 5 octobre, accompagnée du comte de Surrey, nouvellement décoré du titre de duc de Nort-Folk, et de Charles Brandon, que la faveur de son maître venait d'élever à la dignité de duc de Suffolk. Ce dernier avait osé se déclarer l'amant de la princesse en Angleterre, et l'aurait peut-être alors épousée, comme il l'épousa depuis, si Longueville n'avait point proposé à Henri une alliance beaucoup plus convenable. La princesse, après avoir éprouvé une horrible tempête, arriva en France avec une suite nombreuse et magnifique. Elle fut reçue à Boulogne par François d'Angoulême, héritier présomptif de la couronne, par les ducs d'Alençon et de Bourbon, par les comtes de Vendôme, de Saint-Pol et de Guise. Toute la noblesse de la province alla au-devant d'elle, et la conduisit en pompe à Abbeville, où le roi l'attendait. Lorsque ce prince eut été informé qu'elle approchait de la ville, il alla à sa rencontre; et dès le lendemain, 10 octobre, il l'épousa. Le roi la conduisit ensuite à Saint-Denis, où elle fut couronnée le 5 novembre 1514, en présence de toute la cour de France, et des seigneurs anglais que Henri avait nommés pour assister à cette solennité. François d'Angoulême, fortement épris des charmes de la reine, tenait la couronne sur la tête de la jeune princesse, et paraissait lui rendre ce service autant par inclination que par devoir. Le lendemain, Marie fit son entrée à Paris, où elle recueillit les nombreux témoignages de l'alégresse des habitans.

Ces cérémonies furent suivies d'un tournoi dont le comte d'Angoulême avait formé le projet à Abbeville. Il avait fait publier dans cette ville, que le *pas* serait ouvert à Paris, au mois de novembre, par lui et par neuf de ses compagnons, pour être tenu contre tous venans à pied et à cheval. On fit faire à cette occasion une grande lice fermée de barrières, qui allait du château des Tournelles jusqu'à la rue Saint-Antoine, et un arc de triomphe, où étaient attachés quatre écus qui annonçaient les quatre différentes manières de combat dont les tenans faisaient le défi. Des amphithéâtres avec des loges couvertes, avaient été disposés pour les nombreux spectateurs.

Le roi et la reine assistèrent à cette fête, qui dura trois jours, et animèrent, par leur présence, l'ardeur des combattans. Le comte d'Angoulême, jeune, beau, et plein d'adresse, brilla dans ce tournoi, et semblait, ainsi que le duc de Suffolk, ne rechercher que l'approbation de la jeune reine. La princesse donna à l'un et à l'autre les louanges qu'ils méritaient; et ce fut cette approbation de la reine, marquée à certains traits, qui ouvrit les yeux des deux rivaux. Le duc de Valois fut alors averti par Gouffier de Boissi (1), qui avait été son gouverneur, de veiller sur les démarches du duc de Suffolk, et de se guérir lui-même de sa passion. Il lui représenta qu'il était héritier présomptif de la couronne, et qu'il ne devait pas ruiner de si belles espérances en cherchant à se donner un maître. La comtesse d'Angoulême, de son côté, agit avec tant d'adresse qu'elle fit surveiller la jeune reine par des personnes dont elle connaissait le zèle, et qui ne la perdaient pas de vue un seul instant.

La double alliance entre les deux couronnes de France et d'Angleterre mortifia infiniment l'empereur et le roi d'Espagne, qui n'osèrent cependant se plaindre de n'avoir pas été nommés dans le traité. Le pape, de son côté, témoigna assez ouvertement son chagrin de cette réconciliation. Il en avait, il est vrai, fait lui-même les premières ouvertures; mais ensuite il avait employé

---

(1) Suivant Brantôme ce fut Grignaux, ancien chevalier d'honneur d'Anne de Bretagne, qui avertit le prince. Mézerai nomme Gouffier de Boissi.

tous ses efforts pour traverser la négociation. Léon ne laissa pas cependant d'écrire au roi, pour le féliciter sur la sage conduite qu'il avait tenue pour déconcerter ses ennemis. Il conclut en même temps une ligue défensive pour un an avec l'empereur et le roi catholique; et, selon sa coutume, il négocia séparément avec les deux partis. Il fit proposer au roi une alliance, non pas dans le dessein de lui faciliter la conquête du Milanais, mais pour chasser les Espagnols du royaume de Naples, et en mettre en possession Julien de Médicis son frère, en faveur duquel l'empereur lui avait promis l'investiture. D'un autre côté, il employait ses soins et son argent pour engager les Suisses à demeurer fermes dans la résolution de défendre le duché de Milan, et se donna inutilement beaucoup de peine pour détacher les Vénitiens de l'alliance de la France, et pour les réconcilier avec l'empereur. Le but de la politique de Léon était de diviser toutes les puissances de l'Europe, de les opposer les unes aux autres, de les affaiblir toutes, et de les ruiner, s'il était possible.

Les négociations du pape contre la France n'avaient pas été conduites avec assez de secret pour qu'il n'en eût rien transpiré. Louis en sut assez pour être convaincu qu'il ne devait le regarder que comme un ennemi qui se montrait à lui sous les dehors d'un ami sincère. Cependant, voulant toujours garder quelque ménagement pour Léon, il lui fit dire « qu'ayant fait sa paix « avec le roi d'Angleterre, rien ne pouvait dé- « sormais l'empêcher de se rendre en Italie, et « qu'au printemps prochain, il se mettrait en

« état de passer les Alpes pour faire la conquête
« du Milanais. Il lui confirma les offres qu'il lui
« avait déjà faites, de placer son frère sur le
« trône de Naples, pourvu que lui, de son côté,
« voulût joindre ses troupes aux siennes. Pour
« déterminer Léon à entrer dans ses vues, Louis
« lui fit envisager la grande puissance de la
« France, et le peu de secours qu'il devait at-
« tendre de l'empereur et du roi catholique ; il
« ajoutait que l'alliance avec la France avait tou-
« jours été utile au Saint-Siége, parce que ses pré-
« décesseurs, ainsi que lui-même, contens de ce
« qui leur appartenait, n'avaient jamais voulu
« étendre leur domination au préjudice de leurs
« voisins; et qu'il n'en était pas de même de l'em-
« pereur et du roi d'Espagne, qui ne cherchaient
« que l'occasion d'envahir toute l'Italie. »

Léon ne pouvant disconvenir de la justesse
de ces observations, répondit d'abord par de
vagues protestations d'amitié. Louis, qui aimait la sincérité, même dans ses ennemis, le
fit presser par son ambassadeur de s'expliquer
d'une manière claire et précise. Le pape, ne
pouvant plus alors dissimuler, se renferma
à dire « qu'il avait à ménager des alliés dont
« il avait tout à craindre à la première dé-
« marche qu'il ferait en faveur de la France ;
« qu'il priait le roi de le dispenser d'entrer dans
« une alliance qu'il regardait lui-même comme
« inutile au succès de ses armes, et qui serait
« préjudiciable aux affaires du Saint-Siége ; que
« l'étendue de la puissance ottomane ne per-
« mettait pas qu'il contribuât à renouveler une
« guerre qui ne pouvait se terminer qu'après

« beaucoup de sang chrétien répandu ; qu'il ne
« pouvait, pour le présent, ajoutait-il, faire
« autre chose pour Sa Majesté, que de l'exhor-
« ter à remettre à un temps plus favorable son
« expédition de Milan. » Il fut aisé à Louis de
« juger par cette réponse des véritables intentions du pape. Il n'en fut ni surpris, ni effrayé :
car il s'y attendait. S'il avait prévenu Léon de
ses desseins, c'était moins dans l'espérance de
l'attirer à son parti, que de lui ôter tout prétexte de se plaindre de lui dans la suite.

Il se présenta bientôt à Louis une occasion de
se venger de Ferdinand. Le roi d'Angleterre,
irrité de l'injuste mépris que lui avait témoigné
son beau-père, offrait de faire une puissante diversion en Castille, tandis que Louis irait rétablir dom Juan d'Albret sur le trône de Navarre.
Cette entreprise était juste : c'était même en
quelque sorte un devoir pour ces deux princes,
puisqu'ils avaient contribué, sans le vouloir, à
la ruine de dom Juan. Louis voulut cependant
l'ajourner, afin de conduire toutes ses forces
dans le Milanais, et de ne pas laisser le temps à
ses ennemis de se concerter. Il avait déjà rassemblé une armée de cinquante mille hommes,
et son dessein était de se mettre lui-même à la
tête de ses troupes. La goutte, qui l'empêchait
depuis quelque temps de monter à cheval, le
força de confier le soin de cette guerre à un de
ses généraux. La Trémouille était sans doute
celui de tous qui devait inspirer le plus de confiance ; mais le roi ne voulut pas le retirer de la
Bourgogne, où sa présence était nécessaire pour
intimider les Suisses. Le maréchal de Trivulce

aurait pu remplacer la Trémouille; mais ce général, depuis les dernières affaires d'Italie, avait perdu la confiance du roi. François d'Angoulême, son gendre et son héritier présomptif, était encore bien jeune pour commander une si puissante armée. Le roi, fort embarrassé sur le choix d'un général, jeta enfin les yeux sur Charles de Bourbon, prince du sang, qui fut depuis si fameux sous le règne de François Ier. Il n'avait que vingt-cinq ans; mais les huit campagnes qu'il avait déjà faites, lui avaient acquis autant d'expérience qu'il lui en fallait, et il possédait en un degré fort élevé toutes les vertus civiles et militaires. Le roi avait déjà témoigné la haute opinion qu'il avait conçue du mérite de ce jeune prince, en voulant lui donner le commandement de la dernière armée qu'il avait envoyée en Italie; mais Bourbon s'en était estimé si incapable, qu'il l'avait refusé avec une obstination sans exemple. Le roi lui offrit alors le commandement de son armée en des termes qui marquaient assez qu'un second refus lui déplairait. Bourbon obéit, et obtint la permission d'aller visiter les troupes dans leurs quartiers d'hiver. Il voulait les tenir prêtes à marcher aux premières apparences du retour de la belle saison, et éviter par là le reproche qu'on avait fait à la Trémouille d'être entré trop tard en campagne. La nouvelle de la mort du roi vint suspendre tous les préparatifs qu'il avait déjà faits.

Louis avait cinquante-trois ans, et était d'une santé fort délicate quand il épousa la princesse Marie. Il oublia alors une de ses maximes favorites, que *l'amour est le roi des jeunes gens, et le tyran des vieillards.* Au lieu de cette cour modeste, tranquille, où les plaisirs mêmes avaient quelque chose de sérieux, on ne vit, depuis la cérémonie du nouveau mariage, que jeux, danses, concerts, amusemens faits pour une jeunesse vive et brillante. *Le bon roi,* dit l'historien de Bayard, *à cause de sa femme, avoit d'ailleurs changé de tout sa manière de vivre; car, où il souloit dîner à huit heures, il convenoit qu'il dînât à midi; où il souloit se coucher à six heures du soir, souvent se couchoit à minuit.* Il était impossible qu'un pareil changement de vie ne fût pas contraire à la santé du roi. Il se trouva tout-à-coup atteint d'une fièvre accompagnée d'une dyssenterie, qui le conduisit en très-peu de temps du lit nuptial au tombeau. Il mourut le 1ᵉʳ janvier 1515, dans la cinquante-quatrième année de son âge, et la dix-septième de son règne.

Jamais prince ne mérita davantage les regrets de ses peuples. Lorsque les crieurs publics annoncèrent dans les rues de Paris, en sonnant leurs clochettes : *Le bon roi Louis, père du peuple, est mort,* la consternation fut générale. Chacun quitta à l'instant ses travaux, pour ne s'occuper que du malheur public : les uns couraient tout éperdus pour apprendre les détails d'un événement qu'ils ne voulaient pas croire; les autres s'entretenaient des vertus du monarque, et leurs éloges étaient interrompus par des sanglots redoublés; quelques-uns, dans leur désespoir, semblaient accuser le Ciel d'injustice; tous enfin pleuraient Louis comme un père tendrement chéri. Cette désolation fut la même dans les provinces, et surtout dans les campagnes, où Louis était adoré. Lorsqu'il traversait une province, dit un de nos historiens, les paysans abandonnant leurs travaux, bordaient les chemins, les couvraient de verdure, et faisaient retentir l'air d'acclamations. Après l'avoir vu dans un endroit, ils couraient à perte d'haleine, pour le mieux contempler une seconde fois. Dans les villes où il séjournait, il était réduit, pendant plusieurs heures, à ne pouvoir sortir de son appartement, tant la foule était grande devant la maison. Ceux qui pouvaient parvenir à toucher sa mule, ses vêtemens, baisaient leurs mains d'aussi grande dévotion que s'ils eussent touché quelque sainte relique ; ceux au contraire qui ne marquaient pas le même empressement, étaient accablés par les autres de malédictions. Les grands le regrettèrent moins que le peuple. Les vieux courtisans, et cette classe d'hommes accoutumés sous les règnes précédens à trafiquer de la faveur, et à dévorer la substance du peuple, ne pouvaient aimer un prince qui n'accordait les places qu'au mérite, qui regardait comme un devoir de protéger les faibles contre les puissans, et sous lequel on ne voyait ni mariages forcés, ni confiscations au profit des délateurs, ni distributions de domaines, ni augmentations de gages. Quelques-uns de ces hommes avides osaient même invoquer le nom de Louis XI, et regretter le temps de son règne.

La perte qu'on venait de faire était d'autant plus sensible, qu'on a vu peu de rois s'occuper avec tant de succès des moyens de rendre leurs peuples heureux. Le changement arrivé sous son

règne paraîtrait prodigieux, s'il n'était attesté par les auteurs contemporains. « Pour com-
« mencer, dit Claude Seissel, par la population,
« on ne peut douter qu'elle ne soit aujourd'hui
« beaucoup plus grande qu'elle ne fut jamais,
« et cela se peut évidemment connoître aux
« villes et aux champs ; pourtant que aucunes et
« plusieurs grosses villes, qui étoient à demi-
« vagues et vuides, aujourd'hui sont si pleines,
« que à peine y peut-on trouver lieu pour bâtir
« maisons neuves, et les aucunes a convenu ac-
« croître ; les autres ont les faubourgs presque
« aussi grands que sont les villes, et par tout
« le royaume se font bâtiments nouveaux,
« grands et somptueux. Par les champs aussi on
« connoît bien évidemment la multiplication du
« peuple, parce que plusieurs lieux et grandes
« contrées qui restoient incultes, en bois ou en
« landes, sont actuellement cultivés et couverts
« de villages et de maisons, et cependant les
« denrées se soutiennent à un haut prix. »
Le même écrivain, dans un autre endroit où il réfute ceux qui prétendaient que les guerres d'Italie avaient épuisé le royaume d'argent, s'exprime ainsi : « L'on voit généralement par tout
« le royaume bâtir de grands édifices, tant pu-
« blics que particuliers, et sont pleins de do-
« rure, non pas les planchers tant seulement et
« les murailles, qui sont par le dedans, mais les
« couvertures, les toits, les tours et les statues
« qui sont au dehors. Et si sont les maisons
« meublées de toutes choses, plus somptueuse-
« ment que jamais ne furent. On se sert de vais-
« selle d'argent en tous états, sans comparaison

« plus qu'auparavant ; tellement qu'il a été né-
« cessaire de publier une ordonnance pour cor-
« riger ce luxe : car il n'y a sortes de gens qui
« ne veuillent avoir tasses, gobelets, aiguières
« et cuilliers d'argent. Et au regard des prélats,
« seigneurs et autres gros personnages, ils ne se
« contentent pas d'avoir toute sorte de vaisselle,
« tant de table que de cuisine, d'argent, s'il n'est
« doré, et même quelques-uns en ont grande
« quantité d'or massif. Aussi sont les habille-
« mens et manières de vivre plus somptueux
« que jamais : ce que toutefois je n'approuve
« pas ; mais c'est pour montrer la richesse du
« royaume. Et pareillement on voit les mariages
« des femmes trop plus grands, et le prix des
« héritages et de toutes autres choses plus haut.
« Et ce qui montre encore mieux ce que j'a-
« vance, le revenu des bénéfices, des terres et
« des seigneuries, s'est accru partout générale-
« ment de beaucoup : et plusieurs y en a qui à
« présent sont de plus grand revenu par chaque
« année qu'ils ne se vendoient du temps du roi
« Louis XI, pour une fois. Et pareillement les
« produits des gabelles, péages, greffes, et de
« tous autres revenus, sont augmentés en plu-
« sieurs lieux de plus des deux tiers, en d'autres
« de dix parts les neuf. Aussi est l'entrecours de
« marchandise, tant par mer que par terre,
« fort multiplié : car, par le bénéfice de la paix,
« et la réputation des grandes victoires du roi,
« toutes gens, excepté les nobles, lesquels en-
« core je n'excepte pas tous, se mêlent de mar-
« chandise, et pour un gros et riche négociant,
« que l'on trouvait du temps du roi Louis XI, à

« Paris, à Rouen, à Lyon, on en trouve aujour-
« d'hui plus de cinquante; il s'en trouve même
« par les petites villes un plus grand nombre,
« qu'il n'y en avoit autrefois dans les capitales :
« tellement qu'on ne fait guère maison sur rue,
« qui n'ait boutique pour marchandise, ou pour
« art mécanique, et font à présent moins de
« difficulté d'aller à Rome, à Naples, à Londres
« et ailleurs de là la mer, qu'ils n'en faisoient
« autrefois d'aller à Lyon ou à Genève : telle-
« ment que aucuns y a qui par la mer sont allés
« chercher, et ont trouvé terres nouvelles ; car
« la renommée et autorité du roi à présent ré-
« gnant, est si grande, que ses sujets sont ho-
« norés en tout pays, tant sur terre que sur mer,
« et n'y a si grand prince qui les osât outrager,
« ni permettre qu'ils le fussent en sa seigneu-
« rie. »

Des améliorations aussi sensibles étaient dues
aux sages réglemens du monarque et à la protection
qu'il accordait au commerce et aux arts. Ce fut
sous son règne, en 1499, qu'arriva un accident
qui mérite d'être rapporté. Le pont que l'on
appelle aujourd'hui le pont Notre-Dame (1), et
qui était alors bordé de deux rangs de maisons,
quoiqu'il ne fût construit qu'en bois, s'écroula,
et entraîna dans sa chute quatre ou cinq personnes. Un habile charpentier, qui avait prévu ce
malheur, en avertit assez à temps pour que la

---

(1) Il s'appelait *Neuf*, parce que c'était le dernier fait : il
n'y avait avant que deux ponts, le grand pont (aujourd'hui
Pont-au-Change), et le Petit-Pont, lesquels servaient d'entrée à Paris.

plupart de ceux qui y demeuraient pussent s'enfuir et même emporter une partie de leurs meubles. Le prévôt des marchands et les échevins, qu'on accusa de négligence, furent déposés de leurs charges et condamnés à des amendes considérables, au profit de ceux dont les maisons avaient été détruites. Louis XII fit construire le nouveau pont, et voulut qu'il fût en pierre, afin de le rendre plus solide et d'en faire un ornement pour la capitale. Un cordelier de Vérone, nommé Jean Joconde, que le roi avait appelé en France, donna les dessins de ce pont et dirigea les travaux.

Louis veillait au maintien de ses réglemens, et en confiait l'exécution à des hommes qu'il choisissait lui-même. Ce prince avait deux listes, l'une des grâces qui étaient à sa disposition, l'autre, des personnes les plus recommandables dans chaque province. Vaquait-il un poste, un bénéfice, c'était pour le plus digne ; et voilà peut-être, dit un écrivain, le meilleur secret d'assurer le bonheur d'une monarchie.

Nous avons parlé des soins que le roi se donnait pour que la justice fût rendue avec promptitude, avec impartialité, et presque sans frais. Les dignités de la robe n'étaient alors accordées qu'à des gens qui avaient acquis le droit de juger en se distinguant par leurs lumières et leurs vertus. Persuadé que la vigilance assure le règne de la justice, et voulant s'assurer par lui-même si ces juges remplissaient exactement leurs devoirs, ce prince se rendait, dans les derniers temps de sa vie, deux ou trois fois par semaine, au palais, monté sur sa petite mule, sans suite, et sans s'étre fait annoncer. Il prenait place parmi les juges, écoutait les plaidoyers, et assistait à toutes les délibérations. Deux choses l'affligeaient : la prolixité des avocats et l'avidité des procureurs. On vantait, en sa présence, les talens de deux jurisconsultes : *Oui, sans doute*, répondit-il, *ce sont d'habiles gens ; je suis seulement fâché qu'ils fassent comme les mauvais cordonniers, qui alongent le cuir avec les dents*. On lui demandait ce qui offensait le plus sa vue : *C'est*, répondit-il, *la rencontre d'un procureur chargé de ses sacs*. Ce prince avait donné son palais au Parlement de Paris, et s'était retiré au Bailliage, qui fut dans la suite l'hôtel des premiers présidens, parce qu'ayant la goutte, il pouvait se promener dans les jardins de son hôtel.

Louis avait l'humeur gaie et ouverte, et se plaisait à entendre et à dire de bons mots. La vérité, ce qui est rare, même dans les particuliers, ne le fâcha jamais. Les chansons et les pasquinades, dans lesquelles on cherchait à le tourner en ridicule, ne faisaient sur lui d'autre impression que de le divertir et de le corriger. Ceux qui s'efforçaient de faire passer la vigilance et l'économie du roi pour une petitesse d'esprit et une avarice sordide, ne se mettaient pas en peine de cacher leurs sentimens ; *car les Français*, observe Seissel, *ont toujours eu licence et liberté de parler à leur volonté de toutes sortes de gens et même de leurs princes, non pas après leur mort tant seulement, mais encore en leur vivant, et en leur présence*. Le roi prenait plaisir à voir jouer de ces pièces où l'on se permettait de grandes libertés, disant que *par là il ap-*

prenoit beaucoup de choses qui étoient faites en son royaume. Quelques courtisans s'étant plaints, devant lui, de la hardiesse des comédiens qui les jouaient sur leur théâtre, il leur répondit, « que le théâtre n'étoit redoutable qu'à ceux « dont la conduite est peu réglée ; qu'ils n'a- « voient qu'à se bien conduire, et qu'alors ils ne « fourniroient plus matière à la satire ; que son « intention était d'ailleurs que ces gens-là pus- « sent donner carrière à leur bile satirique sur « toutes sortes de sujets et de personnes, pourvu « qu'ils ne parlassent pas de sa femme : car il « voulait que l'honneur des dames fût gar- « dé (1). »

Ce prince prenait plaisir à lire de bons ouvrages, et faisait son étude de Cicéron. Il préférait ses traités des *Devoirs*, de la *Vieillesse* et de l'*Amitié*. Il aimait les lettres, l'histoire en particulier, comme tout prince devrait les aimer, soit pour sa propre instruction, soit pour le bien de ses peuples. Il possédait une des plus riches collections d'anciens manuscrits qui fût en Europe. Après la mort de Charles VIII, il réunit la bibliothèque du feu roi à celle que Charles, duc d'Orléans, son père, avait formée à Blois, et au milieu de laquelle il avait été, pour ainsi dire, élevé. Il eut une attention continuelle, pendant son règne, à augmenter ce trésor, qui devint encore plus considérable, lorsque ce prince y eut fait entrer la bibliothèque que les Visconti et

---

(1) *Voyez* Bouchet, *Annales d'Aquitaine*, 4e partie, pag. 340.

les Sforces, ducs de Milan, avaient établie à Pavie. Elle n'était guère d'un moindre prix que celle des rois de Naples, dont Charles VIII s'était emparé quelque temps auparavant. Louis XII y ajouta les livres qui avaient appartenu au célèbre Pétrarque, et ceux du cabinet de Louis de La Gruthuse, seigneur flamand, qui avait fait une grande figure à la cour des derniers ducs de Bourgogne. Le roi employait le temps qu'il pouvait dérober aux affaires publiques, à s'entretenir avec les gens instruits, ou à consulter ses livres. Il profitait si bien de ses lectures, qu'il disait souvent « que les Grecs avaient fait peu de « choses ; mais qu'ils avaient rendu leurs ex- « ploits grands et glorieux par la sublimité de « leur éloquence ; que les Français avaient fait « quantité de belles actions, mais qu'ils avaient « manqué d'écrivains ; que les Romains étaient « ceux de tous les peuples qui avaient fait de « grandes choses, et les avaient dignement « écrites. »

Peu de souverains ont porté aussi loin que Louis XII la considération pour les gens de lettres. Il encourageait principalement les écrivains qui, par des ouvrages utiles, prouvaient qu'ils faisaient un sage emploi de leurs lumières, et leur donnait une préférence marquée sur ceux qui, dans leurs productions, ne cherchaient qu'à plaire. Il appela auprès de lui les hommes les plus instruits de l'Italie ; et, pour les fixer en France, il leur accordait des pensions jusqu'à ce qu'il les eût pourvus de bénéfices ou d'emplois honorables.

Il chargea Paul Émile, illustre Véronais, et

Robert Gaguin, de débrouiller le chaos de nos antiquités, et choisit Jean d'Auton pour écrire l'histoire particulière de son règne. C'est de son temps qu'on commença à enseigner le grec dans l'université de Paris, et l'on doit dire à sa louange qu'il prépara en partie tout ce que son successeur fit pour les lettres

Malgré tant de vertus, on a reproché à Louis une économie qui nuisit quelquefois à ses affaires. Il eût mieux fait sans doute d'augmenter les pensions des Suisses, et d'envoyer plus d'argent en Italie; mais la crainte de fouler ses sujets le justifie glorieusement d'un pareil reproche. Avec treize millions de revenu, qui en valaient plus de cinquante d'aujourd'hui, il soutint la majesté du trône, et fournit à toutes les dépenses nécessaires. Il disait que *la justice d'un prince l'oblige à ne rien devoir, plutôt que sa grandeur à beaucoup donner.* Cette sage maxime n'était pas du goût des courtisans. Quelques-uns eurent l'audace de le faire représenter sur le théâtre, buvant dans une coupe pleine d'or fondu. *J'aime mieux*, dit-il à ce sujet, *voir les courtisans rire de mon avarice, que de voir mon peuple pleurer de mes dépenses:* La conduite qu'il tint après la soumission de Gênes, est la plus grande preuve qu'on puisse donner de son désintéressement. Avant que de commencer son expédition, ce prince avait demandé aux principales villes de son royaume, des secours extraordinaires qui lui avaient été libéralement accordés; mais comme il ne voulait en user qu'à la dernière extrémité, il avait ordonné qu'on en différât la levée jusqu'à ce que ses revenus ordinaires fussent épuisés. La guerre ayant été terminée beaucoup plus tôt qu'il ne l'avait espéré, il remercia ses peuples de leur bonne volonté, et leur fit dire de garder leur argent dont il pouvait se passer, et qui serait beaucoup plus profitable au royaume, entre leurs mains que dans ses coffres.

Louis XII, touché des maux de l'Eglise, dont ceux de l'Etat sont inséparables, eut assez de lumière et de fermeté pour oser résister aux abus que la domination arbitraire des papes avait introduits, et pour rétablir les élections, en faisant publier de nouveau la pragmatique-sanction. Ce zèle éclairé excita contre lui non-seulement d'injustes censures, mais une guerre ouverte de la part des papes qui ne firent jamais paraître tant de passion que contre ce prince, ami de la paix, et ennemi de l'injustice. Les auteurs italiens lui ont fait un crime de ses démêlés avec les papes; mais ces historiens ont confondu deux choses que Louis savait bien distinguer, et qui sont en effet bien différentes : la puissance du souverain pontife, et la personne des souverains pontifes. Louis respectait la puissance spirituelle des papes; mais il avait un grand mépris pour les pontifes qui gouvernaient l'Eglise durant son règne, parce qu'ils manquaient des qualités et des vertus qui convenaient à leur dignité. Cela n'empêcha pas, néanmoins, que ce prince n'eût encore pour eux des ménagemens qui influèrent, comme on l'a vu, dans la tournure fâcheuse que prirent ses affaires en Italie.

On reproche encore à ce prince sa haine constante contre les Suisses. Il faut avouer, et les événemens nous y forcent, qu'il aurait été d'une bonne politique de chercher tous les moyens de vivre en bonne intelligence avec ces peuples. Louis ne méprisait point leur alliance; mais il avait l'âme trop élevée pour l'acheter à des conditions humiliantes; et l'on a vu dans le cours de cette Histoire les prétentions injustes des Suisses, et leur arrogance dans les négociations. On lui reprocherait, avec plus de fondement, d'avoir été plusieurs fois la dupe de l'empereur, et surtout du roi d'Espagne, le prince de son temps le plus infidèle, et qui se vantait de l'avoir souvent trompé. Un roi qui a le cœur droit, peut être surpris une première fois par un prince qui n'a ni honneur, ni délicatesse; mais une conduite prudente doit ensuite le garantir des artifices de son ennemi.

Louis manquait quelquefois de cette politique qui consiste à amener les événemens au but qu'on s'est proposé. Il avait, il est vrai, assez d'habileté pour former de grandes entreprises, et assez de courage pour les exécuter; mais il n'avait pas l'art de conserver ses avantages. A peine avait-il commencé la guerre, que, touché des maux de son peuple, il recherchait la paix. Mais bientôt il s'engageait dans de nouvelles guerres, soit qu'il eût été trompé par les princes avec lesquels il avait traité, soit qu'éclairé par ses fautes, il espérât d'être plus heureux. Il résultait de cette conduite incertaine, que ce prince ne tirait aucun avantage réel ni de sa grande puissance, ni du succès de ses armes. La royauté entraîne après soi tant de peines, de travaux et de soins, qu'on doit excuser les fautes des princes, quand ils savent les racheter par de grandes vertus. Si Louis ne fut pas un grand politique, il eut la gloire plus précieuse d'être un bon roi, et sa mémoire sera toujours en bénédiction.

Ce prince avait pris pour devise un porc-épic, avec ces mots latins, *cominùs et eminùs.* Cette devise, dit le président Hénault, était un ordre de chevalerie qu'avait inventé le duc d'Orléans, grand-père du roi. On fit frapper de son temps un grand nombre de médailles, pour éterniser la mémoire de ses belles actions et de ses victoires ; mais il n'y en a point qui lui soit plus honorable que celle où se trouve gravée une croix, et qui a pour légende ces mots : *Rubra crux salutis signum, albaque Francorum.* Cette dernière avait été frappée pour rappeler le pardon généreux qu'il avait accordé à tous ceux qui l'avaient desservi auprès de Charles VIII, et dont il avait marqué d'une croix les noms sur l'état qu'il s'était fait donner de sa maison.

Louis XII, regardé à tant de titres comme le modèle des bons rois, fut enterré à Saint-Denis, où François Ier, son successeur, lui éleva un magnifique tombeau, auprès duquel il fit placer celui de la reine Anne de Bretagne. Il avait eu de cette princesse quatre enfans, deux garçons et deux filles. Les deux premiers moururent entre les bras des nourrices. Des deux princesses qui lui survécurent, l'aînée, madame Claude, avait épousé, avant la mort de son père, François de Valois, qui monta sur le trône le 1er janvier 1515; la seconde, madame Renée, fut mariée par François Ier à Hercule, duc de Ferrare.

A. EGRON, Imprimeur de S. A. R. Monseigneur Duc d'Angoulême, rue des Noyers, n. 37.

HISTOIRE
DE
LOUIS XII,
ROI DE FRANCE.

www.ingramcontent.com/pod-product-compliance
Lightning Source LLC
Chambersburg PA
CBHW060455170426
43199CB00011B/1218